Kempe/Haible/Mehler

RATGEBER BANK

**Umgang mit Geldinstituten
100 Tips
für den kritischen Bankkunden**

Originalausgabe

**WILHELM HEYNE VERLAG
MÜNCHEN**

HEYNE RATGEBER
08/9119

Redaktionelle Mitarbeit: Ulla Störing

Copyright © 1987 by
Wilhelm Heyne Verlag GmbH & Co. KG, München
Printed in Germany 1987
Umschlagfoto: Deutsche Presse-Agentur/Wieseler
Illustrationen: Erik Liebermann
Umschlaggestaltung: Atelier Ingrid Schütz, München
Satz: VerlagsSatz Kort GmbH, München
Druck und Bindung: Presse-Druck Augsburg

ISBN 3-453-00378-0

Inhalt

Vorwort 6

I. Kleiner geschichtlicher Rückblick 14

II. Banken heute – Definition, Funktion, Klassifikation 24

III. Ein Blick hinter die Kulissen 42

IV. Die Qual der Wahl oder Wie finde ich die richtige Bank? 58

V. Gewußt wie: Tips und Tricks im Zahlungsverkehr 74
   1. Die Dienstleistungen der Banken – Was Experten empfehlen 74
   2. Pluspunkte für Postbankdienste 100
   3. Kreditkarten – ja bitte! 108

VI. Auskunft über Auskünfte oder Die Operationsbasis der Banken 118

VII. Vertraulich! Kreditgrundsätze der Banken 130

VIII. Die Ideenkiste: Kreditgeber 144

IX. Kleines Baudarlehen-Abc oder Wie finanziere ich meine Immobilie? 166

X. Die hohe Schule der Kreditverhandlung 188
   1. Die Hälfte des Ganzen: die Vorbereitung 188
   2. Fallgruben und Fallstricke – und wie man sie umgeht 210

Nachwort 230

Stichwortverzeichnis 235

Vorwort

Natürlich wissen wir, die Autoren, nicht, wie *Sie* zu den Banken stehen. Aber zweifellos besitzen auch Sie Ihre ganz spezifischen Erfahrungen mit dem Bankgewerbe. Und vielleicht haben Sie sich schon einmal grasgrün geärgert, wenn Sie die Zinsen auf Ihrem Bankgirokonto in Augenschein genommen haben. Oder Sie haben es unter Umständen als himmelschreiende Ungerechtigkeit empfunden, wenn Sie die Zinssätze der verschiedenen Kreditinstitute miteinander verglichen haben. Vielleicht auch saßen Sie bereits einmal in ingrimmiger, ohnmächtiger Wut vor einem dieser scheinbar allmächtigen Banker, um einen günstigen Kredit für Ihre Immobilie, Ihren Wagen oder Ihr Unternehmen herauszupokern. Möglicherweise haben Sie sich in dem Sessel vor dem Banker gewunden, haben gute Miene zum bösen Spiel gemacht und versucht, einen erträglichen Zinssatz herauszuschinden – und bei dem Geschäft schließlich schlecht abgeschnitten.

Offengestanden: Wir wissen nicht, was exakt *Sie* plagt. Wir wissen nicht, wo *Ihr* Schuh drückt. Aber wir wissen, daß heute viele Zeitgenossen nur mit Bauchgrimmen an Banken oder ein Gespräch mit Bankern denken können, speziell wenn es darum geht, einen günstigen Kredit loszueisen.

Nun, Tatsache ist, daß über das Gebiet Banken und Kreditinstitute, wie der präzisere Fachausdruck dafür lautet, wirklich gediegenes Know-how existiert. Dieses scheinbar banale Statement erhält Inhalt, wenn man bedenkt, daß heute einige Zeitgenossen beispielsweise für die Finanzierung einer Immobilie zum Teil das Doppelte zahlen wie ausgekochte Anlagefüchse.

Aber selbst bei verhältnismäßigen ›Kleinigkeiten‹ wie bei der Kontoführung gibt es nicht eben wenig zu wissen; auch hier kann ›richtiges‹ Geld gespart werden. Wichtig und unschätzbar ist darüber hinaus auch zum Beispiel, daß man exakt weiß, wie man eine Kreditverhandlung führen sollte. Wie und auf welche Einwände man vorbereitet sein muß. Und wie das Gespräch bei einem Banker zu lenken ist.

Theoretisch weiß man: Banken sind im Grunde genommen schlicht und ergreifend Dienstleistungsinstitute, die gefälligst uns, den Kunden, einen optimalen Service liefern sollten. Aber die Praxis gestaltet sich mitunter gänzlich anders. Dieses Buch bemüht sich in diesem Sinne, die Bank sozusagen vom Kopf auf die Füße zu stellen. Wir wollen Ihnen helfen, den Spieß ein wenig herumzudrehen und mitzuteilen, *wie* man mit Banken und Bankern umgehen kann und muß.

Um jedoch gleich einem Mißverständnis vorzubeugen: Es existiert über das Bankgewerbe und die ›Superreichen‹ nicht eben wenig Literatur, die Banker und Konsorten schlechthin als Gauner, Spitzbuben, Uhrenabzwicker und Banditen apostrophieren. Einige Zeitgenossen betrachten das ganze System der Staaten und Banken als eine ausgemachte Schurkerei, das nur und ausschließlich darauf abzielt, den ›kleinen Mann‹ über den Tisch zu ziehen.

Es mag dahingestellt bleiben, inwiefern sich Clans wie die Rockefellers, Gettys und Waltons, die Superreichen auf diesem Planeten also, ihr Geld auf ehrliche Weise verdient haben. Wir wollen nicht über die reichsten Deutschen, die Milliardäre Flick, Finck und Thurn und Taxis spekulieren. Und es soll uns nicht interessieren, inwiefern Medici, Fugger, Welser, überhaupt die großen Banker des Mittelalters, sich zwielichtiger Methoden bedienten. Auch das Thema, inwiefern die Deutsche Bank oder die Dresdner Bank die Nationalsozialisten und das III. Reich finanziert haben, mag unberührt bleiben — ebenso wie die gigantische Macht der Banken. Über Milliardenkartelle und Geldmonopole handelt dieses Buch nicht. Es ist von berufeneren Autoren versucht worden, solche Probleme unter die Lupe zu nehmen.

Des weiteren existiert nicht eben wenig Literatur über abenteuerliche, planetenweite Verschwörungen, in die das Bankgewerbe verwickelt sein soll. Auch hierzu können und wollen wir nicht Stellung nehmen, weder zu der sagenhaften Macht der Wall Street, dem Finanzzentrum der USA in New York, noch zu dem weitverzweigten Londoner Bankensystem. Dieses Buch handelt *nicht* von Verschwörertheorien, von Manipulationen im weltweiten Maßstab oder von Dollar- und Goldpreistreibereien.

Die folgenden Seiten wollen lediglich einen bescheidenen Ratgeber zur Verfügung stellen — für Sie, für den Menschen, der jeden Tag damit konfrontiert ist, seine Pfennige zusammenzuhalten. Der ständig darauf bedacht sein muß, die günstigsten Konditionen hier und heute für sich herauszuschlagen. Dem es um das tägliche Überleben geht und der *mit* Banken operieren will und kann.

Die Weltverschwörungstheorien mögen richtig oder falsch sein. Aber sie nutzen Ihnen im Moment wenig, wenn Sie unruhig vor Ihrem Banker sitzen und über 1000, 10000 oder 100000 DM verhandeln. Zugegeben: Es mag stimmen, daß das Interessanteste, was es über Banken zu wissen gibt, die Informationen sind, die verschwiegen werden. Und es sollen mit dieser Bemerkung auch nicht die Bemühungen ernsthafter Journalisten, die über die Verquickungen des Großkapitals in jahrelanger Arbeit recherchiert haben, abqualifiziert werden. Wir wollen lediglich die Zielrichtung dieses Buches deutlich machen.

Wenn man heute ein Auto zu kaufen beabsichtigt, weiß man gewöhnlich, wie man vorzugehen hat. Man kennt die verschiedenen Fabrikate und Modelle und kann sich über die Unterschiede informieren — was Leistung, Ausstattung und vor allem den Preis anbetrifft. Hier versteht sich von selbst, daß beim Verkaufsgespräch noch einige Prozent Nachlaß herausspringen müssen.

Seltsamerweise verhält es sich oft umgekehrt bei dem zweiten Schritt, wenn also festgelegt werden soll, woher das Geld für den kostbaren fahrbaren Untersatz ›organisiert‹ werden soll, denn in den seltensten Fällen ist der Preis bereits voll angespart. Ein Problem ist zu lösen. Es ist wie bei Zahnschmerzen: Man will sie loswerden, aber wie? Also entschließt man sich schweren Herzens zu einem Besuch bei der Bank, um mit deren Hilfe die Finanzierung sicherzustellen. Die Bank soll dem Geldschmerz abhelfen. Und so pilgert man klein, verzagt und ängstlich in die heiligen Hallen eines Kreditinstituts — jedoch *ohne* sich vorzubereiten und entsprechend zu präparieren.

Unser Buch möchte also einen Service anbieten: Wir möchten helfen, die Schwellenangst beim Betreten einer Bank abzubauen. Eine Bank ist nichts anderes als eine geschäftliche Unternehmung in Sachen Geld. Aber unbegründete Ängste verhindern oft, daß man unbefangen wie ein Graf oder ein Grandseigneur *verschiedene* Bankinstitute aufsucht und deren Konditionen vergleicht und dann entscheidet, wer das notwendige Geld borgen *darf*. Soviel schon vorab: Man ist gut beraten, wenn man versucht, die Bank durch die gleiche Brille zu sehen wie den Automobilverkäufer. Auch bei der Bank kann um wertvolle Prozente und Bedingungen gepokert werden, wenn gewisse Voraussetzungen von Ihnen selbst geschaffen wurden — *vorher!* Ein Schlachtplan ist also durchaus vonnöten.

An wen richtet sich also dieses Büchlein? Zur Beantwortung dieser Frage muß man ein wenig ausholen. ›Vermögensbildung‹ war vor noch nicht allzu langer Zeit ausschließlich ein Thema für die ›Betuchten‹ — eine kleine Minderheit. Heute jedoch verfügen breite Bevölkerungsschichten über Kapital. Das Institut für Wirtschafts- und Gesellschaftspolitik stellte vor einiger Zeit fest, daß die deutschen Haushalte über ein durchschnittliches Gesamtvermögen von 230 000 DM verfügen, die gesetzlich festgelegten Versorgungsansprüche wie Pensionen und Renten *nicht* eingerechnet! Bereits jeder zehnte Haushalt verwaltet sogar ein Kapital im Werte von 500 000 DM. Als wirklich arm und mittellos kann man nur etwa drei bis vier Prozent der Bevölkerung bezeichnen. Untersuchungen zeigen, nebenbei bemerkt, daß rund 50% des Privatvermögens aus Haus- und Grundbesitz bestehen, 10% betragen die Anteile an Betriebs- und privatem Sachvermögen (Autos, Kunst- und

Wertgegenstände), und 30% des Gesamtvermögens in unserem Land bestehen aus ›reinen Geldwertanlagen‹, als da sind Bankguthaben, Wertpapiere und andere ›geldwerte‹ Anlagen. In den vergangenen Jahren haben private Sparer ein Geldvermögen zusammengetragen, das mittlerweile die gigantische Summe von 1,8 Billionen DM (1 800 000 000 000 DM) beträgt. Zum Vergleich: 1950 hatten die Sparer bescheidene 2,4 Milliarden DM auf die hohe Kante gelegt.

Solche Zahlen beweisen, daß dieses Büchlein praktisch jeden angeht. Denn wer Geld anlegen und verwalten muß, ist gut beraten, wenn er mit Banken umgehen kann.

Umgekehrt kommen die meisten von uns auch nicht umhin, Geld (zu möglichst günstigen Zinsen) zu borgen. Die Einstellung, nur der Unternehmer nehme Kredite in Anspruch, ist schlicht und ergreifend falsch. Jeder Privatmann, der einen Kredit aufnimmt, der nicht für den reinen Konsum bestimmt ist und der Realisierung eines Wunsches dient, handelt eigentlich schon als ›Unternehmer‹, weil er für die aufgenommenen Fremdmittel Zinsen zahlen muß. Und selbst wenn er den Kredit nur zu seinem ›Vergnügen‹ aufnimmt, dann stellen die von ihm aufzubringenden Zinsen in jedem Fall ein Teil seiner ›Ertragskraft‹ dar. Als ›Ertragskraft‹ einer Privatperson bezeichnet man ihr Einkommen: das monatliche Festgehalt und die eventuellen Nebeneinkünfte.

Auch in diesem Fall gilt: Je besser man mit Banken umgehen kann, um so größere Vorteile kann man einheimsen. Um aber nochmals zu unserem Beispiel Autokauf zurückzukehren: Als Privatmann lassen Sie sich von Ihren finanziellen Möglichkeiten und Interessen leiten, aber auch von dem Nutzwert des Autos, das Sie schließlich bezahlen müssen. Also flanieren Sie durch die Geschäfte und suchen sich das günstigste Angebot. Mit den Banken jedoch sollten Sie ähnlich verfahren und sich das günstigste Angebot Ihren Interessen entsprechend herauspicken. Über die genauen Schritte, *wie* man dabei vorzugehen hat, informiert dieses Buch.

Im übrigen möchten wir auch Ihren Blick für Kosten und Gebühren schärfen, die Ihnen von der Bank im Rahmen einer

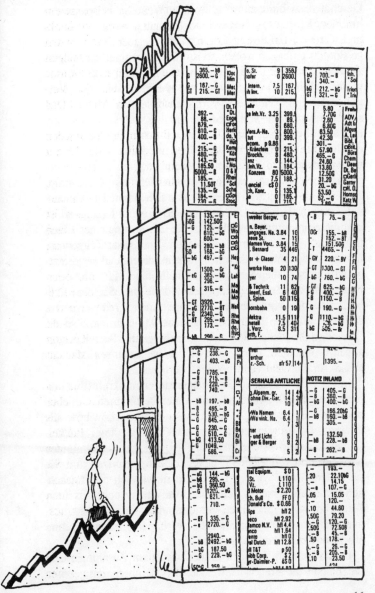

Geschäftsbeziehung auferlegt werden. Wenn Sie beispielsweise nur diese Kosten so gering wie möglich halten wollen, so ist am preiswertesten ein Postgirokonto. Wenn Sie aber eine langfristige Bonität aufbauen wollen, so ist nicht unbedingt der billigste Anbieter auch der beste. Beim Umgang mit Banken gibt es wie in der Politik etwas so Schönes wie ›vertrauensbildende Maßnahmen‹. Ein Teil dieser vertrauensbildenden Maßnahmen stellt die Aufnahme von Krediten und ihre saubere, fristgerechte Rückführung dar. Eine Person, die noch nie einen Kredit erhalten hat und bei einer Bank über eine Million Mark ›pumpen‹ möchte, wird natürlich scheitern, mag auch das Pfandobjekt noch so ausgezeichnet sein. Hier fehlt die Kontinuität. Bei Krediten in solcher Höhe muß man sich ›darstellen‹ können.

Für einen Bankkunden hingegen, der laufend Kredite erhält und diese ordentlich abwickelt, ist die Gewährung eines Kredites in dieser Höhe unproblematischer, denn dieser Zeitgenosse hat im Laufe seiner Zusammenarbeit bewiesen, daß er vertrauenswürdig ist. Erben Sie hingegen eine Million Mark und beantragen Sie zusätzlich einen Kredit, ohne daß Sie der Bank bekannt sind, dann werden Sie zwar einen Kredit erhalten, denn Sie verfügen ja über eine gewisse Absicherung, aber die Bank wird Sie genau unter die Lupe nehmen und Sie mit Argusaugen beobachten. Der Kredit wird so bemessen sein, daß das Risiko für die Geldgeber möglichst gering ist.

Im übrigen spielen die Gesichtspunkte Ertragskraft (Einkommen) und Besitz eine Rolle, die unter bestimmten Gesichtspunkten geprüft werden. Auch dieses Insider-Know-how, die internen Prüfungskriterien also, sind Thema dieses Buches. Lernen Sie also, wie Banker denken, wie sie Berechnungen anstellen und vergleichen, welche Logik sie benutzen und wie sie üblicherweise vorgehen. Wenn man wirklich und tatsächlich Bankleute versteht, wenn man förmlich versucht, aus ihren Augen zu sehen und ihren Gesichtspunkt einzunehmen, vermag man natürlich ganz anders zu verhandeln, zu pokern und Vorteile für sich herauszuwirtschaften.

Im übrigen taucht auch immer wieder im Zusammenhang mit Banker die Frage auf, welcher Service überhaupt geboten wird und welcher Banktyp zu welchem Kunden prinzipiell paßt. Zumindest sollte man zwischen dem Einsteiger, dem Privatkunden und dem Selbständigen differenzieren. Auch hierzu finden Sie Informationen in diesem Buch.

Desgleichen haben wir die Themen *Bildschirmtext* und ›*Electronic Banken*‹ berührt.

Ferner sind *Schufa, Datenschutz, Selbstauskunft* und *Auskunfteien* Gebiete, deren Kenntnis Sie die berühmte Nasenlänge voraus sein lassen können. Und schließlich soll ein Kapitel über die *Kreditarten* Ihren Wissensvorsprung vergrößern helfen, in Kombination mit gediegenem Know-how über Kreditverhandlungen, die von gewiegten Profis ganz anders geführt werden als von dem sogenannten ›kleinen Sparer‹. Erfolgstips für eine gute Partnerschaft mit der Bank, die sich auch auf den Wertpapierbereich erstrecken, runden diesen Ratgeber schließlich ab.

Wir, die Autoren, würden uns freuen, wenn Sie durch die Informationen auf den folgenden Seiten gezielt Geld sparen könnten. Dieses Büchlein kostet nur ein paar Mark. Seine Lektüre lohnt sich auf jeden Fall. Manchmal stehen aber auch einige zehntausend Märker (und mehr) auf dem Spiel. In diesem Sinne möge dieses Büchlein ein Ratgeber sein, der sich bezahlt macht — für den Einsteiger und für den Profi.

Die Autoren

Im Frühjahr 1987

I. Kleiner geschichtlicher Rückblick

Wenn man das Wesen der Banken verstehen will, so kommt man nicht umhin, sich zumindest in Ansätzen mit ihrer Geschichte vertraut zu machen. Beleuchten wir also zumindest in einigen Schlaglichtern die nebenbei bemerkt hochinteressante Historie des Bankgeschäfts.

Tatsächlich sind die Bankhäuser von heute die Tempel von gestern. Hier hat der Druckfehlerteufel nicht zugeschlagen, es ist eine geschichtlich belegte Tatsache, daß Geldgeschäfte im Altertum von Griechen, Juden und Römern im Tempel abgeschlossen wurden. Bereits Jesus prangerte die Geldhändel im Tempel des Herrn in Jerusalem an, wie uns Markus im Neuen Testament, Kapitel 11, Vers 15 ff., verrät. Geld − Klerus − Finanzen, dieses Triumvirat bildete im Christentum eine Einheit. Geld repräsentiert also schon immer mehr als nur ein Zahlungsmittel, es wurde auch stets als Machtinstrument genutzt.

Inzwischen haben sich die Machtverhältnisse jedoch unzweideutig zu Gunsten der Geldaristokraten verschoben. Man betrachte nur einmal die Dimensionen der Kirchtürme und der Bankhäuser: Man braucht nicht zum Bankenplatz Frankfurt zu fahren, um zu sehen, wie klein die Kirchen heute im Vergleich zu den Häusern der Bankinstitute wirken.

Aber tauchen wir noch einmal in die Geschichte. Einzelheiten über das Bankgewerbe im Altertum sind nur spärlich übermittelt. Bemerkenswerterweise verfügten jedoch Völker wie die Phönizier, die Karthager und die Ägypter, die alle regen Handel betrieben, tatsächlich bereits über bankähnliche Einrichtungen. Im *Alten Ägypten* existierten bereits nach Gewicht festgelegte Kupfer- und Silberbarren, die als Zahlungsmittel (›Geld‹) und Wertmesser dienten. Über Staatsspeicher, bei denen Kaufleute und Grundbesitzer regelrechte Konten unterhielten, erfolgte durch Last- und Gutschriften schon ein bargeldloser Zahlungsverkehr. In *Babylonien* dienten schon früh Edelmetalle auch als geldähnliche Verrechnungswerte. Sogar Darlehensgeschäfte aus dem alten Babylon, im 6. Jahrhundert v. Chr., sind überliefert. Tempelpriester und Palastbeamte, seit dem 2. Jahrhundert auch zunehmend Privatpersonen, stellten Kapital für Darlehens- und Hypothekengeschäfte zur Verfügung, deren Urkunden wie ›Schecks‹ und ›Wechsel‹ gehandelt wurden. Man muß diesen (Geld-)Handel einmal vor seinem geistigen Auge erstehen lassen! Man muß sich vorstellen, wie vor rund 2500 Jahren in einem Land zwischen Euphrat und Tigris, zwischen alten, verstaubten Ochsenkarren, blendend weißen Gebäuden und Astronomenrechnern, bereits gefeilscht, Geschäfte gemacht und Bankenbusiness getätigt wurde!

Auch im antiken *Griechenland* fungierten die Tempel als Banken. Gelder wurden in Empfang genommen und wieder verliehen, wahrscheinlich zu einem mäßigen Zinssatz. Vielfach übten Priester bankierähnliche Funktionen aus. Mit der Entstehung des Münzwesens in ganz Griechenland entwickelte sich sogar ein neuer Beruf, die Trapeziten (griech. trápeza = Tisch), die sich vorwiegend mit der Münzprüfung und dem Geldwechsel befaßten. Mit anderen Worten: Das Geschäft blühte auch hier zwischen ionischen und dorischen Säulen, philosophischen Wandelgängen und den Göttern des Olymp.

Die Rolle der Geldwechsler übernahmen im alten *Rom* bereits im 3. Jahrhundert v. Chr. richtiggehende Berufsbankiers. Man differenzierte bereits zwischen ›argentarii‹ (lat. ›der mit Silber zu tun hat‹) und dem ›nummularii‹ (lat. ›der mit Münzen handelt‹). Eifrig wurden sogar Darlehens- und Bürgschaftsgeschäfte betrieben.

Den Beginn des Bankgewerbes, so urteilen Fachleute heute, markieren tatsächlich Geldwechslergeschäfte, ein Bankenzweig, der heute von den Kreditinstituten nur noch am Rande wahrgenommen wird. ›Bancherii‹ hießen im 12. Jahrhundert auch die Geldwechsler in Genua in Italien. Sie wickelten ihre Geschäfte nicht in aufwendigen Bankstuben ab. Alles, was sie für ihr Gewerbe benötigten, trugen sie sozusagen am Leib: ein ›banco‹, das heißt ein Rechen-Zählbrettchen mit Steinen zum Hin- und Herschieben (wie es heute noch zum spielerischen Erlernen der Mathematik benutzt wird), ein Säckchen für die Münzen und eine Brieftasche für ›Wechselbriefe‹. Sobald ein ›Bancherii‹ unsaubere Geschäftspraktiken tätigte, wurde sein Zählbrett zerschlagen. Eine bemerkenswerte Art der Justiz! ›Banco rotto‹ nannte man diesen Vorgang, woraus sich die Bezeichnung ›bankerott‹ entwickelte.

Das eigentliche Bankwesen hat also seinen Ursprung in Italien. Die im 15. Jahrhundert in andere Länder eindringenden (italienischen) Fachwörter legen hierfür beredtes Zeugnis ab (*Konto, Saldo, Skonto, brutto, netto* usw.). Auch unser Wort ›Bank‹ (›Geldinstitut‹) ist ›italienischer‹ Herkunft. Ursprünglich ist es identisch mit der (germanischen) ›Sitzbank‹, dessen Vorformen dem Romanischen entlehnt sind. Im Italienischen bedeutete ›banca‹ oder ›banco‹ schließlich so viel wie der ›lange Tisch des Geldwechslers‹. Von hier trat das Wort seinen Siegeszug um die Welt an.

Aber zurück zur Geschichte: Im 12., 13. und 14. Jahrhundert begannen Handel und Handwerk zu blühen. Die Verbesserung bestimmter Fertigungsmethoden und der Einsatz neuartiger Werkzeuge führten zu einer ungeahnten Produktionssteigerung und lösten schließlich den einfachen Tauschhandel ab. Gewinne dienten dazu, den Handel zu intensivieren und Münzen oder ›Kapital‹ anzuhäufen. Noch war es Juden vorbehalten, Kreditgeschäfte abzuwickeln. Doch schon früher erkannten die ›bancherii‹ die Gunst der Stunde. Zunehmend beteiligten sie sich am wachsenden Überseehandel, indem sie Darlehen gewährten. Die Kaufleute ihrerseits deponierten wiederum ihre Gelder bei ihnen und erhielten im Gegenzug dafür *Wechsel*. Spätestens zu diesem Zeitpunkt muß man von Bankiers im modernen Sinne sprechen: Sie stellten Mittler im Zahlungsverkehr dar und unterhielten bereits Filialen an den Brennpunkten des damaligen Handels.

Offiziell billigte die Kirche jedoch noch immer nicht den gewinnbringenden Verleih von Geld. Als der Papst allerdings selbst Kapital benötigte, sah er sich gezwungen, es ebenfalls zu borgen — und also Zinsen dafür zu entrichten. Die Reformation schließlich markierte endgültig den Wendepunkt: Calvin, der große Genfer Reformator, leistete dem Geldgeschäft Vorschub, indem er im Jahre 1547 dazu Stellung nahm mit den Worten: »Warum soll man denen, die eine Summe Geldes ihr eigen nennen, nicht erlauben, daraus ihren Nutzen zu ziehen, wo man doch dem, der einen unfruchtbaren Acker sein eigen nennt, erlaubt, ihn zu verpachten?« Das Argument stach. Genf wünschte jedoch, daß der Zins künftig auf 5% begrenzt bliebe. Zwanzig Jahre später kletterte der Zinssatz allerdings auf 10%; England und Frankreich akzeptierten. Kaiser Karl V. sollte später sogar 12% als Zinssatz anerkennen. Den Fuggern mußte er für ihre vielfältigen Hilfen sogar 14% zahlen. Und in Lyon und Antwerpen — den großen Börsenplätzen der damaligen Zeit — stiegen die Zinsen ein paar Jahre später auf 16 und 20%.

Die Geldverleiherdienste waren hoffähig geworden, und das Bankwesen erreichte seine erste Blüte. Unter anderem bildeten sich große Gemeinschaftsunternehmen, die sogenannten Konsortien. Bereits der Widersacher Kaiser Karls V., Frank I., ließ in Lyon eine Anleihe auflegen, die sich ›le grand parti‹ nannte. Ihre Anteilszeichner hießen ›partisans‹ (Partizipanten). Um den Salzhandel und andere große Projekte zu finanzieren, entstanden die ersten Aktiengesellschaften auf der Basis von Anteilscheinen. Im Norden Europas finanzierten die Engländer auf ähnliche Weise ihre ›Eastland Company‹. Neben den Fuggern und Welsern existierten schon im 16. Jahrhundert bedeutende Finanzgrößen, die zum Teil massiv auf die Politik Einfluß nahmen.

Die Zeiten, da geschäftstüchtige Lombarden an großen Messe- und Handelsplätzen ihre Tische aufgeschlagen, Münzen und Metalle abgewogen und Geld umgetauscht hatten, waren längst passé. Das Kapital griff in die Weltgeschichte ein. Bedeutende florentinische Familien (Bardi, Peruzzi, Medici), später

auch Genueser (Centurioni, Grimaldi, Vivaldi) und in Deutschland die bereits erwähnten berühmt-berüchtigten Fugger und Welser betätigten sich im Bankgeschäft und gewannen bestimmte Privilegien durch Finanzierung staatlicher Vorhaben und politischer Machtkämpfe. Die Entwicklung des Bankwesens schritt unaufhaltsam voran.

Allein die nüchternen Fakten lesen sich beeindruckend:

1401 Gründung einer öffentlichen Wechsel-, Depositen- und Girobank in Barcelona.
1408 Gründung der ›Casa di S. Giorgio‹ in Genua. Es folgten
1598 die ›Banca di Sant'Ambrogio‹ (Mailand),
1609 die ›Amsterdamsche Wisselbank‹,
1619 die ›Hamburger Bank‹ und
1621 die ›Banco Publico zu Nürnberg‹.

Besondere Bedeutung kommt der Gründung der Bank von England 1694 zu, die man als erste moderne Kreditbank bezeichnen kann. Weitere wichtige Bankengründungen:

1668 Nationalbank Stockholm,
1765 Preußische Bank Berlin,
1800 Bank von Frankreich.

Parallel zu den öffentlichen und halböffentlichen Banken entwickelten sich im 18. und 19. Jahrhundert auch einflußreiche private Bankunternehmen (Rothschild, Bethmann), die zum Teil internationale Bedeutung erlangten. Bereits in der Gründungszeit des Bankwesens leisteten sich öffentliche Banken und Privatbankiers mitunter erbitterte Konkurrenzkämpfe.

Im übrigen stellte ursprünglich der Zusammenbruch einiger Privatbanken den Anstoß zur Gründung von Staatsbanken, sogenannter ›Girobanken‹, dar − wie der ›Lübecker Bank‹ (15. Jahrhundert), der ›Amsterdamer Bank‹ (1609) und der ›Hamburger Bank‹ (1619). Die Hamburger Bank wurde 1875 der späteren Reichsbank angegliedert. Diese ›Girobanken‹ erhielten von ihren Kunden Geld in Form von Münzen oder Edelmetall und schrieben bei Bedarf eine Anweisung auf einen

Teil des deponierten Geldes aus. Für ihre Dienste berechneten die Girobanken Gebühren.

Eine neue Ära wurde durch die erste Bank eingeleitet, die selbst Banknoten herausgeben durfte: die 1694 gegründete Bank von England. Dieses verführerische Beispiel machte auch auf dem Festland schnell Schule. Niemand geringerer als der clevere *Friedrich der Große* gründete 1765 die Königliche Bank von Berlin, die nach einigen Jahren das Recht zur Notenausgabe erhielt.

Nach der Niederlage Preußens (gegen Napoleon) mußte die Bank jedoch 1806 ihre Zahlungen einstellen, bis sie 1846 in die ›Preußische Bank‹ umgewandelt wurde. Aus ihr entstand 1871 (pünktlich zur Gründung des Deutschen Reiches) die Deutsche Reichsbank.

Das Privileg zur Notenausgabe stand bis zum Beginn des Ersten Weltkriegs außer der Reichsbank nur noch vier anderen Instituten zu. Der Eiertanz der Banken, Papiergeld durch ›echte‹, gediegene Werte abzudecken, begann also bereits damals. Ein besonderes Gesetz, das *deutsche Bankgesetz von 1875,* regelte die Notenausgabe und die staatliche Kontrolle hierüber. Demzufolge waren diese ›Notenbanken‹ verpflichtet, ein Drittel des Notenwertes in kursfähigem deutschen Gelde, Reichskassenscheinen oder in Gold (in Barren oder in ausländischen Münzen) als Deckung vorrätig zu haben. Der Rest des Wertes mußte in Form von Wechseln vorliegen.

Es existierten auch noch (untergeordnete) ›Kreditbanken‹, die sich von den Notenbanken dadurch unterschieden, daß sie bestimmte Geschäftszweige nicht ausüben durften. So war es, wie bereits erwähnt, nur den Notenbanken erlaubt, Banknoten in bestimmter Höhe zu drucken und in Umlauf zu bringen. Einen Anhaltspunkt über die Menge der Banknoten vermittelte die zweite Novelle zum Bankengesetz von 1899, die besagte, daß 400 Millionen Mark steuerfrei (d.h. ohne daß die Notenbanken eine ›Notensteuer‹ zu entrichten hatten) als Banknoten ausgegeben werden durften; 1909 handelte es sich bereits um 550 Millionen Mark, die man schließlich auf 750 Millionen Mark erhöhte.

Durch die Industrialisierung und die stürmische Ausweitung des Welthandels im 19. Jahrhundert begann der unaufhaltsame Vormarsch des ›Buchgeldes‹. Geld durchlief nur noch die Aktiv- und Passivseiten (Einnahmen und Ausgaben) der Bankbilanzen und wechselte so ohne Formalitäten den Besitzer. Goldwährungen wurden von Banknoten (Papiergeld) abgelöst.

Die weitere Entwicklung des modernen europäischen Bankwesens läßt sich anhand der politischen, wirtschaftlichen, technologischen und soziologischen Veränderungen ablesen. Sie führten entsprechend den differenzierten Anlage- und Finanzierungsbedürfnissen der öffentlichen und der gewerblichen Wirtschaft sowie breiter Bevölkerungskreise zur Entstehung verschiedener Bankengruppen.

Heute ist in der Bundesrepublik allein die Bundesbank für den Druck und die Herausgabe von Banknoten zuständig. Waren vor dem Zweiten Weltkrieg im Deutschen Reich 14 Milliarden Reichsmark im Umlauf, so vergrößerte sich diese Geldmenge innerhalb von zwanzig Jahren auf fast das Sechsfache. 1981 existierte in (bundes-)deutschen Landen die gigantische Summe von über 90 Milliarden DM. Mittlerweile ist die 100-Milliarden-Grenze längst überschritten.

Aber gehen wir die letzten Schritte etwas bedachtsamer: Als in den siebziger Jahren die bargeldlose Zahlung von Löhnen und Gehältern eingeführt wurde, bedeutete dies eine neuerliche Veränderung des Bankwesens. Diese Maßnahme stellte den Auslöser für einen beispiellosen Aufschwung der Banken im Privatbereich dar. Es setzte eine Banken-Zweigstellenexpansion ohnegleichen ein. Die Einführung der Datenverarbeitung, die Erweiterung der Konsumentenkredite, Kreditkarten und ›Electronic Banking‹ markierten weitere Meilensteine in der Entwicklung des Bankenwesens. Das Computer- und Informationszeitalter machte auch vor den Kreditinstituten nicht halt und leitete zum Teil revolutionäre Entwicklungen ein.

Soweit einige Schlaglichter, die im Rahmen eines solchen Buches notwendigerweise nur ausschnittweise die Szene beleuchten können. Versuchen wir nun, uns einen kleinen Überblick über den heutigen Stand zu verschaffen.

Auf einen Blick

1. Phönizier, Karthager und Ägypter, Völker also, die bereits regen Handel betrieben, verfügten schon über bankähnliche Einrichtungen.

2. Die Bankhäuser von heute sind die Tempel von gestern. Geldgeschäfte bei Griechen, Juden und Römern wurden im Tempel abgewickelt.

3. Im 4. Jahrhundert v. Chr. verliehen griechische ›Trapeziten‹ (trápeza = Tisch) Gelder zu mäßigem Zinssatz und verwalteten Geld. Im 3. Jahrhundert v. Chr. betrieben in Rom Geldwechsler schon Darlehens- und Bürgschaftsgeschäfte.

4. Die ›Bancherii‹ markieren im 12. Jahrhundert in Genua/Italien den Beginn des Bankgewerbes. Sie tätigten ihre Geschäfte unter freiem Himmel, lediglich ausgestattet mit Rechen-Zählbrettchen, dem ›banco‹, einem Säckchen mit Münzen und einer Tasche für ›Wechselbriefe‹. ›Banco‹, ›banca‹, vom germanischen Begriff ›Sitzbank‹ abgeleitet, bedeutete ursprünglich der ›lange Tisch des Geldwechslers‹.

5. Im Zuge der Reformation (Calvin) wuchs die Akzeptanz, Geld gegen Zinsen zu leihen und zu verleihen. Der Zinssatz stieg von 5 auf 10, 12, 14, 16 und 20 Prozent. Die großen Bankhäuser entstanden: Bardi, Peruzzi und Medici (Florenz), Centurioni, Grimaldi und Vivaldi (Genua) sowie Fugger und Welser (Deutschland).

6. Im 15. und 16. Jahrhundert wurden erstmals Staatsbanken gegründet, die für einen Teil ihrer Einlagen Banknoten selbst drucken durften. Die bedeutendsten Namen: Lübecker Bank, Amsterdamer Bank, Hamburger Bank.

7. Die Hamburger Bank kann als Vorläufer der Ende des 19. Jahrhunderts gegründeten Deutschen Reichsbank bezeichnet werden. Die von Friedrich dem Großen 1765 gegründete Königliche Bank von Berlin wurde 1846 in die Preußische Bank umgewandelt und ging ebenfalls in der 1871 gegründeten Deutschen Reichsbank auf.

8. Das deutsche Bankengesetz von 1875 regelte die Notenausgabe. Außer der Reichsbank besaßen bis zum Ersten Weltkrieg nur vier weitere Bankinstitute das Recht, Banknoten zu drucken.

9. Neben den Notenbanken etablierten sich die Privatbanken (Rothschild, Bethmann) und die Kreditbanken, die sich von den Notenbanken dadurch unterschieden, daß sie bestimmte Geschäftszweige nicht ausüben durften.

10. Aufgrund der Industrialisierung und der Ausweitung des Welthandels im 19. Jahrhundert löste das Papiergeld endgültig die Goldwährung ab. Heute ist hierzulande nur noch die Bundesbank für den Druck und die Herausgabe von Banknoten zuständig. Über 100 Milliarden D-Mark sind mittlerweile im Umlauf.

11. Einen weiteren Aufschwung des Bankwesens leitete in den siebziger Jahren die bargeldlose Lohn- und Gehaltszahlung ein. Sie ebnete den Weg für eine beispiellose Banken-Zweigstellenexpansion. Die Stichworte Datenverarbeitung, Schecks, Kreditkarten und Electronic Banking bezeichnen weitere Meilensteine in der Entwicklung.

II. Banken heute — Definition, Funktion, Klassifikation

Von Adolph Freiherr von Knigge stammt das berühmte Buch ›Über den Umgang mit Menschen‹. Bevor wir Ihnen Ratschläge ›Über den Umgang mit Banken‹ vermitteln, empfiehlt es sich, die diversen Banken zunächst einmal vorzustellen — und zwar von der Definition über die verschiedenen Bankentypen bis hin zu ganz konkreten Zahlen und Aufstellungen über die größten Kreditinstitute, die auf dem Bankenplatz Bundesrepublik ihre vielfältigen Dienste anbieten.

Das Kreditwesengesetz (abgekürzt: KWG) bestimmt exakt, welche Institution sich ›Bank‹ nennen kann und welche Geschäfte sie betreiben darf. ›Bank‹ bedeutet zunächst einmal nichts anderes als *Geldinstitut*. Der Gesetzgeber definiert den Begriff *Kreditinstitut* in Paragraph 1 des Gesetzes über das Kreditwesen in seiner nüchternen und trockenen Sprache wie folgt:

»Kreditinstitute sind Unternehmen, die Bankgeschäfte betreiben, wenn der Umgang dieser Geschäfte einen in kaufmännischer Weise eingerichteten Geschäftsbetrieb erfordert. Bankgeschäfte sind

1. die Annahme fremder Gelder als Einlagen ohne Rücksicht darauf, ob Zinsen vergütet werden *(Einlagengeschäft)*;

2. die Gewährung von Gelddarlehen und Akzeptkrediten *(Kreditgeschäft)*;

3. der Ankauf von Wechseln und Schecks *(Diskontgeschäft)*;

4. die Anschaffung und die Veräußerung von Wertpapieren für andere *(Effektengeschäft)*;

5. die Verwahrung und die Verwaltung von Wertpapieren für andere *(Depotgeschäft)*;

6. die in § 1 des Gesetzes über Kapitalanlagegesellschaften bezeichneten Geschäfte *(Investmentgeschäft)*;

7. die Eingehung der Verpflichtung, Darlehensforderungen vor Fälligkeit zu erwerben;

8. die Übernahme von Bürgschaften, Garantien und sonstigen Gewährleistungen für andere *(Garantiegeschäft)*;

9. die Durchführung des bargeldlosen Zahlungsverkehrs und des Abrechnungsverkehrs *(Girogeschäft).*«

Damit besitzen wir einen ersten Überblick über die Funktionen und Aufgaben der Kreditinstitute. Ein wesentlicher Teil des Geschäfts besteht also in *Finanzierungen,* ein Wort, das sich reizvoll anhört und die Phantasie beflügelt. ›Finanzierung‹ bedeutet auf gut Deutsch: ›durch Geld ermöglichen‹. Wir wissen: unseren Wünschen und Träumen steht oft entgegen, daß uns das nötige ›Kleingeld‹ fehlt. Unser Einkommen hinkt unseren Plänen hinterher, und wir wenden uns an die Banken. Umgekehrt sind Kreditinstitute aber auch höchlichst daran interessiert, Geld einzunehmen. Denn um ihrem lukrativsten Geschäft, dem Verleihen von Geld gegen Zinsen, nachgehen zu können, müssen sie auch Kapital sammeln. Damit könnte man die Funktion von Banken ganz unkompliziert wie folgt definieren: *Banken sind Kreditinstitute, die die Ware Geld möglichst billig einkaufen und möglichst teuer verkaufen.*

Abenteuerlich einfach!

Doch wenden wir uns weiter der Institution Bank zu und treffen wir einige Differenzierungen. Prinzipiell muß man, was die Haftung anbelangt, eine wichtige Unterscheidung treffen — und zwar zwischen den sogenannten *öffentlich-rechtlichen* und den *privatrechtlichen* Bankinstituten. Was bedeutet das im Klartext?

Träger der *öffentlich-rechtlichen* Kreditinstitute sind staatliche Organe, wie zum Beispiel bei den Landesbanken die Bundesländer. Die Landesbanken sind, nebenbei bemerkt, die Mutterbanken der Sparkassen. Sie können im Zweifelsfall höher beleihen als andere Banken.

Enthält der Name einer Bank oder einer Sparkasse also den Zusatz ›öffentlich-rechtlich‹, dann haften die entsprechenden staatlichen Träger uneingeschränkt. Unverschnörkelt gesprochen heißt das: Wenn ein Verantwortlicher einer solchen Bank Mißwirtschaft betreibt, so verliert er ›nur‹ seine Stellung. Für seine Fehlentscheidungen haftet jedoch der jeweilige Träger, seien es Bund, Land, Kreis, Gemeinde oder Stadt, nicht der Verantwortliche selbst.

Auch bei *privat-rechtlichen* Banken wird heute die Haftung gewöhnlich auf viele Schultern verteilt. Die großen (privatrechtlichen) *Geschäftsbanken* (wie die Deutsche Bank, die Dresdner Bank und die Commerzbank) sind ihrer Unternehmensform nach Aktiengesellschaften. Gehaftet wird also in der Höhe der Einlage, des Aktienkapitals. Diese Geschäftsbanken gewähren (gegen Sicherheit) allgemeine Darlehen, Anschaffungskredite und Überzugsdarlehen (Dispositionskredite). Sie verleihen kurzfristige Kredite zu variablen Zinssätzen und finanzieren auch noch nicht ausgezahlte Hypothekendarlehen und Darlehen aus Bausparverträgen (Vorfinanzierung, Zwischenfinanzierung). Außerdem gewähren sie persönliche Hypothekendarlehen, die im Grundbuch an zweiter und dritter Stelle abgesichert sind.

Differenzieren wir nun in der Folge weniger zwischen öffentlich-rechtlichen und privat-rechtlichen Kreditinstituten, sondern betrachten wir uns vornehmlich die *Funktionen,* da dies sinnvoller ist.

Ins Auge fallen zunächst die *Privatbanken,* kleine, aber intensiv auf dem Bankenmarkt arbeitende (privat-rechtliche) Kreditinstitute, die den eigenständigen und unabhängigen Banker von Anno dazumal noch heute repräsentieren. Privatbanken verfügen nicht über das große Zweigstellennetz, das ihnen einen massiven Einstieg in das Gehaltskontengeschäft erlaubt. Dieses Business wird von ihnen auch nicht angestrebt. Privatbanken umwerben üblicherweise den Privatkunden mit großem Vermögen.

Die (ebenfalls privat-rechtlich organisierten) *Teilzahlungsbanken* werden zum Beispiel zur Finanzierung eines Autos zwischengeschaltet. Der Privatkunde kauft bei einem Händler also etwa einen Pelzmantel, einen Fernseher oder einen PKW. Zur Finanzierung vermittelt der Händler einen Direkt-Ratenzahlungsvertrag eben über eine Teilzahlungsbank, den der Kunde, nebenbei bemerkt, unmittelbar mit dieser Bank abschließt.

Kreditgenossenschaften wiederum, heute überwiegend unter den Unternehmensbezeichnungen *Volksbanken* und *Raiffeisenbanken* geführt, betreuen den Mittelstand wie Landwirtschaft, Handwerk, freie Berufe, Arbeiter, Angestellte und Beamte etwa. Sie sind ›vor Ort‹ zu finden, auch in ›Hintertupfingen‹ auf dem Land. Kreditgenossenschaften verfügen über das größte Bankstellennetz in der Bundesrepublik. Sie bieten ihren Kunden die Möglichkeit der aktiven Mitarbeit im Vorstand und im Aufsichtsrat beziehungsweise in der Mitgliederversammlung. Man kann Mitglied einer solchen Bank werden und sogar Anteile erwerben, die jährlich durch Ausschüttung von Gewinn verzinst werden. Als Mitglied besitzt man – ohne Berücksichtigung, wieviel Anteile man sein eigen nennt – *eine* Stimme in der Mitgliederversammlung.

Tragen wir noch ein kleines Stückchen Bankengeschichte nach: Diese Volksbanken waren ursprünglich *gewerbliche* Kreditgenossenschaften, die auf Initiative von Hermann Schulze-Delitzsch im 19. Jahrhundert als sogenannte ›Vorschußvereine‹ gegründet wurden. Dagegen sind Raiffeisenbanken *landwirtschaftliche* Kreditgenossenschaften. Friedrich-Wilhelm Raiffeisen war der Begründer sogenannter ›Hilfsvereine‹, den Vorläufern der Raiffeisenbanken, die sich später auch Spar- und Darlehenskassen, Raiffeisenkassen und -banken oder Spar- und Kreditbanken nannten.

Eine Bemerkung am Rande: Unsere Absicht besteht darin, mit diesen Definitionen und historischen Reminiszenzen der babylonischen Sprachverwirrung etwas abzuhelfen. Sollte das Gegenteil der Fall sein, so finden Sie die einzelnen Begriffe noch einmal in einer kurzen Übersicht zusammengefaßt am Ende dieses Kapitels.

Fahren wir fort: Die Genossenschaftsbanken waren und sind sowohl für mittelständische Unternehmer als auch für Privatkunden als Kreditgeber und Hausbanken empfehlenswert — zumindest aber wettbewerbsfähig. Kreditgenossenschaften betreiben alle Bankgeschäfte, also das gesamte Bankdienstleistungsgeschäft. Spezialisiert sind sie auf lang- und kurzfristige Kredite. Über den ›Genossenschaftsverbund‹ (bestehend aus der Deutschen Genossenschaftsbank, der Deutschen Genossenschafts-Hypothekenbank, der Bausparkasse Schwäbisch Hall und gemeinsamen Institutionen im Wertpapier-, Immobilien- und Versicherungsgeschäft) bieten sie ergänzende Geldanlage- und Finanzierungsgeschäfte an.

Realkreditinstitute betreiben ausschließlich langfristige Kreditgeschäfte, die sie durch Ausgabe von Schuldverschreibungen auf dem Kapitalmarkt refinanzieren. Andere Bankgeschäfte sind ihnen verboten. Davon ausgenommen sind die Bayerische Hypotheken- und Wechselbank, die Bayerische Vereinsbank und die Norddeutsche Hypotheken- und Wechselbank (gemischte Hypothekenbanken), da sie vor Inkrafttreten des Hypothekenbankgesetzes bereits existierten.

Realkreditinstitute oder *Hypothekenbanken,* wie sie auch heißen, sind also ausschließlich für Haus- und Baufinanzierungen zuständig. Eine Ausnahme bilden lediglich wie gesagt die oben genannten drei Hypothekenbanken, bei denen Sie heutzutage auch Ihr Privat- oder Geschäftskonto führen können, was sich natürlich günstig bei der Finanzierung eines Bauobjektes auswirkt, weil in diesem Fall die gesamte Finanzierung ›aus einer Hand‹ gestaltet werden kann.

Sie sehen, so mancher wertvolle Hinweis ergibt sich bereits allein aufgrund einiger Definitionen. Der Vollständigkeit halber muß jedoch hinzugefügt werden, daß auch andere Banken mit sogenannten ›Hypothekentöchtern‹ zusammenarbeiten und den gleichen Service bieten. ›Hypothek‹ bedeutet im übrigen im Lateinischen soviel wie ›Unterpfand‹. Diese (wörtliche) Übersetzung trifft tatsächlich den Nagel auf den Kopf. Betrachten wir in aller Kürze dieses Geschäft: Ein Grundstücks- oder Hausbesitzer benötigt Geld, das er sich von einer Bank borgt.

Als Sicherheit gibt er ein vom Notar besiegeltes Versprechen, daß er mit Haus- und Grundbesitz für diese Schuld einsteht. Damit wird sein Haus- und Grundbesitz zum ›Pfand‹ für die Hypothekenbank, die gegebenenfalls diesen Besitz bei Nichteinlösung der Schuld versteigern kann. Dieses von einem Notar besiegelte Versprechen wird als *Belastung,* als *Grundschuld* in das Grundbuch eingetragen. Das Grundbuch stellt das amtliche Verzeichnis aller Grundstücke einer Gemeinde, der betreffenden Eigentümer und der darauf eingetragenen Belastungen, der Hypotheken, dar. Hypotheken stehen im Grundbuch meist an rangerster Stelle, während persönliche Hypothekendarlehen von Geschäftsbanken auch an zweiter und dritter Stelle eingetragen sein können.

Nur der Vollständigkeit halber noch einige Bemerkungen zu den übrigen ›Kapitalsammelbecken‹, wie der schöne Fachausdruck dafür heißt. Die *Deutsche Bundespost* beteiligt sich am allgemeinen Zahlungsverkehr durch ihr PostGiro (Postscheckverkehr), das durch 16000 Postdienststellen im Inland und zahlreiche ausländische Stellen ein weitverzweigtes Netz zur Verfügung stellt. Allerdings kann man als Inhaber eines Post-Girokontos *kein* Darlehen erwarten. Auch das Überziehen des Kontos darf nicht zur Gewohnheit werden. Sie können lediglich kurzfristig das Konto bis zu 1000 DM überziehen. Dennoch erfreut sich der Postscheckverkehr bei Geschäfts- und Privatkunden großer Beliebtheit.

Bauspezifische Kreditgeber sind ferner die *Bausparkassen.* Je nach Bauspartarifart sind 40 bzw. 50 Prozent der Bausparsumme anzusparen. Der Rest wird von den Bausparkassen als Darlehen gegeben. Die Verzinsung liegt je nach Tarif bei 3,5 – 6 Prozent. Bauspardarlehen sind auf Grund einer höheren Tilgung schneller zurückgezahlt als Hypothekendarlehen.

Als weitere Anbieter auf dem Finanzierungsmarkt seien die *Lebensversicherer* genannt, die ja nicht zu den Banken zählen, obwohl sie auch Kredite vergeben. Lebensversicherer bieten mitunter interessante Konditionen, die oft unter denen von Hypothekenbanken liegen. Außerdem kann bei manchen

Finanzierungen die Tilgung (der Lebensversicherungsbeitrag) steuerlich als Sonderausgaben abgesetzt werden.

Nach der Definition und Funktion nun die Klassifikation. Wir können Ihnen nicht versprechen, ob gerade Ihre gegenwärtige Bankverbindung zu den 50 größten ihrer Art zählt. Immerhin ist es nicht nur für Insider interessant, die Größe der Banken anhand der Bilanzsummen auf einen Blick vergleichen zu können. Wie dicht das Netz von Kreditinstituten in der Bundesrepublik gewoben ist, beweisen zwei Zahlen: insgesamt 4739 Kreditinstitute (mit nahezu 40000 Nebenstellen) verfügten 1985 über ein Bilanzvolumen von 3,3 Billionen DM (BANK, 11/86). Und: die Geschäftsbanken stellen 94% der Institute; der verbleibende Rest von 6% sind Spezialbanken, die jedoch immerhin für 29% des Gesamtbilanzvolumens verantwortlich zeichnen.

Die 50 größten privatrechtlichen Banken verfügten 1985 zusammen über eine Bilanzsumme von 965 Milliarden DM. Anbei die Giganten der Branche im Überblick:

Die 50 größten privaten Banken 1985

Rang	Institut
1	Deutsche Bank AG, Frankfurt – Düsseldorf
2	Dresdner Bank AG, Frankfurt
3	Commerzbank AG, Düsseldorf
4	Bayerische Vereinsbank AG, München
5	Bayerische Hypotheken- und Wechsel-Bank AG, München
6	Bank für Gemeinwirtschaft AG, Frankfurt
7	Rheinische Hypothekenbank AG, Frankfurt
8	Frankfurter Hypothekenbank AG, Frankfurt
9	Deutsche Centralbodenkredit-Aktiengesellschaft, Köln
10	Berliner Bank AG, Berlin
11	Berliner Handels- und Frankfurter Bank, Frankfurt
12	Westfalenbank AG, Bochum
13	Deutsche Hypothekenbank Frankfurt – Bremen AG, Bremen
14	Bayerische Handelsbank AG, München
15	Industriekreditbank AG – Deutsche Industriebank, Düsseldorf
16	Vereins- und Westbank AG, Hamburg
17	Westfälische Hypothekenbank AG, Dortmund
18	Süddeutsche Bodencreditbank AG, München
19	Vereinsbank in Nürnberg AG, Hypothekenbank, Nürnberg
20	Pfälzische Hypothekenbank AG, Ludwigshafen
21	Hypothekenbank in Hamburg AG, Hamburg
22	Sal. Oppenheim jr. & Cie, Köln
23	Baden-Württembergische Bank AG, Stuttgart
24	Allgemeine Hypothekenbank AG, Frankfurt
25	Württembergische Hypothekenbank AG, Stuttgart
26	Braunschweig-Hannoversche Hypothekenbank AG, Hannover
27	Bank für Handel und Industrie AG, Berlin
28	Deutsche Hypothekenbank (Actien-Gesellschaft), Hannover – Berlin
29	Rheinisch-Westfälische Boden-Credit-Bank AG, Köln
30	AKA Ausfuhrkredit-Gesellschaft mbH, Frankfurt

Rang	Institut
31	Deutsche Bau- und Bodenbank AG, Berlin – Frankfurt
32	KKB Bank KGaA, Düsseldorf
33	Deutsche Bank Berlin AG, Berlin
34	European Asian Bank AG, Hamburg
35	Lübecker Hypothekenbank AG, Lübeck
36	Wüstenrot-Bank AG, Ludwigsburg
37	Deutsch-Südamerikanische Bank AG, Hamburg
38	Trinkaus & Burkhardt KGaA, Düsseldorf
39	Deutsche Verkehrs-Kredit-Bank AG, Berlin – Frankfurt
40	Berliner Commerzbank AG, Berlin
41	Berliner Industriebank AG, Berlin
42	Citibank AG, Frankfurt
43	Oldenburgische Landesbank AG, Oldenburg
44	Deutsche Kreditbank für Baufinanzierung AG, Köln
45	Norddeutsche Hypotheken- und Wechselbank AG, Hamburg
46	M. M. Warburg-Brinckmann, Wirtz & Co., Hamburg
47	Merck, Finck & Co., München
48	Chase Bank AG, Frankfurt
49	Schweizerische Bankgesellschaft (Deutschland) AG, Frankfurt
50	Bankers Trust GmbH, Frankfurt

Die 50 größten öffentlich-rechtlichen Kreditinstitute bilanzierten 1985 mit 1135 Milliarden DM. Auch hier ein Überblick:

Die 50 größten öffentlich-rechtlichen Kreditinstitute 1985

Rang	Institut
1	Westdeutsche Landesbank Girozentrale, Düsseldorf – Münster
2	Bayerische Landesbank Girozentrale, München
3	Norddeutsche Landesbank Girozentrale, Hamburg
4	Kreditanstalt für Wiederaufbau, Frankfurt
5	Hessische Landesbank-Girozentrale, Frankfurt
6	Deutsche Pfandbriefanstalt, Wiesbaden – Berlin
7	Landesbank Rheinland-Pfalz Girozentrale, Mainz
8	Deutsche Siedlungs- und Landesrentenbank, Bonn – Berlin
9	Landeskreditbank Baden-Württemberg, Karlsruhe
10	Deutsche Girozentrale – Deutsche Kommunalbank, Frankfurt
11	Hamburgische Landesbank Girozentrale, Hamburg
12	Wohnungsbauförderungsanstalt des Landes NRW, Düsseldorf
13	Württembergische Kommunale Landesbank Girozentrale, Stuttgart
14	Landesbank Schleswig-Holstein Girozentrale, Kiel
15	Badische Kommunale Landesbank Girozentrale, Mannheim
16	Landwirtschaftliche Rentenbank, Frankfurt
17	Bremer Landesbank Kreditanstalt Oldenburg – Girozentrale, Bremen
18	Hamburger Sparkasse, Hamburg
19	Wohnungsbau-Kreditanstalt Berlin, Berlin
20	Sparkasse der Stadt Berlin West, Berlin
21	Landesgirokasse, öffentliche Bank und Landessparkasse, Stuttgart
22	Stadtsparkasse Köln, Köln
23	Bayerische Landesanstalt für Aufbaufinanzierung, München
24	Lastenausgleichsbank, Bonn
25	Nassauische Sparkasse, Wiesbaden

Rang	Institut
26	Stadtsparkasse München, München
27	Kreissparkasse Köln, Köln
28	Landesbank Saar Girozentrale, Saarbrücken
29	Die Sparkasse in Bremen, Bremen
30	Schleswig-Holsteinische Landschaft, Kiel
31	Frankfurter Sparkasse von 1822, Frankfurt
32	Stadt-Sparkasse Düsseldorf, Düsseldorf
33	Stadtsparkasse Hannover, Hannover
34	Sparkasse Essen, Essen
35	Stadtsparkasse Dortmund, Dortmund
36	Berliner Pfandbrief-Bank, Berlin
37	Landessparkasse zu Oldenburg, Oldenburg
38	Stadtsparkasse Nürnberg, Nürnberg
39	Hamburgische Wohnungsbaukreditanstalt, Hamburg
40	Stadtsparkasse Frankfurt am Main, Frankfurt
41	Kreissparkasse Esslingen – Nürtingen, Esslingen
42	Stadtsparkasse Duisburg, Duisburg
43	Kreissparkasse Ludwigsburg, Ludwigsburg
44	Kreissparkasse Hannover, Hannover
45	Sparkasse Bielefeld, Bielefeld
46	Sparkasse Bochum, Bochum
47	Kreissparkasse Waiblingen, Waiblingen
48	Stadtsparkasse Wuppertal, Wuppertal
49	Sparkasse Krefeld, Krefeld
50	Sparkasse Bonn, Bonn

Eine Übersicht über die 50 größten Genossenschaftsbanken (Bilanzsumme 1985: 250 Milliarden DM) vervollständigt das Bild:

Die 50 größten Genossenschaftsbanken 1985

Rang	Institut
1	DG Bank Deutsche Genossenschaftsbank AG, Frankfurt
2	Deutsche Genossenschafts-Hypothekenbank AG, Hamburg – Berlin
3	Westdeutsche Genossenschafts-Zentralbank eG, Düsseldorf
4	Südwestdeutsche Genossenschafts-Zentralbank AG, Frankfurt
5	Norddeutsche Genossenschaftsbank AG, Hannover
6	Genossenschaftliche Zentralbank AG, Stuttgart
7	Münchener Hypothekenbank eG, München
8	Deutsche Apotheker- und Ärztebank eG, Düsseldorf
9	Bayerische Volksbanken AG, München
10	Badische Beamtenbank eG, Karlsruhe
11	Berliner Volksbank (West) eG, Berlin
12	Stuttgarter Bank AG, Stuttgart
13	Südwestbank AG, Stuttgart
14	Raiffeisen-Zentralbank Kurhessen AG, Kassel
15	Frankfurter Volksbank eG, Frankfurt
16	Evangelische Darlehnsgenossenschaft eG, Kiel
17	Grundkreditbank eG, Berlin
18	Wiesbadener Volksbank eG, Wiesbaden
19	Ulmer Volksbank eG, Ulm
20	Mainzer Volksbank eG, Mainz
21	Volksbank Paderborn eG, Paderborn
22	Bank für Kirche und Diakonie, Duisburg
23	Volksbank Pforzheim eG, Pforzheim
24	Evangelische Kreditgenossenschaft, Kassel
25	Darlehnskasse im Bistum Münster eG, Münster

Rang	Institut
26	Volksbank Hannover eG, Hannover
27	DG Diskontbank AG, Mainz
28	LIGA Spar- und Kreditgenossenschaft eG, Regensburg
29	Kölner Bank von 1867 eG, Köln
30	Darlehnskasse im Erzbistum Paderborn, Paderborn
31	Evangelische Darlehnsgenossenschaft, Münster
32	Sparda-Bank, Mainz
33	Bank für Sozialwirtschaft GmbH, Berlin
34	ZG Bank Saar Zentralbank Saarländischer Genossenschaften AG, Saarbrücken
35	Sparda-Bank, Hannover
36	Hamburger Bank von 1861 Volksbank eG, Hamburg
37	Sparda-Bank, Essen
38	Sparda-Bank, Stuttgart
39	Volksbank Karlsruhe, Karlsruhe
40	Saar-Bank (Gersweiler Sparkasse) eG, Saarbrücken
41	Volksbank Freiburg, Freiburg/Brsg.
42	Sparda-Bank, München
43	Volksbank Gießen eG, Gießen
44	Sparda-Bank, Frankfurt
45	Sparda-Bank, Köln
46	Münchner Bank eG, München
47	Heidenheimer Volksbank eG, Heidenheim
48	Sparda-Bank, Nürnberg
49	Edekabank AG, Berlin – Hamburg
50	Raiffeisenbank München, München

Quelle: Zeitschrift ›Bank‹, 11/86

Nicht nur nach der Größe kann man Banken bewerten. Das Londoner IBCA-Institut für Bank-Analysen eruiert jedes Jahr die Top-Bank-Institute in aller Welt, abgestuft nach einem bestimmten System. Dabei fallen Bekanntheitsgrad und Zins- und Gebührensätze nicht ins Gewicht. Was zählt und untersucht wird, sind die Bilanzen, die Liquidität, die erzielten Gewinne, das Eigenkapital und die Qualität der Anlagen.

In der Kategorie A werden erste Bankadressen mit besten Referenzen, ausgewogener Bilanz und überdurchschnittlichen Gewinnen aufgeführt. Die Abstufung nach unten reicht über B und C bis zu D. Die mit ›D‹ eingestuften Institute sind kaum zu empfehlen. Wenn Sie eine erste Orientierung bei der Suche nach einer verläßlichen Bankadresse im Ausland benötigen, dann können Sie die untenstehende Tabelle bereits verwenden.

Wie Bilanzanalysten die Banken sehen

Land	Kreditinstitut	Kategorie
Frankreich	Banque Nationale de Paris	B
	Crédit Agricole	B/C
	Crédit Lyonnais	B/C
Großbritannien	National Westminster	A/B
	Barclays Bank	A/B
	Lloyds Bank	A/B
	Midland Bank	C/D
Italien	Instituto Bancario San Paolo di Torino	A/B
	Monte dei Paschi di Siena	A/B
	Banca Commerciale Italiana	B
	Banca Nazionale del Lavoro	B/C
Japan	Sumitomo Bank	A/B
	Mitsubishi Bank	A/B
	Sanwa Bank	A/B
	Dai-Ichi Kangyo Bank	B
Österreich	Creditanstalt-Bankverein	B

Zusammenfassend kann man kommentieren: Die Konkurrenz auf dem Bankenmarkt ist groß und belebt das Geschäft. In gewissem Sinne ist der Kunde uneingeschränkter, umworbener König. Dennoch scheuen sich die meisten, Banken als das zu behandeln, was sie sind: Dienstleistungsunternehmen, die selbst einen guten Ruf zu verlieren haben, die selbst darauf bedacht sein müssen, Service zu bieten, und die *auswechselbar* sind. Angesichts der beeindruckenden Anzahl von Banken sollte man die Einstellung kultivieren, daß man durchaus nicht auf Gedeih und Verderb den allmächtigen Banken ausgeliefert ist.

Land	Kreditinstitut	Kategorie
Schweiz	Schweizerische Bankgesellschaft	A
	Schweizerischer Bankverein	A
	Schweizerische Kreditanstalt	A
USA	J. P. Morgan	A
	Citicorp	A/B
	Chemical New York Corp.	B
	Security Pacific Corp.	B
	Chase Manhattan Corp.	B/C
	Manufacturers Hanover Corp.	B/C
	Bank America Corp.	D
Zum Vergleich: Bundesrepublik Deutschland	Deutsche Bank	A
	Bayerische Vereinsbank	A/B
	Bayer. Hypotheken- und Wechsel-Bank	A/B
	Dresdner Bank	B
	Bayerische Landesbank	B
	WestLB	B/C
	Commerzbank	B/C
	Bank für Gemeinwirtschaft	B/C
	DG Bank	C

Quelle: Capital 8/86

Auf einen Blick

1. Die Funktionen der Banken: Einlagengeschäft, Kreditgeschäft, Diskontgeschäft (Ankauf von Wechseln und Schecks), Effektengeschäft (Anschaffung und Veräußerung von Wertpapieren), Depotgeschäft, Investmentgeschäft, Garantiegeschäft, Girogeschäft.
   Banken sind Kreditinstitute, die die Ware Geld möglichst billig einkaufen und möglichst teuer verkaufen.

2. Man differenziert zwischen öffentlich-rechtlichen und privatrechtlichen Bankinstituten, Beispiele für öffentlich-rechtliche Kreditinstitute: Bundesbank, Landesbanken, Stadtsparkassen, Kreissparkassen. Für öffentlich-rechtliche Kreditinstitute haften die öffentlichen Träger: für die Bundesbank der Bund, für die verschiedenen Landesbanken die einzelnen Bundesländer und für die öffentlich-rechtlichen Stadt- oder Gemeindebanken die Gemeinden oder Städte.
   Beispiele für privatrechtliche Kreditinstitute: Deutsche Bank, Dresdner Bank, Commerzbank, Privatbanken, Teilzahlungsbanken, Hypothekenbanken. Hierfür haften heute ebenfalls meist ganze Gremien.

3. ›Privatbanken‹ umwerben üblicherweise den Privatkunden mit großem Vermögen. ›Teilzahlungsbanken‹ sind auf Zwischenfinanzierungen und Ratenzahlungsverträge spezialisiert.

4. ›Volksbanken‹ und ›Raiffeisenbanken‹ sind Genossenschaftsbanken. Sie verfügen über das größte Bankstellennetz der Bundesrepublik. Die Bankkunden können als Mitglieder durch ihre Stimme in der Mitgliederversammlung, aber auch im Vorstand oder im Aufsichtsrat mitarbeiten.
   ›Raiffeisenbanken‹ sind *landwirtschaftliche* Kreditgenossenschaften; sie wurden im 19. Jahrhundert von Friedrich-Wilhelm Raiffeisen gegründet.

›Volksbanken‹ sind *gewerbliche* Kreditgenossenschaften, die auf Initiative von Hermann Schulze-Delitzsch — ebenfalls im 19. Jahrhundert — entstanden.

5. Die (privatrechtlichen) ›Realkreditinstitute‹ betreiben ausschließlich langfristige Kreditgeschäfte. Andere Bankgeschäfte sind ihnen per Hypothekengesetz verboten. Ausnahme: Bayerische Hypobank, Bayerische Vereinsbank, Norddeutsche Hypotheken- und Wechselbank. Damit kann die gesamte Baufinanzierung in einer Hand verbleiben. Aber auch andere Banken können diesen Service bieten: Sie arbeiten mit sogenannten ›Hypothekentöchtern‹ zusammen.

6. Die Deutsche Bundespost beteiligt sich mit ihrem Post-Giro (Postscheckverkehr) am Zahlungsverkehr. Post-Giro-Kontoinhaber erhalten kein Darlehen, allenfalls ist eine Überziehung bis zu 1000 DM kurzfristig möglich.

7. Bauspezifische Kreditgeber sind die Bausparkassen, bei denen im allgemeinen 40% der abgeschlossenen Summe angespart werden müssen; der Zinssatz für ausgeliehene Darlehen ist niedriger als für normale Hypothekendarlehen. Lebensversicherungen bieten ebenfalls Kredite an. Die Tilgung ist oft steuerlich teilweise absetzbar.

8. Die 50 größten privatrechtlichen Banken in der Bundesrepublik verfügten 1985 zusammen über eine Bilanzsumme von 965 Milliarden DM. Die 50 größten öffentlich-rechtlichen Kreditinstitute erreichten 1985 zusammen eine Gesamtbilanzsumme von 1135 Milliarden DM. 250 Milliarden DM verzeichneten 1985 die 50 größten Genossenschaftsbanken.

9. Das Londoner IBCA-Institut eruiert jedes Jahr weltweit die Top-Bankinstitute. Differenziert werden die Kategorien A, B, C und D. Diese Liste kann als erste Orientierung für einen Bankenkontakt im Ausland dienen.

III. Ein Blick hinter die Kulissen

Gibt es etwas Gefälligeres und Beeindruckenderes als Bankenwerbung? Wir brauchen Ihnen kaum die verschiedenen Aussagen und Methoden dieser Werbung im Detail zu Gemüte führen. Nur soviel: ›Corporate Identity‹ heißt gegenwärtig das Schlagwort in der Bankenbranche, was die Präsentation der Banken nach außen und ihre Werbestrategie anbelangt. ›Ton in Ton‹ zeigen sich Banken der Öffentlichkeit, d.h. farblich in einem identifizierbaren Image. Die Werbefachleute in den Chefetagen der Banken klügeln hierfür raffinierte Farbzusammenstellungen aus. Das Auge weidet sich daran, wenn alles aufeinander abgestimmt ist − von der Teppichauslegeware in der Schalterhalle und Schlips des Sachbearbeiters bis hin zum Deckblatt der Werbebroschüren.

Der Kunde soll anhand von Farben bereits identifizieren können, ob er sich von dem ›grünen Band‹ der Dresdner Bank oder dem elegant-zurückhaltenden grau-blauen der Deutschen Bank einwickeln lassen will. Die Schalterhallen der Banken ähneln im übrigen so gar nicht mehr den Amtsstuben, wie sie ab und zu in alten Filmen noch zu sehen sind, wo hinter holzvergittertem Bankthresen ein verknöcherter Bankangestellter mit Ärmelschonern und hochgeschobener Brille sich eifrig-ängstlich bemüht.

Die neue Generation der Bankschalterhallen unterscheidet sich in ihrer Eleganz und Exklusivität in nichts mehr von der Loggia eines Fünf-Sterne-Hotels. Die ›dienstbaren Geister‹, in elegant-sachlicher Dienstkleidung, eilen herbei und entpuppen sich als gewiefte Verkäufer. Die Verhandlungen werden in gedämpftem Ton geführt – an einem Ort zum Wohlfühlen, wo eine erwartungsvolle, wunschgeschwängerte Atmosphäre herrscht. Namhafte Designer und Künstler werden verpflichtet, um Broschüren und Werbematerial den letzten Touch zu geben. Den Vogel der Imagewerbung schoß der schon legendäre Ehrenpräsident der Deutschen Bank ab, Altbankier Abs, der in jedem Stockwerk der Deutschen Bank-Zentrale in Frankfurt, einem riesigen Wolkenkratzer, Bilder berühmter Künstler ausstellen ließ. Diese waren zum Teil für horrende Summen eingekauft worden. In Zukunft – so hofft man – werden die Kunden nicht mehr in den 28. Stock fahren, sondern in das Stockwerk des Künstlers XY. Aber auch für (bei der Gestaltung von Broschüren) mitwirkende Künstler wird ein Bonbon bereitgehalten: Sie dürfen in den Schalterhallen der Filialen ihre Bilder oder Plastiken ausstellen.

Der Kunde kann nicht umhin, er ist gerührt von so viel Altruismus und Kunstverständnis. Übrigens, ein Streifzug durch die Banken ist nicht nur ein werbeästhetisches Erlebnis. Man kann auch insofern fündig werden, als man stoßweise Info-Material einzusammeln vermag. In ihrem Bemühen um neue Kunden haben die Banken Informationen über praktisch alle Lebensbereiche zusammengestellt, selbst wenn sie damit nicht unmittelbar ein Geschäft einläuten können. Banken verweisen auf diese Initiative, wenn sie in Diskussionen mit Schülern und Studenten etwa auf ihre exponierte Stellung innerhalb unseres Staates kritisch angegangen werden. Sie zeigen sich dünnhäutig und verletzt und hassen das Image des ungeliebten Kapitalisten wie die Pest. Im übrigen betonen sie, daß sie sich auf dem rechtsstaatlichen Boden unserer Gesetzgebung bewegen und sie keinesfalls ihre Position auf dem Rücken ihrer Kunden ausbauen.

Ihre Prosperität setzen sie nicht nur als Förderer von Kunst und Wissenschaft ein, sondern helfen auch, zum Beispiel, beim Aufbau eines Unternehmens oder bei Eintritt in das Berufsleben. Sogenannte ›Mittelstandsbroschüren‹ behandeln Themen zur Zukunftsvorsorge für Selbständige und geben Hilfestellung bei der Finanzplanung mittelständischer Unternehmen. Anhand konkreter Musterbeispiele findet man hierin Unternehmensstrategien, Hinweise auf weiterführende Literatur und Adressen von Verbänden und staatlichen Stellen.

Für junge Leute existieren eigene Info-Mappen, die teilweise gegen Entrichtung einer ›Schutzgebühr‹ von drei bis fünf Mark verkauft werden. ›Extra-Infos‹ für Mittlere Bildungsabschlüsse bieten eine Orientierung über Ausbildungen in der Wirtschaft und im öffentlichen Dienst, ferner Möglichkeiten zur Weiterbildung. Für Abiturienten und Fachoberschüler offeriert man eigene Mappen mit Orientierungshilfen zur Ausbildung in diversen Berufen, zum Studium mit der Beschreibung einzelner Studiengänge an bestimmten Universitäten – mit Hinweisen über Ausbildungsbeihilfen (BAföG usw.) und Anmerkungen zum Wehr- und Zivildienst etwa.

Wie immer man über Banken im allgemeinen und speziellen denken mag, solche Broschüren und Info-Mappen muß man begrüßen. Nicht selten bieten sie echte Hilfe. Im übrigen tritt bei vielen dieser Broschüren die eigene Bankwerbung in den Hintergrund. Die Mappen für Schüler beinhalten lediglich einen ›Beratungsscheck‹ für den ›Kompaktservice‹ der Bank zum Beispiel.

Umgekehrt zielen die *Prospekte* in den Werbeständern direkt auf das Bankengeschäft. ›Persönliches Konto‹, ›Persönlicher Kredit‹, ›Sparen – Anlegen – Vorsorgen‹, so oder ähnlich lauten viele der Faltblätter, die für einen ersten Einstieg interessierter Kunden gedacht sind. Der Kundenberater kann Ihnen darüber hinaus ›Extra-Infos‹ mit Empfehlungen und Ratschlägen für besondere Lebenssituationen (für den Berufsstart, für Kinder in der Berufsausbildung, für das Bauen und für die Alters- und Ausbildungssicherung) aushändigen, sofern Sie Interesse bekunden.

Soviel zur Bühne. Werfen wir nun wie versprochen einen Blick hinter die Kulissen. Wenn man Banken verstehen und mit ihnen umgehen will, ist ein Überblick über den Service und die Aufgaben der Kreditinstitute unabdingbar. Banken, so wissen wir bereits, sind Dienstleistungsbetriebe, die mit wirtschaftlichen Unternehmungen, mit privaten Haushalten und der öffentlichen Hand (Bund, Länder, Gemeinden) zusammenarbeiten.

Vorab eine kleine Grafik, die uns noch einmal einen Überblick über die Bankleistungen der Kreditinstitute gibt:

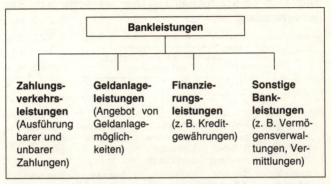

Quelle: Grill-Perczynski, Wirtschaftslehre des Kreditwesens

Im Grunde genommen nehmen Banken wie gesagt Geld in vielen kleinen und großen Beträgen entgegen und leihen es in größeren Summen wieder aus, zum Beispiel für Investitionsvorhaben der Industrie.

Der Bankkaufmann teilt seine Dienstleistung darüber hinaus noch anders ein — nämlich in *Stück-* und *Wertleistungen*. Zu den ›Stückleistungen‹ zählt die Beratung von Kunden, die Bearbeitung von Überweisungen und die Erstellung von Kontoauszügen. Hierbei handelt es sich also um Leistungen im technisch-organisatorischen Bereich, die ›stückzahlmäßig‹ erfaßt werden können.

›Wertleistungen‹ dagegen sind Kapitaltransaktionen — wie die Hereinnahme von Termingeldern (auf eine ganz bestimmte Zeit festgelegte Summen) und die Kreditgewährung. Hier haben wir es mit dem finanzwirtschaftlichen Bereich (Aktiv- und Passivgeschäft) zu tun, der nur ›wertmäßig‹ erfaßt wird. Eine Reihe von Bankleistungen gehören beiden Sparten an, wie beispielsweise der alltägliche Kontovorgang, da eine Überweisung von einem Konto (Stückleistung) unter Ausnutzung des Überziehungskredites (Wertleistung) vorgenommen wird. Doch genug des Fachchinesisch!

Betrachten wir einmal die Geschäfte und vor allem die *Kundschaft* der Kreditinstitute im Überblick, so wie es die Banken selbst sehen:

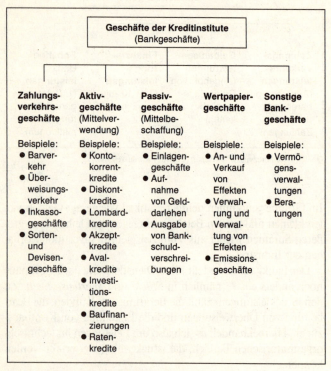

Quelle: Grill-Perczynski, Wirtschaftslehre des Kreditwesens

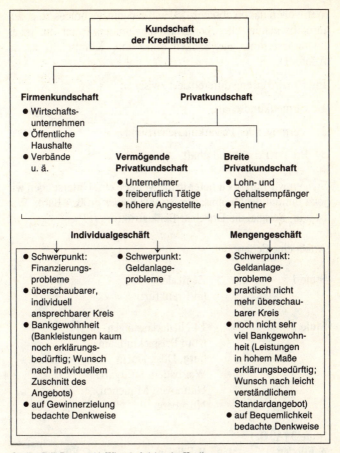

Quelle: Grill Perczynski, Wirtschaftslehre des Kreditwesens

Wir wollen davon absehen, jeden Terminus technicus zu erläutern. Es genügt ein Überblick. Aber unseres Erachtens ist es hochinteressant, wie Banken selbst ihre Kundschaft klassifizieren!

Intern wird streng differenziert zwischen

1 Firmenkundschaft,

2 Vermögender Privatkundschaft und

3 Breiter Privatkundschaft.

Steigen wir nun noch tiefer in die Materie ein. Untersuchen wir jetzt einmal die Organisationsstruktur einer großen Bank. Wie ist zum Beispiel die Dresdner Bank strukturiert?

Anbei eine Schautafel:

Stufe 1 **Zentrale**
(in Frankfurt)

Stufe 2 **14 Niederlassungen**
(zum Beispiel in Hamburg, Düsseldorf, Wiesbaden, Stuttgart, Hannover, München, Nürnberg)

Stufe 3 (A, B, C)

A-Filialen	**B-Filialen**	**C-Filialen**
(zum Beispiel in Mainz)	(zum Beispiel in Bad Kreuznach)	(zum Beispiel in Idar-Oberstein)

Stufe 4
Zweigstellen
(kleinere Stadt-
und Vorort-
Filialen)

Damit haben Sie bereits Einblick in das ›Inner Sanctum‹, das Allerheiligste, einer großen Geschäftsbank genommen. Um Ihnen jedoch wirklich zu veranschaulichen, wie vielfältig das Bankdienstleistungsangebot und welcher Verwaltungsaufwand notwendig ist, anbei ein Überblick über die Organisationsstruktur der *Niederlassung Wiesbaden* der Dresdner Bank (Stufe 2). Sie ersehen daraus, wie Banken tatsächlich arbeiten. Sachgebiete wie Immobilien, Edelmetalle und Wertpapiere müssen ebenso abgedeckt sein wie Kredit- und Auslandsgeschäfte, von den internen Verwaltungsproblemen und der Akquisition ganz zu schweigen.

Niederlassungsleitung Wiesbaden

Privatkundengeschäft	Firmenkundengeschäft I	Firmenkundengeschäft II

Privatkundenabteilung
 Kundenbetreuung
 Kundenberatung
 Baufinanzierungsförderung
 Akquisitionsgruppen
 Verkaufsförderung/
  Werbung
 Immobilienzentrum
 Sorten/Devisen
 Edelmetalle/Münzen
 schnelles Geschäft/
  Kassen
 Nachlaßbearbeitung

Wertpapierabteilung

Geldstelle
 Geldhandel DM

Personalabteilung
 Ausbildungsabteilung

Organisation + Verwaltung
 Datenverarbeitung
 Datenkontrolle
 Revision
 Schreibbüro
 Organisationsgruppe
  Kundenbetreuung
 Ressortorganisationsgruppen
 Mikroverfilmung
 Zahlungsverkehr Inland
 Scheck/Wechselabteilung
 Kfm. Verwaltung
 Registratur/Belegverwaltung
 Expedition

Kreditabteilung
 Bearbeitung
 Öffentliche
  Förderprogramme
 Sicherheiten
 Statistik
 Grundstücksschätzungen

Auslandabteilung
 Dokumentenabteilung
 Auslandszahlungsverkehr SWIFT
 Kundenbetreuung
 Devisenhandel

Rechnungswesen + Information
 Finanzbuchhaltung
 Kostenrechnung
  + Statistik
 Kundenbuchhaltung
 Sparprämienbearbeitung
 Währungskonten

Leasingbereich

Firmenkunden betreuung

Firmenmarketing

Quelle: Dresdner Bank, 1986

Was nutzt uns nun dieser Einblick?

Im konkreten Fall kann man mit diesem Wissen tatsächlich bereits die berühmte Nasenlänge voraus sein. Denn betrachten wir uns, wie und in welcher Höhe in den verschiedenen Stufen *Kredite* vergeben werden. Mit diesem Thema betreten wir nebenbei bemerkt das Gebiet der *Bankenhierarchie*.

Bei der überwiegenden Mehrzahl der Banken und Sparkassen ist es üblich, daß kleinere Zweigstellen (Stadtzweigstellen, Filialen auf dem Lande und in Vororten) in der Regel weniger Entscheidungsfreiheit bei der Vergabe von Krediten besitzen als die Geschäftsstelle in der Stadt. Auch örtliche Bankfilialen von Raiffeisen- und Volksbanken dürfen im allgemeinen nur einen eng gesteckten Kreditrahmen offerieren, der in der Regel 5000 DM nicht übersteigt.

Eine bundesdeutsche große Geschäftsbank – Sie erlauben uns, den Namen unerwähnt zu lassen – hat das Thema Kreditgewährung innerhalb der einzelnen Geschäftsstellen wie folgt geregelt: Die kleine Bankfiliale (die kleinste Bankgeschäftsstelle) kann über Kredite bis zu einer Höhe von 75000 DM selbst entscheiden (Stufe 4). Auf der nächsten Stufe sind die Bezirksgeschäftsstellen angesiedelt, die bereits Kredite bis zu 500000 DM gewähren dürfen (Stufe 3). Beantragt ein Kunde einen Kredit zwischen 500000 und 2 Millionen DM, dann ist nur die Hauptfiliale in der Lage, diesen Kredit abzusegnen (Stufe 2). Wird selbst dieser Kreditrahmen gesprengt, so bearbeitet den Fall unmittelbar die Zentrale (Stufe 1).

Sie erkennen das Prinzip?

Wenn die Kredithöhe die Kompetenz einer Filiale übersteigt, so muß schlicht und ergreifend die für diese Höhe des Kredites kompetente *Geschäftsstelle* Entscheidungshilfe leisten.

Der Kreditantragsteller braucht dazu im übrigen nicht seine Papiere einzupacken und in die nächstgrößere Stadt zu fahren. Gewöhnlich reist ein Sachbearbeiter der übergeordneten Geschäftsstelle in die kleinere Filiale und bespricht mit dem Kunden und dem Kundenberater dieser Filiale den Fall. Sie müssen also nicht ›Klinken putzen gehen‹ oder einen ›Gang nach Canossa‹ antreten, wenn Ihre Kreditwünsche die Möglichkeiten Ihrer Bankenfiliale übersteigen. Die Banken bemühen sich heute oft, dem Kunden entgegenzukommen.

Ebenso wird verfahren, wenn Sie mit Wünschen an Ihren Kundenberater in der Filiale herantreten, die sein Fachwissen überfordern. Üblicherweise wird er Hilfe bei der nächsthöheren Stelle einholen, so daß an Ort und Stelle beraten werden kann. Im übrigen wird ein Unternehmen oder auch ein Privatkunde mit großen Geldbewegungen zwar die täglichen Ein- und Auszahlungen bei der Filiale vor Ort erledigen lassen, aber weitergehende, hochkarätige Geldangelegenheiten bespricht er intelligenterweise unmittelbar in der Geschäftsstelle mit weitreichenden Befugnissen. Unser Tip deshalb: Wenn Sie absehen, daß Ihre Konto- und Kreditangelegenheiten größere Dimensionen annehmen werden, so suchen Sie die unmittelbare Zusammenarbeit mit den (kompetenten) Sachbearbeitern in den betreffenden Abteilungen der übergeordneten Geschäftsstelle. Zugegeben: Auch vor Ort bemüht man sich um eine optimale Kundenberatung. Der Filialleiter einer kleinen Filiale ist manchmal Kundenbetreuer und Direktor in Personalunion, was mitunter Vorteile bieten kann.

Bedenken Sie also, daß Sie oft auch in einer kleinen Bankengeschäftsstelle gewiefte Kundenberater/Filialleiter vorfinden, die besonders aktiv und erfolgreich auf dem Gebiet der Kreditberatung arbeiten und bei dem Sie sich ausgezeichnet aufgehoben fühlen können, weil er Ihre Situation völlig überblickt.

Aber: Über Verantwortlichkeit und Befugnisse kann man nicht diskutieren. Wir empfehlen Ihnen deshalb: Machen Sie sich zunächst in der Bank Ihres Vertrauens kundig über die Kompetenzverteilung und über den Aufbau der Bank − so wie wir es hier an einem Beispiel dargestellt haben. Fragen Sie, wer Sie als nächstes betreuen wird, wenn Sie Ihre jetzige Filiale ›weiterreicht‹.

Im übrigen besitzen Sie immer die Möglichkeit, als angehender Unternehmer von vornherein Ihre Geschäftsbeziehungen zu der größeren Filiale der Bank Ihres Vertrauens zu etablieren, so daß Sie also unmittelbar zu ›Schmitt gehen können statt Schmittchen‹, wie der Volksmund so schön sagt.

Nebenbei sei bemerkt (quasi als Kuriosum): Als ›Insider‹ sollten Sie wissen, daß einige Bankdirektoren bei einer Kreditvergabe auf dem entsprechenden Formblatt nur auf der linken Seite (und nicht auch auf der rechten Seite) unterschreiben dürfen. Das heißt: In der Hierarchie der Banker unterscheidet man zwischen ›Volldirektoren‹ und ›Halbdirektoren‹ oder wie immer die fachspezifische Bezeichnung lautet. Man differenziert bei bestimmten Kompetenzen zwischen Vollmacht A und Vollmacht B.

An dieser Stelle noch ein heißer Tip.

Finden Sie *vor* einem Kreditgespräch heraus, welche Kompetenz Ihr Gesprächspartner hat. Haben Sie dann mit dem ›Richtigen‹ eine Verabredung und diese Person ist aus irgendwelchen Gründen nicht anwesend, sollten Sie lieber einen neuen Termin abmachen, bevor Sie mit einem Mann aus dem ›zweiten Glied‹ sprechen.

Diese Sachlage zeigt einige bemerkenswerte Begleitumstände. In einigen Kreditinstituten ist dementsprechend peinlich genau festgelegt, welcher Direktor (A oder B) über welchen Teppichboden verfügen darf. In den Vorstandsetagen stehen nicht nur bei Einstellungsgesprächen Details wie die Größe des Schreibtisches, die Ausstattung des Büros und die zweifarbige Visitenkarte zur Diskussion. Es nimmt Wunder, warum sich Karikaturisten und Satiriker dieses Themas noch so wenig angenommen haben. Kehren wir zu unserem konkreten Fall zurück: Unter Umständen sollten Sie Kontakt zu einem ›Volldirektor‹ suchen. Übrigens besitzt ein Kreditinstitut vielfach deshalb einen guten Ruf in bestimmten Dienstleistungssparten, weil hier ausgezeichnete Bankenfachleute ihre Arbeit verrichten. Eine Bank ist so gut wie ihre Mitarbeiter — oder anders gesagt: Die einzelnen Banken unterscheiden sich möglicherweise nicht unbedingt allzu sehr voneinander, denn das *Personal* bestimmt die Qualität.

Und ein letzter Tip in diesem Zusammenhang: Stellen Sie sich vor, Ihrem Konto-Sachbearbeiter haben Sie bereits einen kleinen Wink in Sachen Kredit gegeben — eigentlich unbeabsichtigt. Eines Abends nun klingelt das Telefon, ein Herr der Bank stellt sich namentlich vor und bietet eben für diesen Kredit seine Beratungshilfe an.

Wir wollen damit zum Ausdruck bringen, daß sich das Bankengeschäft zum Teil heute von einem ›Bring‹- zu einem ›Hol‹-Geschäft gewandelt hat. Mittlerweile existieren Banken-Akquisiteure, deren Arbeit darin besteht, Kunden zu gewinnen und sie optimal zu beraten. Ein Akquisiteur nimmt in der Regel nicht nur die Mühe auf sich, Sie zu besuchen, wenn Sie astrono-

mische Summen anzulegen haben. Er ist auch schon bei relativ kleinen Summen, etwa ab 10 000 DM, bereit, sich seinen Kopf über eine günstige Anlage zu zerbrechen.

Sogar zwecks Ausbildungssicherung Ihrer Kinder klopft er bei Ihnen an und kann Ihnen ›nebenbei‹ wertvolle Vorschläge für Ihre gesamte Wertpapieranlage unterbreiten. Gegebenenfalls können Sie auch den Spieß umkehren und den Fachmann bestellen. Und vergessen Sie nicht: Sie sind nicht nur Kunde, wenn Sie Geld optimal anlegen wollen.

Auf einen Blick

1. Machen Sie sich das reichhaltige Info-Material der Banken zunutze. Es gibt Broschüren zum Aufbau eines Unternehmens, zum Eintritt ins Berufsleben und zu Unternehmensstrategien. Adressen von Verbänden und staatlichen Stellen, Informationen für den Berufseinstieg, ›Extra-Infos‹ für Mittlere Bildungsabschlüsse, Orientierungshilfen für diverse Berufe (incl. Universitätsstudium), Hinweise über Ausbildungsbeihilfen für Überbrückungsjahre und Broschüren über Wehr- und Zivildienste etwa sind weitere Tupfer auf der Palette dieses Angebots.

2. Kreditinstitute differenzieren gewöhnlich zwischen (a) Firmenkundschaft, (b) Vermögender Privatkundschaft und (c) Breiter Privatkundschaft. Für die (unterschiedliche) Behandlung dieser Zielgruppen existieren oft eigene Richtlinien.

3. Bei den großen Geschäftsbanken unterscheidet man verschiedene ›Stufen‹, was Befugnisse, Kompetenzen und Sachkunde anbelangt. Zum Beispiel
Stufe 1 (Zentrale)
Stufe 2 (Niederlassungen)
Stufe 3 (A-, B- und C-Filialen)
Stufe 4 (Zweigstellen).
   Kleinere Bankfilialen besitzen geringere Entscheidungsbefugnisse als die großen Banken-Geschäftsstellen.

4. Örtliche (kleine) Bankfilialen von Raiffeisen- und Volksbanken dürfen im allgemeinen einen Kreditrahmen von 5000 DM nicht überschreiten. Eine große Geschäftsbank regelt die Kreditvergabepraxis wie folgt:
1 Kleine Geschäftsstellen besitzen einen Kreditrahmen bis zu 75 000 DM,
2 Bezirksgeschäftsstellen dürfen bis zu 500 000 DM ohne Rücksprache entscheiden,
3 Hauptfilialen bis zu 2 Millionen DM,
4 ab 2 Millionen DM muß die Zentrale eingeschaltet werden.

5. Übersteigen die Kreditwünsche eines Kunden den Kreditrahmen einer Bankfiliale, wird heute gewöhnlich der Kreditsachbearbeiter der übergeordneten Filiale für das Kreditgespräch herangezogen.
  Tip: Als Unternehmer sollten Sie Geschäftsbeziehungen zu den *größeren* Filialen der Bank Ihres Vertrauens aufbauen.

6. In der Hierarchie der Banker unterscheidet man zwischen ›Volldirektoren‹ und ›Halbdirektoren‹, zwischen Vollmacht A und Vollmacht B.

7. Die Kundenberater in den kleinen Bankfilialen, die oft Filialleiter und Berater in Personalunion sind, sind mitunter außerordentlich hilfreich. Der persönliche Kontakt (speziell bei mittelständischen Unternehmen) kann unter Umständen sehr positiv zu bewerten sein. Prinzipiell ist eine Bank so gut wie ihre Mitarbeiter.

8. In einigen Fällen hat sich das Bankengeschäft von einem Hol- zu einem Bringgeschäft gewandelt. Erkundigen Sie sich bei mehreren Banken über den Service, den Akquisiteure bieten (Kredite, Anlageberatung, Ausbildungssicherung usw.).

IV. Die Qual der Wahl oder Wie finde ich die richtige Bank?

Bisher haben wir ganz allgemein ›Banken‹ vorgestellt. ›Banken als solche‹ würde es ein Philosoph vielleicht formulieren. Damit sind bereits gewisse Differenzierungen gegeben. Aber, werden Sie zu Recht einwenden, damit vermag man nur bedingt zu entscheiden, welches Kreditinstitut die ›richtige‹ Bank für die eigenen Bedürfnisse ist. Mit anderen Worten: Sie benötigen ein *maßgeschneidertes Kreditinstitut*. Anbei also einige Tips, nach welchen Kriterien Sie Ihre Bankverbindung auswählen sollten. Lassen wir den Kostenvergleich dabei zunächst außer acht.

Der Einstieg ins Bankengeschäft

Betrachten wir zunächst den *›Einsteiger‹*. Als Auszubildender, Schüler oder Student ab 18 Jahren verfügen Sie in der Regel über ein Geldempfangskonto, denn Zahlungen wie Gehalt, Ausbildungsbeihilfen und Beihilfen vom Staat (›BAföG‹) werden unbar vorgenommen. Selbst Eltern überweisen heutzutage gewöhnlich den Unterhalt.

Zu diesem Zeitpunkt besitzen Sie normalerweise noch keine dezidierten Vorstellungen darüber, wie sich Ihre Zukunft gestalten wird. Deshalb stehen bei der Wahl des Empfangskontos – neben den anfallenden Kosten – oft Bequemlichkeitsargumente im Vordergrund. Falls Sie sich nicht für ein *Postgirokonto* (Postscheckkonto) entschieden haben, empfiehlt sich also die Bankfiliale ›um die Ecke‹.

Denn: Für Auszubildende, Schüler und Studenten wird das Konto ohnehin kostenfrei geführt. Es fallen keine Buchungskosten an. Bei der Bankfiliale in Ihrer Nähe handelt es sich üblicherweise um die Zweigstelle einer Sparkasse, einer Genossenschaftsbank (Volksbanken, Raiffeisenbanken) oder einer Geschäftsbank (Deutsche Bank, Dresdner Bank, Commerzbank usw.). Nur vereinzelt bieten Hypothekenbanken (zum Beispiel die Bayerische Hypotheken- und Wechselbank oder die Bayerische Vereinsbank) noch Dienstleistungsgeschäfte mit Kundenkonten und im Zahlungsverkehr an. Auch bei einer Landesbank werden Sie kein Kundenkonto eröffnen können. Und Privatbanken, auf die wir noch detaillierter eingehen werden, zielen vornehmlich auf einen exklusiven Kundenstamm, auf vermögende Zeitgenossen also, die Aufträge für eine Geldanlage ab etwa 100 000 DM erteilen.

Damit wissen Sie um die diversen Institute, die in Frage kommen. Es sind dies, um es nochmals zu wiederholen:
1 Sparkassen,
2 Volks- und Raiffeisenbanken,
3 Geschäftsbanken und die
4 Deutsche Bundespost

Sie alle bieten sich zur Kontoeröffnung an. Banken offerieren jungen Menschen jedoch darüber hinaus spezielle Servicepakete. ›Startkonto‹, ›Kompakt-Service‹ und ›Prima Giro‹ sind einige Beispiele für Sonderprogramme für junge Menschen.

Interessantes Faktum am Rande: Eine Umfrage vor nicht allzu langer Zeit ergab, daß in Orten bis zu 20 000 Einwohnern etwa 60% der Privatkunden ihre Konten bei den örtlichen Bankfilialen führen.

Normalerweise muß der ›Einsteiger‹ anfänglich mit einer recht bescheidenen Geldsumme haushalten. Aber der pfiffige Zeitgenosse plant schon jetzt in die Zukunft und rechnet sich seine Berufs- (und eventuelle Unternehmenschancen) frühzeitig aus. Wenn man also eine klare Vorstellung davon besitzt, was längerfristig in die Wege geleitet werden soll, kann man jetzt schon mit einem kleinen bescheidenen Konto einen persönlichen Kontakt zu einer Bank aufbauen, die Ihnen in einigen Jahren vielleicht unschätzbare Dienste leisten wird. Schon als Azubi, als Schüler oder Student sind solche Gedankengänge durchaus angebracht. Wenn es in dieser Phase schon gelingt, gediegene Bankenkontakte aufzubauen, so vermag man einige Jahre später nahtlos die ersten Kredite abzuwickeln. Die hohe Kunst besteht allerdings darin, Kredite *pünktlich* zurückzuzahlen. Nur auf diese Art und Weise kann man Vertrauen etablieren.

Deshalb unser Tip: Wenn Sie an die Zukunft denken, dann sollten Sie sich Ihren ersten Bankenkontakt unter speziellen Gesichtspunkten aussuchen. Sie sollten mit anderen Worten Ihr Konto bei einer Bank einrichten, die Ihnen auch später einen entsprechenden Service bieten und zinsgünstige Kredite einräumen kann.

Die Banken gewähren im allgemeinen einen Überziehungskredit (Dispositionskredit) für das Gehaltskonto in Höhe des zweifachen monatlichen Nettoeinkommens. Zählen Sie zur Gruppe der Schüler/Azubis/Studenten, die älter als 18 Jahre sind, dann wird Ihnen ebenfalls die Möglichkeit eingeräumt, Ihr Konto in Höhe Ihres zweifachen Unterhaltsbetrages (Ausbildungsbeihilfe oder BAföG plus elterlichem regelmäßigem Zuschuß) zu überziehen.

Mit Vollendung des 18. Lebensjahres können Sie als Girokontoinhaber auch eine ›eurocheque‹-Karte, die zum Abheben von 400 DM pro Tag (bei der eigenen oder anderen Banken) berechtigt, beantragen. Zusätzlich kann man mit der ›eurocheque‹-Karte Geld an Geldautomaten der eigenen oder anderen Banken außerhalb der Schalterstunden abheben, was eine gewisse finanzielle Beweglichkeit gestattet. Der ›eurocheque‹-Service und die Einräumung des Dispositionskredits setzen jedoch voraus, daß Sie bereits drei Monate Inhaber eines Girokontos sind. Dieser Service beinhaltet also einen gewissen Vertrauensbonus, den Ihnen das Bankinstitut einräumt.

Einige Banken nehmen beim *kostenfreien* Schüler/Azubi/Studenten-Girokonto eine altersmäßige Beschränkung bis zum 27. Lebensjahr vor. Fragen Sie vor Einrichtung eines Kontos nach einem eventuell bestehenden Vorbehalt, und scheuen Sie sich nicht, bei der nächsten Bank anzufragen, wenn eine solche Restriktion besteht.

Einige Banken (die Wiesbadener Volksbank zum Beispiel) werben sogar schon für ein ›Taschengeld-Girokonto‹ für Kinder ab 12 Jahren. Der Kontoeröffnungsantrag muß — wie bei allen Bankgeschäften, die vor der Volljährigkeit getätigt werden — von den Eltern oder Erziehungsberechtigten genehmigt und unterschrieben werden. Für fünf Mark erhalten die Youngsters eine Kundenkarte der Bank inclusive Foto und einer Tragetasche für alle Bankutensilien. Die Eltern verpflichten sich per Dauerauftrag, ein Taschengeld monatlich auf dieses Konto zu überweisen.

Die Buchungen auf diesem Konto sind selbstredend gebührenfrei, und — was bemerkenswert ist — für das Guthaben gibt es zwei Prozent Zinsen! Ob dieses Konto wirklich eine ›pädagogisch wertvolle Lebensvorbereitung‹ und ein ›Erziehungsbeitrag zur kritischen Selbstverantwortlichkeit‹ ist, mag dahingestellt bleiben. Von Bedeutung ist, daß man schon als Jugendlicher auf einem Girokonto zwei Prozent Guthabenzinsen einkassieren kann. Soviel verstehen auch junge Leute meist recht fix, denn im Rechnen mit dem eigenen Taschengeld sind Sprößlinge ganz schön pfiffig!

Aber steigen wir die (Berufs-)Leiter weiter nach oben, und untersuchen wir die Möglichkeiten für die *Privatkunden,* die schon geraume Zeit im Berufsleben stehen. Nehmen wir an, Sie verfügen längst über ein Gehaltskonto und haben bereits einen normalen Kontakt zu Ihrer Bank etabliert. Die immer wiederkehrenden Dienstleistungen Ihres Kreditinstituts, die Kontenbetreuung, die Abbuchungs- und Zahlungsvorgänge gehören damit für Sie bereits zum Alltag. Auch Dispositionskredite (Überziehungskredite) haben Sie vielleicht schon in Anspruch genommen.

Sie empfinden vielleicht noch ein wenig Schwellenangst, was Kredite anbelangt. Begehen Sie jetzt bitte in Ihrem eigenen Interesse nicht einen Fehler: Verfallen Sie *nie* in die Rolle des Bittstellers! Um es zu wiederholen: Bei Geld handelt es sich um eine Ware, mit der der Banker auf dem Markt hausieren geht. Ein ungutes Gefühl in der Magengegend ist also nie angebracht – ganz gleich, welche Voraussetzungen Sie für die Verhandlung mit der Bank mitbringen. Im übrigen kann man sich entsprechend präparieren. Es existieren nicht eben wenige Tricks und Tips, auf die wir später noch zu sprechen kommen werden.

Vielleicht aber betreten Sie, was das Darlehensangebot von Kreditinstituten angeht, kein Neuland mehr, weil Sie bereits Konsumentenkredite für kleinere Anschaffungen in Anspruch genommen haben oder weil die Finanzierung des Eigenheims, der Eigentumswohnung oder des PKW bereits über die Bank abgewickelt wurde.

Wie dem auch sei, der springende Punkt ist: Treten Sie in jedem Fall *selbstbewußt* auf, selbst wenn Sie nicht mit unendlichen Reichtümern gesegnet sind. Dazu eine Bemerkung: Einige Berater versichern steif und fest, es gäbe längst kein Zweiklassensystem für Privatkunden mehr. Die Wahrheit ist: Es existieren durchaus Experten und Bankberater für den VIP-Kunden (VIP: Very Important Person), und *natürlich* wird diesen eine Extrawurst gebraten.

Das Geschäft mit Privatkunden zieht sogar ausländische Bankinstitute magisch an. Die Zeitschrift ›Bank‹ bewies kürzlich in einer Analyse, daß in der Bundesrepublik mehr als 275 ausländische Institute aus 45 Ländern mit Zweigstellen, Repräsentanzen, Tochtergesellschaften und Beteiligungsgesellschaften vertreten sind, die um die Gunst des Anlegers buhlen. Die US-Banken stellen dabei die größte Gruppe mit 31 Instituten, rund 23 Niederlassungen und 29 Repräsentanzen dar. Der Privatkundenmarkt hierzulande ist also heißumkämpft. Für die kommenden fünf bis zehn Jahre sagen Experten darüber hinaus eine Änderung der Struktur und der Wettbewerbslage der Banken bei uns voraus.

Aber lassen wir solche Zukunftsmusik! Die für Sie angebrachte Bankverbindung sollte sich nach der Höhe Ihres Einkommens, nach dem bereits angesammelten Vermögen und nach Ihrer Zukunftsplanung richten. Sind Sie mit Ihrem gegenwärtigen Status zufrieden und planen keinen Vermögenszuwachs mehr, dann sollten Sie weiter Ihrer bisherigen Bank Ihr Vertrauen schenken. Planen Sie jedoch einen größeren Einstieg ins Bankengeschäft, die Anschaffung eines Wertpapierdepots, den Kauf von Wertgegenständen und Immobilien, so sollten Sie überprüfen, ob nicht eventuell eine andere Bankverbindung oder eine *zusätzliche* Bankverbindung empfehlenswert ist, denn andere Kreditinstitute halten unter Umständen einen umfassenderen Service für Sie bereit. Den Wechsel von einer Bank zur anderen können Sie, nebenbei bemerkt, unkompliziert bewerkstelligen, indem Sie einfach Ihrer neuen Bank eine Vollmacht ausstellen. Lediglich bei der Kündigung bestehender Kredite bei der vorhergehenden Bank können Probleme erwachsen. Dazu später mehr.

Die Bank als Geschäftspartner

Betrachten wir jedoch zunächst die Möglichkeiten, die sich *Selbständigen* offerieren: Als Freischaffender oder als Unternehmer legen Sie natürlich besonderen Wert auf Ihre Bankverbindung. Betreiben Sie ein Geschäft, bei dem ein reger Zahlungsfluß gegeben ist, dann verfügen Sie allein aus diesem Grund über ein PostGiro-Konto. Da die Bankverbindungen auf Ihren Briefbögen und Geschäftspapieren deutlich zu lesen sind, legen Sie vielleicht auch Wert auf eine gute Bankenadresse, denn ›Imagepflege‹ spielt immer eine gewisse Rolle.

Für Ihre normalen Bankgeschäfte wählen Sie jedoch eine Bank aus, die Ihren spezifischen Ansprüchen gerecht wird. Als Im- und Exporteur werden Sie darauf achten, daß die Bank Ihres Vertrauens über eine gut arbeitende Auslandsabteilung mit direkten Kontakten zu ausländischen Bankinstituten verfügt. Als ortsansässiger selbständiger Handwerker, Landwirt oder überhaupt als Freischaffender bevorzugen Sie die Bankverbindung, die für diesen Berufszweig der beste Ansprechpartner ist: Raiffeisen- und Volksbanken zum Beispiel. In diesen Banken können Sie, wie bereits erwähnt, sogar mitbestimmend tätig sein, wenn Sie Genossenschaftsanteile erworben haben –

und zwar sowohl als Privatkunde, Selbständiger oder Unternehmer.

Gehen wir getrost hier einmal ins Detail — und betrachten wir ein Beispiel genauer:

Ein ›Geschäftsanteil‹ beträgt im konkreten Fall etwa 100 DM. Damit sind Sie bereits am jährlichen Gewinn der Bank beteiligt. Bei der Wiesbadener Volksbank zum Beispiel betrug die Rendite für das eingesetzte Kapital 1986 9,4%.

Nicht schlecht! Wenn Sie eine Ausweitung Ihres Betriebes oder Ihrer Tätigkeiten planen, dann sollten Sie sich vergewissern, ob Sie mit der Bank zusammenarbeiten, die Ihnen hierfür entscheidende Schützenhilfe bieten kann. Der Vorteil der Mitbestimmung bei Genossenschaftsbanken mag für Sie als Kreditsuchender jedoch sogar zum Nachteil geraten, wenn nämlich im Kreditvergabeausschuß ein Mitbewerber für ein Geschäft über Ihr Kreditersuchen mitbestimmt. Hinzu kommt, daß er Einblick in Ihre Geschäftsunterlagen erhalten wird.

Aber malen wir den Teufel nicht an die Wand. Grundsätzlich *empfiehlt* sich die Zusammenarbeit mit einem Kreditinstitut, das sich auf Ihren Berufszweig spezialisiert hat. Ihre Bank muß in der Lage sein, Ihnen bei Ausweitung Ihres Kreditrahmens behilflich zu sein. Vorteilhaft ist es natürlich, Kreditanfragen gleich vor Ort besprechen zu können. Wenn Sie für ein solches Ansinnen in die nächsthöhere ›Etage‹ geschickt werden, dann sollten Sie ernsthaft in Erwägung ziehen, Ihr Konto direkt bei der vorgeordneten Filiale dieser Bank einzurichten. Daneben gibt es noch einen weiteren interessanten Gesichtspunkt in diesem Zusammenhang: *Ein* durchaus legitimer Aspekt bei der Auswahl der Bankverbindung mag sein, daß Banken als *Vermittler* bei der Anbahnung neuer Geschäftsbeziehungen wirken können, wenn sie eine große Palette von Unternehmen betreuen.

Vielleicht haben Sie auch schon einmal an diese Möglichkeiten gedacht, die sich hier eröffnen können. Und ein weiterer heißer Tip: Einige Unternehmensberater empfehlen ihren Klienten, die *Anzahl* der Kreditinstitute nach der Höhe ihres

Jahresumsatzes zu wählen. Also z. B.: ein Kreditinstitut bei einem Jahresumsatz bis zu 3 Millionen DM, zwei Kreditinstitute bei einem Jahresumsatz bis zu 5 Millionen DM, drei Kreditinstitute bei einem Jahresumsatz bis zu 10 Millionen DM.

Es existieren auch noch andere Faustregeln, was die Menge der Kreditinstitute und die Höhe des Umsatzes anbelangt. Prinzipiell gilt: Es führen mehrere Wege nach Rom – auch bei der Beschaffung von Kapital für Ihr Unternehmen. Sie können einen oder mehrere Partner (zum Beispiel Gesellschafter oder Kommanditisten) in Ihre Firma aufnehmen und dadurch über zusätzliches Kapital durch Einlagen verfügen. Wer in ganz großem Stil operiert, mag mit dem Gedanken an eine Börseneinführung spielen, also der Umwandlung der Firma in eine Aktiengesellschaft.

Der Kontakt zu Banken ist jedoch auch in diesem Falle nicht zu umgehen, selbst wenn Sie staatliche Fördermaßnahmen anstreben und zum Beispiel die Aufbaukreditanstalten der Länder in Anspruch nehmen wollen, die ihre Programme allerdings ebenfalls über Banken finanzieren.

Aber zurück zu einer anderen Größenordnung. Betrachten wir das Problem doch einmal wie folgt: Für Ihr Unternehmen stehen Ihnen mehrere Zulieferer zur Verfügung. Warum also sollte man nicht auch mehrere Banken einsetzen – in einer Art Aufgabenteilung? Das PostGirokonto und kleinere Banken bieten sich für den allgemeinen Zahlungsverkehr an, eine oder zwei Geschäfts- bzw. Privatbanken könnten für Ihre betrieblichen Finanzierungen zuständig sein. Man darf allerdings den Bogen nicht überspannen; zu viele Bankverbindungen können Mißtrauen heraufbeschwören. Im Endeffekt zählt das *Vertrauen,* das Sie aufbauen können, denn: Wußten Sie zum Beispiel, daß der Begriff ›Kredit‹ sich von dem lateinischen Wort ›credere‹ herleitet, was soviel wie ›Vertrauen‹ bedeutet?

Setzen wir nun das Tüpfelchen auf das ›i‹, und betrachten wir uns, was Sie als Kunde einer *Privatbank* erwartet. Ein Hauch von Exklusivität liegt über den Privatbankhäusern, die nicht an der Errichtung von Gehaltskonten interessiert sind, sondern an ›richtigem‹ Geld.

Dafür werden Kunden mit entsprechendem Vermögenspolster individuell beraten. Jede Privatbank besitzt genau definierte Schwerpunkte. Einige Privatbankhäuser sind auf das Wertpapiergeschäft spezialisiert, andere sind ausgefuchste Profis bei der Vermittlung ausländischer Immobilien – von der US-Immobilie bis zur Rinderfarm in Australien. Der springende Punkt bei Privatbanken: Alles ist hier Verhandlungssache – vom Zinssatz für den Dispositionskredit bis zu Hypothekenkonditionen.

Wenn Sie Ihre Wertpapiere in einer solchen Nobelbank deponieren, wird Ihnen von Anfang an ein persönlicher Berater zugeteilt. Der Service für das Geschäft an der Börse beispielsweise ist so exklusiv, daß der Kunde besondere Provisionsprozente dafür zahlen muß. Aber der vermögende Privatmann pokert hier nicht um Zehntelprozente, denn die Spitzenbetreuung honoriert er normalerweise gern. Auch die Zinssätze für Darlehen oder die Gebühren für Bankgeschäfte sind im übrigen nicht die niedrigsten. Was jedoch allein zählt, ist die Gewißheit der individuellen Betreuung, wie man sie heute im allgemeinen vergebens bei den Großbanken sucht.

In solchen Privatbankhäusern sind etwa auch die leistungsfähigsten und modernsten Computeranlagen der Branche zu finden, und es versteht sich von selbst, daß der Kunde seine Order für den Kauf an der Bröse nicht zu nachtschlafender Zeit abgeben muß, sondern sozusagen live über seinen Berater in der Bank in das Börsengeschehen eingreifen kann.

Da die Privatbanken schwerpunktmäßig auf dem Dienstleistungssektor arbeiten, benötigen sie weniger Eigenkapital als vergleichbare Geschäftsbanken etwa. Trotzdem verfügen Privatbankhäuser über mehr Eigenkapital im Verhältnis zur Bilanzsumme. Sicherheit und Unabhängigkeit zeichnen den Privatbankier aus, der oft persönlich über Kreditanträge seiner Kunden entscheidet und sogar mitunter selbst noch beratend tätig ist.

Privatbankiers repräsentieren mehr Wirtschaftskraft, als sich allein aus der Bilanzsumme ihrer Häuser ablesen läßt. Das in ihren Depots verwaltete Vermögen übersteigt diese oft erheblich. Nennen wir auch hier Roß und Reiter, und listen wir die 14 größten deutschen Privatbankhäuser auf:

Die 14 größten deutschen Privatbankhäuser

Institut/Eigentümer (Beteiligung in Prozent)	Bilanzsumme 1984 in Mill. Mark
Trinkaus & Burkhardt, Düsseldorf / Midland Bank (70), Rest Streubesitz	4331
Sal. Oppenheim jr. & Cie., Köln / Familienbesitz	3325
Bankhaus Hermann Lampe, Bielefeld / Fa. Dr. August Oetker (70), Deutsche Genossenschaftsbank (25) C. A. Delius & Söhne (5)	2719
Merck, Finck & Co., München / Familie von Finck	2555
M. M. Warburg-Brinckmann, Wirtz & Co., Hamburg / Industriekreditbank (20), Familien Jahr, Brinckmann, Wirtz	2530
Schmidt Bank, Hof/Saale / Familien Schmidt, Becker	2219
Bankhaus Reuschel & Co., München / Dresdner Bank (über 50)	2052
Berenberg Bank, Hamburg / Norddt. Landesbank (40) Philadelphia International Investment (15), Familien Reemtsma (15), Berenberg	1621
Schröder, Münchmeyer, Hengst & Co., Hamburg / Lloyds Bank	1289
Bankhaus H. Aufhäuser, München / Bayerische Landesbank (50)	1232
Bethmann Bank, Frankfurt / Bayerische Vereinsbank (100)	975
Delbrück & Co., Berlin-Köln / Familienbesitz	867
Fürst Thurn und Taxis Bank, München / Johannes Fürst von Thurn und Taxis	844
Bankhaus Max Flessa & Co., Schweinfurt / Familien Ritzmann, Dr. Sachs	761

Quelle: Capital 1/86

Haftendes Eigenkapital		Spezieller Service
in Mill. Mark	in Prozent der Bilanzsumme	
187	4,3	Weltweites Vermögensmanagement
140	4,2	Vermögensberatung, Verwaltung privater Vermögenswerte
103	3,8	Universalbank, Kredite an Mittelstand
150*	5,9	Individuelle Depotbetreuung
110	4,3	Vermögensverwaltung, weltweiter Wertpapier- und Devisenhandel, Außenhandelsfinanzierung
93,6	4,2	Filialgeschäft
97,8	4,8	Sonderkreditprogramme
80	4,9	Individuelle Vermögensberatungs- und Vermögensverwaltungs- programme Internationales Bankgeschäft
100	7,8	Handelsfinanzierung
46	3,7	Internationales Immobilienangebot
44	4,5	Maßgeschneiderte Vermögensanlage
40	4,6	Internationaler Anlagenservice
80*	9,5	Verwaltung großer Privatvermögen
26	3,4	Wertpapiergeschäft

*Davon die Hälfte eingezahlt, der Rest freies, vom Aufsichtsamt anerkanntes Vermögen.

Auf einen Blick

1. Für die in der Berufsausbildung und im Studium stehenden jungen Menschen empfiehlt sich die Einrichtung eines Kontos bei der Bankfiliale vor Ort oder ein Postscheckkonto. Die Konten für diesen Personenkreis werden von den Banken kostenlos geführt. Das Postscheckkonto gewährt diesen Vorteil nicht, ist dafür aber sehr preisgünstig (10 Buchungen pro Monat kosten ganze 1,30 DM); für die Zusendung der Tagesauszüge berechnet die Post nichts.

2. Die Bankfilialen sind Zweigstellen einer Sparkasse, einer Genossenschaftsbank oder einer Geschäftsbank. Nur vereinzelt führen Hypothekenbanken (Bayerische Vereinsbank, Bayerische Hypobank) auch Kundenkonten. Auch bei Landesbanken klopfen Sie vergebens an.

3. Zielstrebige junge Menschen sollten schon am Anfang ihrer ›Karriere‹ mit ihrem ersten Konto eine Vertrauensbasis für spätere Geschäftsbeziehungen mit der Bank schaffen.

4. Der Dispositionskredit (Überziehungskredit) wird im allgemeinen auch schon den Schülern/Studenten/Azubis in Höhe ihrer zweifachen monatlichen Zuwendungen gewährt — wie den im Berufsleben stehenden Arbeitnehmern ihr zweimonatiges Nettogehalt zur Verfügung steht.

5. Mit Vollendung des 18. Lebensjahres können Sie als Girokontoinhaber die ›eurocheque‹-Karte mit Scheckformularen beantragen, und damit bis zu 400 DM täglich pro Scheck an allen in- und ausländischen Bankschaltern Geld abheben. Mit der Scheckkarte dürfen Sie auch außerhalb der Schalterstunden (vom Geldautomaten) Geld von Ihrem Konto bei Ihrer oder einer anderen Bank abheben. Der Dispositionskredit und der ›eurocheque‹-Service werden erst drei Monate nach Kontoeröffnung — sozusagen als erster Vertrauensbonus — gewährt.

6. Einige Banken bieten ein Taschengeld-Girokonto für Youngsters zwischen 12 und 18 Jahren gebührenfrei an — und zahlen für das Guthaben 2% Zinsen.

7. Vermögende Kunden erfahren als sogenannte VIP-Kunden eine Sonderbehandlung durch spezielle Berater. Auch ausländische Bankinstitute bemühen sich, am Geschäft mit dem Privatkunden zu verdienen. Auf dem Bankenplatz Bundesrepublik tummeln sich 275 ausländische Bankinstitute aus 45 Ländern.

8. Die für den Privatkunden ›richtige‹ Bankverbindung sollte sich an der Höhe des Einkommens, dem bereits angesammelten Vermögen und der Zukunftsplanung orientieren.

9. Sind Sie mit Ihrem bisherigen Status zufrieden und planen keine größeren Banktransaktionen mehr, dann sollten Sie Ihrer bisherigen Bank weiter Ihr Vertrauen schenken. Planen Sie jedoch eine finanzielle Veränderung Ihrer Situation, dann prüfen Sie sorgfältig, ob die Dienstleistungen und die Möglichkeiten Ihrer jetzigen Bank ausreichen. Der Wechsel von einer zur anderen Bank ist heute unproblematisch: Mit einer Vollmacht ausgestattet, erledigt Ihre neue Bank jeden lästigen Papierkrieg.

10. Für Freischaffende oder Unternehmer empfiehlt sich ein PostGiro-Konto. Wählen Sie im übrigen die Bankverbindung entsprechend Ihrem Geschäftszweig aus: Sind Sie Im- und Exporteur, muß Ihre Bank über ausgezeichnete direkte Kontakte zu ausländischen Banken und über eine gut funktionierende Auslandsabteilung verfügen.

11. Für ortsansässige selbständige Handwerker, Landwirte oder Freischaffende ist ein Konto bei einer Raiffeisen- oder Volksbankfiliale empfehlenswert. In diesen Banken können Sie, wenn Sie Geschäftsanteile besitzen, sogar mitbestimmend tätig sein.

12. Einige Unternehmensberater empfehlen ihren Kunden, die Anzahl der Kreditinstitute dem Jahresumsatz anzupassen.

13. Banken mit großem Unternehmens-Kundenstamm können auch bei der Anbahnung neuer Geschäfte vermittelnd wirken.

14. Als (vermögender) Kunde eines Privatbankhauses erwarten Sie exklusiver Service, angefangen von der kleinsten Dienstleistung bis hin zur Vermögensverwaltung — dem Wertpapiergeschäft etwa oder der Vermittlung ausländischer Immobilien. Der Privatbankier berät und entscheidet mitunter noch persönlich. Die Gebühren und Zinsen liegen bei Privatbankhäusern höher als bei anderen Bankinstituten.

V. Gewußt wie: Tips und Tricks im Zahlungsverkehr

1. Die Dienstleistungen der Banken – Was Experten empfehlen

Wenn man den *Zahlungsverkehr,* so wie er heute gang und gäbe ist, an einzelnen Beispielen festmacht, kann man nichts weniger als Bauklötze staunen:

Vergleicht man die verschiedenen Kontogebühren miteinander, die auf dem Markt offeriert werden, so entdeckt man beeindruckende Unterschiede.

Konto-Nummer	Datum 30.06.85	Berechnungszeitraum 2.QUART.85		Währung DM
HABENZINSEN 0,5 % 240,98	SOLLZINSEN 8,0 % 18576	KONTOFUEHRUNG 21600	PORTO / SONST. 26010	
Herrn/Frau/Fräulein/Firma			Wert 30.06	Saldo der obigen Posten*) 420,88-
			Verbuchung über Konto-Nummer	
			Niederlassung	

Führen wir uns einen konkreten Fall zu Gemüte:

Herr und Frau N. N. aus W. empfinden es als reinen Hohn, daß ihre Hausbank das Privatkonto allein für *Portokosten* durchschnittlich mit 260 DM und für *Kontoführungsgebühren* mit 216 DM belastet. Wohlgemerkt: vierteljährlich! Wird das Konto überzogen, langt die Bank überdies noch einmal kräftig zu — mit 8% Sollzinsen zum Beispiel. Die Habenzinsen für das Restguthaben auf dem Konto bringen hingegen magere 0,5%.

Es ist zum Steinerweichen und könnte einem gutmütigen Zeitgenossen die Tränen in die Augen treiben. Aber wie entkommt man dem Dilemma?

Unser Rat: Besprechen Sie jeden Gebührenposten *bei Aufnahme* der Geschäftsbeziehung mit der Bank und treffen Sie eindeutige Abmachungen. Bringen Sie also das Thema *vorher* zur Sprache. Die Banken werden zwar auf ihre festgesetzten Gebühren in ihrem Aushang verweisen, aber als geschickter Verhandlungspartner (und begehrter Kunde!) sollten Sie zumindest den Versuch unternehmen, daß Ihnen ein Teil der Gebühren erlassen wird. Ein Geheimtip: Verweisen Sie auf die Gebührenpraktik der konkurrierenden Bank. Ist das Kind jedoch bereits in den Brunnen gefallen und fällt die Gebührenabrechnung allzu saftig aus, dann gehen Sie die Gebührenposten mit dem Sachbearbeiter Posten für Posten durch. Vielleicht hat sich doch ein Fehler eingeschlichen.

Im übrigen kann man auch Geld sparen, wenn man sich *nicht täglich* die Privatkontenauszüge zustellen läßt. Unter Umständen genügen wöchentliche oder sogar monatliche Zusendungen. Und: Prüfen Sie, wie oft Sie regelmäßig Ihre Bank aufsuchen. Wenn Sie die Auszüge bei die-

Kontoabrechnung

Wir gestatten uns, Ihnen nebenstehende Abrechnung Ihres Kontos zu erteilen. Die Angaben über, Zins- und Gebührensätze erfolgen in % p.a bzw. in der angegebenen Währungseinheit, de ausmachende Betrag ebenfalls in der angegebenen Währungseinheit.

Account settlement

We would like to inform you that your accoun has been settled as shown opposite. Interes ates and charges are given in % p.a. and ir the currency indicated respectively, the tota amount is also given in the currency indicated.

Décompte

Nous nous permettons de vous adresser le présent décompte relatif à votre compte. Les taux d'intérêt sont exprimés en % l'an et les frais et commissions dans la monnaie indiquée; le solde respectif figure également dans la monnaie indiquée.

*) − = Soll / Debit / Débit

75

ser Gelegenheit selbst abholen, fällt der Posten Porto völlig unter den Tisch.

Im allgemeinen wirken die Kontoführungsgebühren auf den ersten Blick recht undurchsichtig. Dennoch lohnt es, sich durch das Fachchinesisch, die Geschäftsbedingungen und die Gebührentafeln der Bank durchzuarbeiten. Manche Kontobewegungen fallen im übrigen nur an, weil ein wenig Planung am richtigen Ort fehlt. So können Sie zum Beispiel etliche Buchungen einsparen, wenn Sie den gesamten Haushaltsbetrag zu Beginn des Monats in einem Betrag abheben und auf das Sparbuch einzahlen. Abhebungen vom Sparbuch sind nämlich gebührenfrei. Sie sehen, man ist nicht ohnmächtig gegenüber dem zinsfressenden Moloch Banken.

Prinzipiell hilft eine *exakte Ausgabenplanung,* Bankgebühren und -zinsen zu sparen. Wenn die Bank an Geschäften mit Ihnen interessiert ist, dann wird sie auch zu Zugeständnissen hinsichtlich der Höhe der Guthaben und der Sollzinsen Ihres Kontos bereit sein. Es ist durchaus realistisch, daß sie bei geschätzten und umworbenen Kunden im Verlaufe einer Verhandlung ein paar Zehntelprozente, zu Ihren Gunsten zulegt beziehungsweise weniger verlangt.

Die Höhe der Sollzinsen können Sie natürlich allein schon dadurch beeinflussen, daß Sie Ihr Konto nicht unplanmäßig überziehen. Dann entstehen nämlich zusätzlich zu den Sollzinsen noch Überziehungszinsen (etwa 4%). Es empfiehlt sich also, schon frühzeitig die in den nächsten Wochen anfallenden Ausgaben zu überschlagen. Wenn Sie zu dem Schluß gelangen, daß Ihr laufendes Einkommen plus Dispositionskredit (vereinbarter Überziehungskredit) nicht ausreicht, dann ist es klüger, kurzfristig ein Darlehen aufzunehmen. Damit sparen Sie die Überziehungszinsen. Erkundigen Sie sich jedoch bei der Darlehensaufnahme über *alle* damit verbundenen Bankgebühren, damit Ihnen unliebsame Überraschungen erspart bleiben.

Also noch einmal: Wenn Sie größere Ausgaben systematisch planen, können Sie Zinsen und/oder Bankgebühren sparen. Ein kurzfristiger Kredit ist empfehlenswerter, als wenn Sie auf den ›letzten Drücker‹ einfach das Konto überziehen.

Und: Akzeptieren Sie *nie, nie, nie* ›um des lieben Friedens willen‹ einen bestimmten Zustand. Wehren Sie sich, wenn Sie glauben, die Kosten seien ungerechtfertigt! Notfalls hilft ein Bankenwechsel nach dem Vergleich der Gebühren konkurrierender Bankinstitute. Schauen wir uns also interessehalber einmal verschiedene Großbanken-Konten an:

Soviel kosten Großbank-Konten

	Deutsche Bank	Dresdner Bank	Commerzbank	Bayer. Vereinsb.	Bayerische Hypo
Dispokredit (Prozent)	9,25	10,5	9,25	9,5	9,25
Überziehung (Prozent)	3	4,5	3,5	3,5	4,5
Kontogebühr (Mark)	3	2,75	3	2	2
Postengebühr (Mark)	0,50	0,35–0,75	–	0,50	0,50
Freiposten (Monat)	3 Stück	2 Mark pauschal	–	1 Stück je 100 Mark Durchschnittsguthaben	4 Stück
Dauerauftrag (Mark) Einrichtung	3	2,50	3	–	2,50
Änderung	–	2,50	3	3	2,50
Löschung	3	2,50	3	–	2,50
Ausführung	–	0,25	–	3 pro Jahr	–
Einzahlungen eigenes Inst. (Mark)	1	–	1	–	1
fremde Bank	1 Promille mind. 2 Mark	2 Mark	1 Promille mind. 2 Mark	2,50 Mark	3 Mark

Quelle: DM 12/86

Übrigens: Eine Faustregel besagt, daß sich ein Konto bei einer großen Geschäftsbank erst bei häufigen Kontobewegungen und hohen Geldumsätzen lohnt. Die Gebührenunterschiede innerhalb der einzelnen großen Geschäftsbanken kann man außerdem fast vernachlässigen.

Anders stellt sich die Situation jedoch bei kleineren Banken dar. In diesem Zusammenhang gibt es eine enorm gute Nachricht: Verbraucherzentralen führen vergleichende Kostenaufstellungen für jede größere Stadt durch! Doch Vorsicht: Oft sind solche Listen nicht mehr aktuell. In diesem Fall müssen Sie eine Kostenvergleichsanalyse selbst anstellen.

Wir können Ihnen also nicht für jeden beliebigen Ort in der Bundesrepublik raten: »Pilgern Sie zur ›Penunzenbank‹, hier offeriert man Ihnen die günstigsten Bedingungen!« Wir vermögen Ihnen jedoch die Möglichkeiten aufzuzeigen, die Ihnen im Rahmen einer *Verhandlung* gegeben sind. Dieses Know-how wird in einem späteren Kapitel intensiv und extensiv behandelt.

Doch noch einmal zurück zu unserem Konditionenvergleich. Die Zeitschrift ›impulse‹ führte im November 1985 anhand von Muster-Konten einen hochinteressanten Preisvergleich zwischen verschiedenen Bankinstituten durch. Dem Musterkonto zugrundegelegt waren: 20 Ein- und Auszahlungen, 120 Schecks auf 20 Sammelbelegen; 100 Überweisungsaufträge, wiederum auf 20 Sammelbelegen zusammengefaßt, 80 Überweisungsgutschriften und 50 Scheckbelastungen. Die Kostengegenüberstellung beinhaltete 20 Kontoauszüge plus Zusendung, die Kosten für die Formulare und insgesamt 370 Geschäftsvorfälle.

Wir hoffen, daß Sie nun gespannt wie ein Flitzebogen auf das Ergebnis sind. Überzeugen Sie sich am besten selbst anhand der Aufstellungen. Um es vorwegzunehmen: Die Bank mit den niedrigsten Gebühren war die Raiffeisenbank Freiburg mit 81,10 DM, die nur rund 26% dessen verlangte, was die teuerste Bank, die Commerzbank in Bayreuth, forderte! Für die gleiche Leistung wurden beim Postgirokonto sogar nur 19,05 DM Gebühren fällig. Brauchen wir Ihnen mehr zu erzählen? Aber betrachten Sie sich zunächst einmal die originalen Resultate:

Geldinstitute, die günstig sind

Außer der Post verlangen die Geldinstitute, die Sammelbuchungen einfach berechnen, die geringsten Gebühren.

Bundespost	
Grundgebühr	–
Kontoführung	8,00
Formulare	11,05
Porto/Auszüge	–
Gesamtkosten	**19,05**

Nassauische Sparkasse	
Grundgebühr	2,00
Kontoführung	95,00
Formulare	–
Porto/Auszüge	20,00
Gesamtkosten	**117,00**

Raiffeisenbank Freiburg	
Grundgebühr	–
Kontoführung	65,10
Formulare	–
Porto/Auszüge	16,00
Gesamtkosten	**81,10**

Raiffeisenbank Düsseldorf	
Grundgebühr	2,00
Kontoführung	95,00
Formulare	5,00
Porto/Auszüge	16,00
Gesamtkosten	**118,00**

Kreissparkasse Ludwigsburg	
Grundgebühr	3,00
Kontoführung	74,00
Formulare	–
Porto/Auszüge	14,00
Gesamtkosten	**91,00**

Berliner Bank	
Grundgebühr	–
Kontoführung	104,50
Formulare	5,00
Porto/Auszüge	12,00
Gesamtkosten	**121,50**

Stadtsparkasse München	
Grundgebühr	–
Kontoführung	95,00
Formulare	–
Porto/Auszüge	16,00
Gesamtkosten	**111,00**

Hamburger Sparkasse	
Grundgebühr	5,00
Kontoführung	94,50
Formulare	2,00
Porto/Auszüge	20,00
Gesamtkosten	**121,50**

Quelle: impulse 11/85

Geldinstitute, die teuer sind

Pro Buchung verlangen die Banken bis zu 80 Pfennig. Bei Sammelbuchungen wird jeder einzelne Posten berechnet.

Commerzbank, Bayreuth	
Grundgebühr	–
Kontoführung	296,00
Formulare	3,42
Porto/Auszüge	16,00
Gesamtkosten	**315,42**

BfG, Bremen	
Grundgebühr	–
Kontoführung	222,00
Formulare	–
Porto/Auszüge	16,00
Gesamtkosten	**238,00**

Deutsche Bank, Aachen	
Grundgebühr	–
Kontoführung	277,50
Formulare	3,00
Porto/Auszüge	18,00
Gesamtkosten	**298,50**

Bayer. Vereinsbank, Augsburg	
Grundgebühr	2,00
Kontoführung	185,00
Formulare	4,00
Porto/Auszüge	16,00
Gesamtkosten	**207,00**

Dresdner Bank, Essen	
Grundgebühr	–
Kontoführung	278,50
Formulare	–
Porto/Auszüge	18,00
Gesamtkosten	**296,50**

Frankfurter Volksbank	
Grundgebühr	–
Kontoführung	175,00
Formulare	5,00
Porto/Auszüge	18,00
Gesamtkosten	**198,00**

Stadtsparkasse Köln	
Grundgebühr	3,00
Kontoführung	222,00
Formulare	–
Porto/Auszüge	16,00
Gesamtkosten	**241,00**

Bayern-Hyp, Fürth	
Grundgebühr	–
Kontoführung	149,00
Formulare	–
Porto/Auszüge	16,00
Gesamtkosten	**165,00**

Quelle: impulse 11/85

Ähnliche Untersuchungen werden von den einschlägigen Fachzeitschriften in regelmäßigen Abständen immer wieder durchgeführt. Betrachten Sie in diesem Zusammenhang die ausgezeichnete Recherche von *Capital*.

Das optimale Girokonto (Punktwertung)

Institut	Kosten des Modellkontos[1] pro Jahr in Mark	Guthabenzinsen in Prozent
Spezialbanken und regionale Institute		
Verbraucherbank	15,00	2,0
Sparkasse Bochum	84,40	0,5
Stadtsparkasse München	148,80	0,5
Sparda-Bank Frankfurt	10,00[3]	0,5
Noris-Bank	14,00	2,0
Stadtsparkasse Dortmund	76,30	0,5
Berliner Bank	80,00[4]	–
Sparkasse Bielefeld	23,00	–
Sparkasse der Stadt Berlin West	91,00	–
Sparkasse Lüdenscheid	100,20	0,5
Hamburger Sparkasse	102,00	0,5[5]
Stadtsparkasse Köln	104,60	–
Kölner Bank v. 1867	115,40	0,5
Sparkasse Essen	115,80	0,5[5]
Frankfurter Sparkasse v. 1822	178,00	–
Sparda-Bank München	24,60	0,5[5]
NordLB	56,00	–
Volksbank Hannover	94,60	0,5
Hamburger Bank v. 1861	108,60	0,5[5]
Sparkasse Gütersloh	109,90	0,5
Stadtsparkasse Nürnberg	138,00	0,5[5]
Stadtsparkasse Frankfurt	142,00	–
Stuttgarter Bank	177,64	0,5
Badische Beamtenbank	64,00[6]	0,5
KKB Bank	137,60[3]	2,0
Vereins- und Westbank	162,70	0,5[5]

		Geldautomaten				
Kostenl. Auszugdrucker	Zahl der Geschäftsstellen	Anzahl	Poolfähigkeit	Kostenl. 24-Std.-Service	Kontoführung über Btx	Capital-Punkte[2]
●	15	22	●	●	●	○○○○○○○
●	48	27	●	●	–	○○○○○○
●	112	38	●	●	●	○○○○○○
–	4	3	●	●	–	○○○○○
●	57	1	●	●	–	○○○○○
●	80	9	●	●	–	○○○○○
●	89	25	–	●	●	○○○○○
●	68	7	●	●	–	○○○○
–	91	29	–	●	●	○○○○
●	21	3	●	●	–	○○○○
●	202	14	●	●	●	○○○○
–	121	78	●	●	●	○○○○
–	29	5	●	●	●	○○○○
●	73	24	●	–	●	○○○○
●	77	12	●	●	●	○○○○
–	4	3	●	–	–	○○○
●	211	15	●	–	–	○○○
–	29	3	●	–	–	○○○
●	36	9	●	–	–	○○○
–	25	3	●	●	–	○○○
–	56	12	●	●	–	○○○
●	63	10	●	●	–	○○○
–	52	3	●	●	–	○○○
–	71	–	–	–	–	○○
–	279	12	●	–	–	○○
–	266	25	●	–	●	○○

Institut	Kosten des Modellkontos[1] pro Jahr in Mark	Guthabenzinsen in Prozent
Großbanken		
Bayerische Hypo	166,00	0,5
Dresdner Bank	191,60	0,5
BfG	147,00	–
Bayerische Vereinsbank	189,60	–
Deutsche Bank	207,40	0,5
Commerzbank	124,00	0,5[5]

Quelle: Capital 6/86

[1] Modellkonto: Capital unterstellte ein Gehaltskonto von Doppelverdienern mit insgesamt 220 Buchungen pro Jahr: 48 Daueraufträge, 60 Lastschriften, 40 Überweisungen, 36 Barabhebungen, 24 Gehaltszahlungen, zwölf andere Eingänge; dazu zwei Eurochequekarten und 50 Vordrucke, zwei Dauerauftragsänderungen, zwei Dauerauftragseingaben. Wöchentlich zwei Kontoauszüge, Gesamtkosten ohne Guthabenzinsen.
[2] Jeweils einen Capital-Punkt gibt es für folgende Kriterien: Kosten des Modellkontos unter 100 Mark; Guthabenzinsen mindestens 0,5 Prozent ohne Mindestguthaben;

So begeisternd solche Initiativen sind, so sind sie jedoch insofern nur von bedingtem Wert, als sie das Schicksal der Zeitungen teilen, die ein paar Tage nach Erscheinen – schon veralten. Dennoch: Wichtig ist zu wissen, *daß* solche Untersuchungen existieren. Ein regelmäßiges Studium der einschlägigen Fachzeitschriften (Capital, impulse, DM usw.) und Zeitungen (FAZ, Welt, Handelsblatt) ist also oberstes Gebot für den mündigen Bankkunden.

Soweit zu den Möglichkeiten, das ›richtige‹ Konto zu eröffnen und zu führen. Auf die Postbankdienste, die hier im Vergleich außerordentlich gut abgeschnitten haben, werden wir später noch detailliert eingehen. Betrachten wir uns aber zunächst die verschiedenen *Zahlungswege,* die Banken offerie-

Kostenl. Auszug-drucker	Zahl der Geschäfts-stellen	Geldautomaten Anzahl	Pool-fähigkeit	Kostenl. 24-Std.-Service	Konto-führung über Btx	Capital-Punkte[2]
●	456	60	●	●	●	○○○○○
–	942	64	●	●	●	○○○○
–	257	13	●	●	●	○○○
–	391	65	●	●	●	○○○
–	1222	80	●	–	●	○○○
–	781	35	●	–	●	○○

kostenloser Kontoauszugdrucker vorhanden; Geldautomaten in mindestens 20 Prozent der Geschäftsstellen; die Geldautomaten sind dem Bankenpool angeschlossen; 24-Stunden-Service am Geldautomaten ohne zusätzliche Gebühr; Kontoführung über Btx möglich.

[3] Nur Monatsauszüge möglich.
[4] Bei 60 Auszügen pro Jahr.
[5] Ab einem bestimmten Mindestguthaben.
[6] Bei einem wöchentlichen Auszug.

ren, als da sind Bankgirokonto, Schecks, eurocheques, Bankautomaten, Bildschirmtexte und Electronic-Banking.

Ein *Bankgirokonto* bei einer Sparkasse, einer Volks- oder Raiffeisenbank oder bei einer Geschäftsbank zu eröffnen, bietet mannigfaltige Vorteile und ist aus dem heutigen Geschäftsleben praktisch nicht mehr wegzudenken. Der immer noch geschätzte *Tagesauszug* gibt Auskunft über die täglich anfallenden Kontobewegungen. Wir können nur dann eine Lanze für ihn brechen, wenn häufige unregelmäßig anfallende Buchungen für Zahlungseingänge anfallen, über deren Eingang Sie umgehend Bescheid wissen müssen. Im übrigen können Tagesauszüge auch per Bildschirm abgefragt werden.

Eine kostengünstigere Variante ist, wie schon erwähnt, der *Monatsauszug,* der Ihnen jeweils nach dem Monatsletzten zugeht. Kontobewegungen, die Sie nicht veranlaßt haben (Lastschriften, Abhebungen durch Bevollmächtigte), werden Ihnen dabei vorab angezeigt. Der Monatsauszug ist angebracht bei nur wenigen Buchungen pro Monat, wenn die sofortige Information über Kontobewegungen also entbehrlich ist und Sie Kosten (Porto für die Zusendung und für die Erstellung von Tagesauszügen) sparen wollen.

Zahlungen von Ihrem Konto können Sie per Überweisungsauftrag, immer wiederkehrende Zahlungen per Dauerauftrag erledigen. Wenn Sie eine entsprechende Vereinbarung für das Lastschrift-Einzugsverfahren vereinbart haben, wird der jeweilige Betrag direkt von Ihrem Konto abgebucht. Die Zahlung per Verrechnungsscheck oder Barscheck wurde mittlerweile weitgehend durch den ›eurocheque‹ und die ›eurocheque‹-Karte abgelöst. Dennoch finden natürlich die Scheckformulare der Bankinstitute immer noch Anwendung im geschäftlichen Zahlungsverkehr.

Für die Zeitgenossen, die keine ›eurocheque‹-Karte benutzen wollen, gibt es im übrigen eine erfreuliche Nachricht: Es existiert bereits so etwas wie eine bankinterne ›Terminalkarte‹, mit der man, selbst wenn man nicht im Besitz einer ›eurocheque‹-Karte ist, allerdings nur am bankeigenen Geldautomaten Geld abheben kann. Auch der Kontoauszug läßt sich damit ausdrukken. Dieses ›Geheimnis‹ ist bislang jedoch kaum publik gemacht worden. Demzufolge muß man es bei seiner Bank selbst erfragen. Wenn Sie interessiert sind: Fragen Sie also nach der ›Terminalkarte‹, wenn Ihnen an einem exklusiven Service gelegen ist.

Das Zahlen per *Verrechnungsscheck* bietet im privaten und im geschäftlichen Bereich eine Möglichkeit, die Kontobelastung einige Tage hinauszuzögern, denn belastet wird erst nach Vorlage des Schecks. Mit anderen Worten: Man spart Zinsen.

Auf der anderen Seite muß man darauf achten, daß man seine *Sorgfaltspflicht* nicht verletzt. Im gegenteiligen Fall entfällt die Haftung der Bank dem Kunden gegenüber ganz oder teilweise. Deshalb ist man gut beraten, wenn man Scheckvordrucke immer verschlossen aufbewahrt. Außerdem sollte man sorgfältig die Nummern der ausgegebenen Scheckformulare mit dem Betrag notieren.

Gehen doch einmal Schecks verloren, empfiehlt es sich, diese sofort (bei der eigenen Bank oder der Bank des Ausstellers) *sperren zu lassen*. Die Schecksperre tritt eigentlich erst nach Ablauf der Vorlegungsfrist ein: bei Inlandschecks nach acht Tagen, bei Auslandsschecks nach zwanzig Tagen. Während dieser Fristen ist die Bank berechtigt, aber nicht verpflichtet, die Sperre zu berücksichtigen. Sie können Ihre Bank jedoch dazu bewegen, sich schriftlich auf die Schecksperre schon vor Ablauf der Vorlegungsfrist festzulegen. Dies ist vor allem bei größeren Scheckbeträgen empfehlenswert. Warten Sie in solchen Fällen nicht bis zum nächsten Tag, sondern erledigen Sie es sofort.

Verrechnungsschecks werden, nebenbei bemerkt, in der Regel per Post übersandt. Gehen sie auf dem Postweg verloren oder werden sie unterschlagen, dann tragen *Sie* das Risiko! Es kann Ihnen auf diese Art und Weise passieren, daß Sie Ihre Rechnung zweimal bezahlen müssen. Deshalb ist es nicht unvernünftig, sich bei größeren Scheckzahlungen den Scheckeingang — eventuell sogar telefonisch — *bestätigen zu lassen*. Natürlich kann man auch den Scheck per Einschreiben mit Rückschein versenden. In diesem Fall besitzen Sie einen hieb- und stichfesten Beweis für die Übersendung. Geht wider Erwarten der Verrechnungsscheck beim Empfänger nach einigen Tagen nicht ein — verzögert sich der Postweg also unnatürlich lange —, können Sie den Scheck sperren lassen. Teilen Sie dies aber Ihrem Gläubiger fernmündlich mit.

Betrachten wir nun die andere Seite der Medaille. *Sie* reichen Verrechnungsschecks zum Einzug bei Ihrer Bank ein. Eine Gutschrift erhalten Sie nur vorläufig. Ist der Scheck nicht gedeckt, wird Ihnen der Betrag wieder rückbelastet. In einem solchen Fall erhalten Sie den Scheck zurück mit dem Vermerk ›vorgelegt und nicht bezahlt‹. Dann heißt es schnell handeln. Entweder Sie bewegen den säumigen Scheckzahler zu einer umgehenden Barzahlung, oder Sie bestehen auf einer größeren

Abschlagszahlung. Wenn Sie scharf schießen wollen, können Sie über Ihren Rechtsanwalt eine Scheckklage einreichen. Bei kleineren Beträgen ist es kostengünstiger, selbst ein Scheckmahnverfahren beim Amtsgericht einzuleiten. Beim Amtsgericht müssen Sie sich nicht von einem Rechtsanwalt vertreten lassen. Erst ab 3000 DM wird das Landgericht bemüht — wobei man eine anwaltliche Vertretung vor Gericht benötigt.

Ein weiterer Tip, wenn Sie als *Empfänger* fungieren: Erhalten Sie Barschecks, schreiben Sie in die linke obere Ecke sofort ›Nur zur Verrechnung‹. Dieser Vermerk schützt vor fremdem Zugriff.

Und ein letzter Rat zu diesem Thema: Erhalten Sie Zahlungen per Verrechnungsscheck und der Aussteller ist Ihnen nicht bekannt oder er ist schon früher durch Unregelmäßigkeiten bei der Scheckzahlung aufgefallen, dann ist die telefonische Zusage seiner Bank, der Scheck sei gedeckt, noch keine Gewähr für eine reibungslose Einlösung. Hier hilft nur eine verbindliche schriftliche Einlösungszusage der Bank, die daran für eine gewisse Zeit gebunden ist. Damit sind Sie für einige Eventualitäten gut gerüstet.

Nehmen wir nun den ›eurocheque‹ etwas näher unter die Lupe, der in relativ kurzer Zeit zu immenser Popularität gelangt ist.

Mit der *eurocheque-Karte* und dem *eurocheque* wurden schon vor geraumer Zeit die Weichen für die Automation im Zahlungsverkehr gestellt. Drei Monate beobachtet die Bank nach Kontoeinrichtung Ihre Zahlungsmoral. Danach folgt bei Wohlverhalten die Belohnung auf dem Fuße: Sie werden für würdig befunden, von nun an über den eurocheque und die eurocheque-Karte zu verfügen. Einem entsprechenden Angebot kann normalerweise niemand widerstehen, denn der Besitz der eurocheque-Karte öffnet die Banktüren — auch von anderen Bankinstituten — und der Post.

Mit dem eurocheque können Sie im Tante-Emma-Laden von nebenan, im Supermarkt, in Restaurants und in Hotels bezahlen. Die Banken garantieren die Einlösung bis zu 400 DM. Einzige Voraussetzung: Die Scheckkartennummer auf der Rückseite des Schecks und die Unterschrift mit der (gleichfalls bei Zahlung vorzulegenden) eurocheque-Karte müssen übereinstimmen. Mit dem Vermerk ›Nur zur Verrechnung‹ auf dem Scheckformular in der linken oberen Ecke kann der Scheck nur über das Konto verrechnet werden.

Alle Jahre wieder, d.h. jetzt alle zwei Jahre, können Sie sich gegen Entrichtung von zur Zeit 10 DM eine neue eurocheque-Karte am Bankschalter abholen. Sie *können,* müssen aber nicht. Eine Verpflichtung, von nun an bis in alle Ewigkeit am eurocheque-System zu partizipieren, besteht nicht.

Eurocheques besitzen den Vorteil, daß sie auch im Ausland ein anerkanntes Zahlungsmittel darstellen. In rund 200000 Geschäftsstellen bestimmter Kreditinstitute im Ausland können Sie eurocheques und eurocheque-Karten vorlegen – und erhalten umgehend Bargeld. In 24 Ländern müssen Sie die Schecks in der jeweiligen Landeswährung ausstellen. Es sind dies Andorra, Belgien, Dänemark, Finnland, Frankreich, Großbritannien, Irland, Island, Italien, Jugoslawien, Liechtenstein, Luxemburg, Malta, Marokko, Monaco, Niederlande, Norwegen, Österreich, Portugal, San Marino, Schweden, Schweiz, Spanien und Zypern (griechischer Teil).

Der Vorteil der eurocheques und der eurocheque-Karte liegt darin, daß Sie nur eine geringe Menge an Bargeld bei einer Reise ins Ausland mitnehmen müssen. Die Frist zwischen Beantragung und Aushändigung der Karte beträgt im übrigen normalerweise 14 Tage. Die Banken kommen Ihnen bei Verlust oder Diebstahl außerordentlich entgegen: Gegen den Mißbrauch der Karte sind Sie in einer Höhe bis zu 10000 DM versichert – innerhalb dieses Limits pro Scheck bis zu 400 DM bei einer Selbstbeteiligung am entstandenen Schaden von 10%. Sie müssen jedoch im Zweifelsfall glaubhaft nachweisen können, daß Sie Scheckkarte und Scheckformular *getrennt* voneinander aufbewahrt hatten. Im Extremfall müßten Sie also dokumentieren, daß Ihnen die Scheckkarte aus der rechten, die Scheckformulare jedoch aus der linken Jackentasche entwendet wurden.

Erwähnenswert ist auch, daß die eurocheque-Karte in jüngster Zeit noch eine zusätzliche Aufgabe übernommen hat. Ein

Magnetstreifen auf ihrer Rückseite funktioniert sie um zum *Schlüssel für den Geldautomaten*! Zusätzlich zur ›eurocheque‹-Karte wird Ihnen von Ihrer Bank hierfür in einem verschlossenen Umschlag Ihre persönliche ›PIN-Nummer‹ ausgehändigt. Dabei handelt es sich um Ihre persönliche Identifikations-Nummer, die sogenannte ›Personal Identity Number‹, die Sie am besten auswendig lernen und verschlüsselt aufbewahren sollten. Die PIN-Nummer besteht aus vier Zahlen, die Sie beim Geldabheben in die Tastatur des Bankautomaten eintippen müssen. Haben Sie sich dabei dreimal vertan, wird Ihre eurocheque-Karte automatisch vom Bankautomaten eingezogen.

Mit den Geldausgabeautomaten wurde das Zeitalter des ›electronic banking‹ eingeläutet. Aber selbst die Banker geben zu, daß mit ihrer Einführung nur 75% der Bartransaktionen ausgeführt werden können. Eine Einzahlung in den Geldautomaten ist aufgrund der notwendigen Echtheitsprüfung von Geldscheinen bislang noch nicht möglich. Im Rahmen eines Pilotprojektes soll jedoch demnächst der Zugang zum Sparkonto per Automat bewerkstelligt werden. Darüber hinaus plant man künftig die Einzahlung (auch in Münzen) und die Ausgabe von Schecks und parallel dazu das Ausdrucken von Kontoauszügen. Die neue Generation der Geldautomaten wird allerdings noch ein paar Jahre auf sich warten lassen.

Der Geldausgabeautomat hat im übrigen mit zunehmender Verbreitung die kriminelle Phantasie von Automatentüftlern beflügelt, denn ein Behältnis, angefüllt mit Bargeld, wird zwangsläufig zur Zielscheibe von Gelüsten. Die Banken verweisen jedoch auf die besonderen Sicherheitsvorkehrungen. Der Automat überprüft nicht nur die Echtheit der Karte, sondern auch die (eventuelle) Verfälschung wichtiger Daten. Die Kontonummer kann auf der Karte tatsächlich nicht unbemerkt geändert werden. Die sogenannten MM-Merkmale (Modulare maschinenlesbare Merkmale) werden im Automaten in einer zusätzlich elektronisch gesicherten ›Black Box‹ (schwarzer Kasten) getestet. Als wichtigste Prüfung gilt der Check der PIN-Nummer. Sie ist nicht — wie manchmal behauptet wird — in der Magnetspur der Karte gespeichert, sondern sie wird auf der Basis bestimmter Daten unter Zuhilfenahme eines bestimmten Rechenverfahrens und geheimer, nur im Geldautomaten-Sicherheitsprozessor gespeicherten Schlüsselzahlen nachgerechnet. Darüber hinaus wird überprüft, ob für die verwendete Karte eine Sperre gespeichert ist (die entsprechenden Dateien werden einmal pro Tag auf den aktuellen Stand gebracht). Ein weiterer Test zeigt an, ob mit der betreffenden Karte an dem betreffenden Automaten an diesem Tag bereits einmal über das sogenannte ›Pool-Limit‹ verfügt wurde. Die Pool-Limit-Regelung beinhaltet, daß *nur einmal* pro Tag 400 DM abgehoben werden dürfen.

Werden Manipulationen am Magnetstreifen ertastet oder eine Sperre der Karte festgestellt, so wird der Vorgang am Automaten abgebrochen und die Karte einbehalten. Generell können Sie an allen Bankautomaten Ihrer Bank, anderer Banken und der Post täglich bis zu 400 DM abheben. Danach tritt die Sperre ein. An manchen Bankautomaten ist es gestattet, während der Geschäftszeit 500 DM, ja pro Woche sogar 2000 DM abzuheben. Generell beträgt das Limit jedoch 400 DM pro Tag.

Da Banker aufgrund dieser Automatisierung sich geistig höherstehenden Aufgaben (als dem Geldzählen) zuwenden können, ist das Barabheben vom bankeigenen Automat *preiswerter* als der Gang zum Kassenschalter. Für die Abhebung am Automaten werden Ihnen bei der Dresdner Bank etwa 25 Pfennig berechnet, der Gang zur Kasse kostet 75 Pfennige. Die Gebühren für die Benutzung des Geldautomaten sind dabei beileibe nicht einheitlich. Manche Banken knöpfen ihren Kunden bei Benutzung außerhalb der Schalterstunden satte 2 DM ab — ›fremde‹ Geldautomaten ›verlangen‹ zwischen 2,50 und 3,50 DM für diesen Service. Wenn Sie mit Pfennigen haushalten müssen, sollten Sie also hier nicht ständig zu Unzeiten an fremden Geldautomaten Ihr Biergeld zapfen. Das kostet Kleingeld — und manche Mark, die man in Bier ummünzen könnte, wird von den Banken als Automatensteuer vereinnahmt.

Schauen wir uns im übrigen getrost noch einmal die genaue Funktionsweise eines Bankautomaten an:

So funktioniert der Bankautomat:

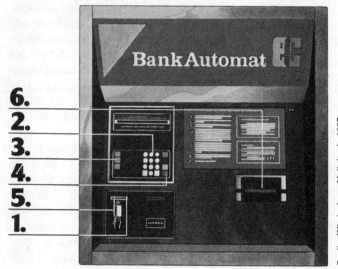

Quelle: Wiesbadener Volksbank, 1987

1. Sie schieben Ihre eurocheque-Karte mit dem Magnetstreifen nach oben in den Eingabeschlitz. Die Schutzscheibe öffnet sich.
2. Tippen Sie nun Ihre persönliche Identifikationsnummer in die weißen Tasten ein.
3. Mit den blauen Tasten bestimmen Sie den gewünschten Bankvorgang. Sie können wählen zwischen ›Abfrage Kontostand‹ und ›Auszahlung‹. Wenn Sie Geld abheben wollen, drükken Sie die Taste ›Auszahlung‹, und tippen dann den gewünschten Betrag (er muß glatt durch 50 teilbar sein) mit Angabe der Kommastellen in die weißen Tasten ein.
4. Danach bestätigen Sie die auf dem Bildschirm des Gerätes angegebene Banknoten-Mischung, indem Sie die grüne Taste ›Eingabe bestätigen‹ drücken. Oder Sie drücken die gelbe Taste ›Wechseln‹ so lange, bis Sie mit der Mischung Ihres Geldbetrages einverstanden sind, erst dann bestätigen Sie die Eingabe.
5. Jetzt ziehen Sie Ihre eurocheque-Karte aus dem Bankautomaten und entnehmen Ihr Geld.

Betrachten wir nun eine weitere Neuerung im Zahlungsverkehr. Vorab jedoch eine Anmerkung: Volks- und Raiffeisenbanken, Sparkassen und Geschäftsbanken dauert die Reformation und Neuorganisation des Zahlungswesens bereits zu lang.

Und tatsächlich ist es ein Kreuz: Die Automatisierung am Bankschalter ist eingeläutet, und die neuesten und aufwendigsten Kommunikationssysteme stehen zur Verfügung, aber die Masse der Kontoinhaber zeigt sich gelangweilt und fast snobistisch desinteressiert.

Wir sprechen in Rätseln? Entschuldigen Sie, aber wir sprechen von *Ihnen*. Die meisten Kontoinhaber setzen nämlich nach wie vor auf Tradition. Zugegeben: Einige Zeitgenossen empfinden ein begrenztes Vergnügen bei der Bedienung der Geldautomaten. Nur, die mit viel Aufwand betriebene Werbung für das Btx-System (das ›home banking‹ via Bildschirm) greift noch nicht. Sie haben also mit Ihrem Skeptizismus nicht einmal so Unrecht. Man ist kein Prophet, wenn man voraussagt, daß sich in naher Zukunft im Zahlungsverkehr in der Bundesrepublik nichts Grundlegendes ändern wird.

Denn: *Bildschirm-Service* (Btx) und *Electronic Banking* stellen vorderhand noch Zukunftsmusik im Bankenwesen dar.

Aber zunächst: Was genau ist Btx?

Btx (die Abkürzung für ›Bildschirmtext‹) ist ein neuer Dienst der Post, bei dem Informationen über das Telefonnetz direkt auf den Bildschirm des heimischen Fernsehers oder an den Arbeitsplatz übertragen werden. Btx kombiniert zwei überall bekannte Einrichtungen: das *Telefon* und den *Fernseher*. Mit dieser Verbindung ist das Abrufen und Absenden von Informationen und auch der Dialog mit anderen Teilnehmern möglich. Schon heute kann man als Bildschirmtext-Teilnehmer viele Anbieter von Waren und Dienstleistungen sowie kommunale und soziale Einrichtungen erreichen, aktuelle Nachrichten abrufen und sogar die 26 Millionen Telefonnummern im Bereich der Deutschen Bundespost erfragen. Und außerdem kann man Rechnungen etwa von zu Hause aus überweisen und also über sein Bankkonto elektronisch verfügen. Zur Illustration anbei eine Graphik:

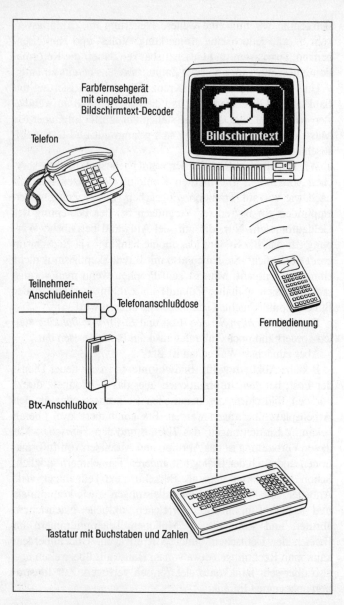

Wie operiert man nun mit Btx?

Nun, die Btx-Informationen erreichen den Teilnehmer via Telefon. Durch Tastendruck auf die Fernbedienung des Fernsehgerätes (oder eine andere Bedienungseinheit) erhalten Sie Zugang zum Btx-Dienst und wählen damit aus, welche Informationen auf den Bildschirm übertragen werden. Die zusätzlich installierte Btx-Anschlußbox stellt die Verbindung zwischen Telefon, Btx-Gerät und Telefon her und überträgt die Inhalte der Btx-Seiten als Datenimpulse über die Telefonleitung. Das Btx-System wird gespeist von der Btx-Leitzentrale der Post und den zusätzlichen regionalen Btx-Vermittlungsstellen. Die Speicherung erfolgt also in der Leitzentrale. Über die Vermittlungsstellen kann man sekundenschnell mit ›externen Rechnern‹ verbunden werden, so daß Sie private Datenbanken und Computersysteme (für Bestellungen bei Versandhäusern oder wie gesagt Ihr Bankkonto) erreichen können.

Neben Überweisungen kann man auch Schecks nach Schalterschluß bei den Banken bestellen — oder sich einen Kredit berechnen lassen. Darüber hinaus gibt es noch viele andere Funktionen, die im Detail aufzuzählen jedoch nicht Thema dieses Buches sind. Wichtig für unseren Zweck ist, zu wissen, daß *auch die Banken* sich längst Btx zunutze gemacht haben — und etwa eigene Programme anbieten, so zum Beispiel DREBIT und DREBAU, Fachausdrücke, die Möglichkeiten umschreiben, womit sich zum Beispiel individuelle Wirtschaftlichkeitsberechnungen bei der Bauplanung aufstellen lassen.

Die Möglichkeiten sind also zugegebenermaßen phantastisch! Gerade die Banken versprechen sich durch die Automatisierung und Btx eine Änderung in der Dienstleistungsstruktur. Die Pläne sind weitreichend. Man denkt schon an den Außendienstmitarbeiter, der durch tragbare Computer-Terminals gestützt seine Arbeit vor Ort, bei den Kunden zu Hause, versieht. Vielleicht lesen wir also in einigen Jahrzehnten an den Haustüren nicht mehr ›Hausieren verboten‹, sondern ›Terminalberatung verboten‹.

Da der Markt in der Bundesrepublik Deutschland weitgehend ausgereizt ist, da 97% aller geschäftsfähigen Bundesbürger über ein Bankkonto verfügen, wollen die Banken Routinearbeiten in Zukunft mit Btx und *Electronic Banking* erledigen, um sich auf wichtige Geschäfte zu konzentrieren. Wie sind solche Bestrebungen nun einzuschätzen?

Zunächst sind solche Neuerungen prinzipiell zu begrüßen. Nur: Die Gemeinde der Btx-Gläubigen beträgt bislang nicht mehr als 60 000 Seelen! Das heißt, diese wirklich bahnbrechende Idee findet gegenwärtig noch nicht auf breiter Basis Anwendung. Zyniker sagen, sie sei sogar schon tot, bevor sie überhaupt geboren ist. Dennoch bei allem Skeptizismus, der allenthalben an den Tag gelegt wird: Der Computer, die Elektronik, ist nicht aufzuhalten! Wenn man sich einmal offenen Auges den Siegeszug betrachtet, den Computer angetreten haben, so muß man einfach hochrechnen, daß sich auch Btx, bei allen Geburtswehen, früher oder später durchsetzen wird.

Der unbegrenzte Optimismus der frühen Jahre ist allerdings unangebracht. Man kann dem Bankkunden von heute auch nicht ernsthaft weiszumachen versuchen, daß er momentan etwas versäumt, wenn er Btx nicht besitzt. Dennoch: In den nächsten 10 bis 20 Jahren wird die Elektronik im Bankwesen endgültig die Herrschaft angetreten haben. Man ist also gut beraten, wenn man sich systematisch mit den Möglichkeiten der verschiedenen Systeme vertraut macht. Aber, werden Sie vielleicht fragen, was kostet nun das Vergnügen?

Antworten wir konkret: Für den einmaligen Anschluß inklusive der Btx-Anschlußbox zahlen Sie 65 DM. Monatlich fallen 8 DM Gebühren an, mittlerweile außerdem 40 Pfennig pro versandter Mitteilung. Möglicherweise sind diese Kosten jedoch nicht endgültig festgeschrieben, da es erhebliche Proteste gehagelt hat und sogar einige Rückzüge aus dem Lager der Anbieter kürzlich stattfanden. Außerdem benötigen Sie wie gesagt einen Telefonanschluß und ein von der Post für Bildschirmtext zugelassenes Endgerät, das mittels der Anschlußbox an das Telefonnetz angeschlossen wird. Sofern Ihr Fernsehgerät nicht btx-fähig ist, kann man einen Einbau-Decoder nachträglich kaufen.

Lohnt sich also Btx? Wir meinen, abhängig von der Menge der Zahlungen und der Benutzung — durchaus!

Auf einen Blick

1. Habenzinsen auf dem Bankkonto werden mit mageren 0,5% belohnt, während bei Kontogebühren kräftig zugelangt wird. Verhandeln Sie mit Ihrer Bank über die Höhe von Haben- und Sollzinsen.

2. Überprüfen Sie, ob Tagesauszüge notwendig sind und ob nicht bestimmte Beträge (zum Beispiel für die Haushaltskasse) in einer Summe abgehoben werden können. Es bietet sich an, das verbleibende Barguthaben auf das Sparkonto zu überweisen. Abhebungen vom Sparkonto sind kostenfrei.

3. Überziehen Sie Ihr Konto nicht unplanmäßig. Denken Sie an Alternativen! Bei einem kurzfristigen Darlehen sparen Sie zum Beispiel die Überziehungszinsen (ca. 4%). Lassen Sie sich jedoch vorher über alle damit verbundenen Bankgebühren informieren.

4. Recherchieren Sie die Kosten eines Kontos. Verbraucherzentralen führen vergleichende Kostenaufstellungen für jede Stadt durch. Einschlägige Zeitschriften (Capital, impulse, DM etc.) und Zeitungen (FAZ, Welt, Handelsblatt etc.) analysieren ebenfalls die Geldinstitute. Achten Sie auf die Aktualität der Untersuchungen.

5. Verrechnungsschecks und Barschecks sind mittlerweile weitgehend durch eurocheques und -Karten abgelöst worden, aber sie finden im geschäftlichen Zahlungsverkehr immer noch Anwendung. Die Zahlung per Verrechnungsscheck zögert die Kontobelastung um einige Tage hinaus und hilft damit, Zinsen zu sparen.

6. Erhalten Sie Barschecks, dann schreiben Sie in die linke obere Ecke ›Nur zur Verrechnung‹, wenn Sie die Schecks vor fremdem Zugriff schützen wollen.

Gehen die Schecks verloren, dann sperren Sie sie sofort bei der eigenen bzw. bei der ausstellenden Bank.

Die Schecksperre tritt erst nach Ablauf der ›Vorlegungsfrist‹ ein: im Inland nach 8, im Ausland nach 20 Tagen, während der die Bank nicht verpflichtet ist, die Sperre einzuhalten. Wenn die Bank jedoch schriftlich die (vorzeitige) Sperre bestätigt, haftet die Bank früher. Da Schecks auf dem Postweg verlorengehen können, sollten Sie sich größere Scheckzahlungen bestätigen lassen.

7. Bringen Sie säumige Scheckzahler zu einer umgehenden Barzahlung oder bestehen Sie auf einer größeren Abschlagszahlung. Im Zweifelsfall reichen Sie eine Scheckklage ein. Ab 3000 DM benötigen Sie einen Rechtsanwalt, der Sie beim Landgericht vertritt, kleinere Beträge können Sie durch ein ›Scheckmahnverfahren‹ beim Amtsgericht selbst einleiten.

8. Drei Monate beobachtet die Bank nach Kontoeinreichung Ihre Zahlungsmoral. Danach werden Ihnen auf Wunsch eurocheque und eurocheque-Karte zur Verfügung gestellt. Die Anfertigung dauert 14 Tage.

Mit eurocheques können Sie beim Lebensmittelhändler, in Restaurants und Hotels usw. bezahlen. Die Banken garantieren normalerweise eine Einlösung bis zu 400 DM pro Scheck. *eurocheques* gelten auch im Ausland als Zahlungsmittel.

Bei Verlust oder Diebstahl sind Sie bis zu 10000 DM versichert, pro Scheck bis zu 400 DM. Sie haften mit einer Selbstbeteiligung von 10 Prozent.

9. Mit der eurocheque-Karte können Sie auch Geld vom Bank-Geldautomaten außerhalb der Schalterstunden abheben. Zusätzlich wird in diesem Fall die persönliche PIN-Nummer ausgehändigt, die Sie eintippen müssen. Haben Sie sich dreimal beim Tippen vertan, wird Ihre eurocheque-Karte von dem Bankautomaten einbehalten.

10. Btx kann man direkt über das Telefon mit Hilfe einer besonderen Anschlußbox und einem ›btx-fähigen‹ Fernsehgerät in Anspruch nehmen. Damit können Sie zahlreiche Informationen abfragen. Angeschlossen sind auch spezielle Btx-Programme, unter anderem von Banken, so daß Sie auch Ihre Überweisungen von zu Hause aus erledigen können.

Die einmalige Anschlußgebühr kostet 65 DM, die monatliche Gebühr 8 DM, das Abfragen von Informationen ist zum Telefon-Ortstarif möglich.

11. Momentan benutzen nur ca. 50 000 Anwender Btx. Prognose: Electronic Banking und Btx werden sich in den nächsten 10 bis 20 Jahren durchsetzen.

2. Pluspunkte für Postbankdienste

Betrachten wir zunächst einmal die historische Entwicklung des Deutschen Postgirodienstes — zumindest ganz kurz und in Stichworten. Die einzelnen Stationen lesen sich wie folgt:

1909 Aufnahme des Postscheckverkehrs bei 13 Postscheckämtern im Gebiet des Deutschen Reiches
1910 Aufnahme des Auslandszahlungsverkehrs mit Österreich, Ungarn und der Schweiz
1914 Einführung des Postkreditbriefes zur Deckung des Geldbedarfs bei Inlandreisen — später ›Postreisescheck‹ genannt
1929 Zulassung von Eilaufträgen
1945 Wiederaufnahme des Postscheckdienstes innerhalb der einzelnen Besatzungszonen nach kurzer Unterbrechung
1947 Aufnahme des Postscheckverkehrs zwischen den westlichen Besatzungszonen
1950 Einführung des Dauerauftragsdienstes
1969 Einführung des Postbarscheckverfahrens — Barabhebungen bei einem bestimmten Postamt
1976 Beitritt der Deutschen Bundespost zum *eurocheque*-System
1978 Einführung elektronischer Datenverarbeitungsanlagen — Direkteingabe aller beleggebundenen Aufträge über Terminals, zentrale Kontenführung und Buchung durch DV-Anlagen
1979 Teilnahmevereinbarung der Deutschen Bundespost am institutsübergreifenden Geldautomaten-System unter Einsatz von eurocheque-Karten mit Magnetstreifen
1981 Die Zahl der Postscheckkonten erreicht die Zahl von 4 Millionen
1982 Beginn des Betriebsversuchs beim Postscheckamt Berlin (West) für die Zahlungsverkehrsabwicklung über Bildschirmtext
1984 Umbenennung des ›Postscheckdienstes‹ in ›Postgirodienst‹

Soweit der Überblick!

Wenden wir uns jetzt noch einmal dem Bildschirmtext (Btx) zu, der schließlich ein Kind der ›Christel von der Post‹ ist. Das ehrgeizige Projekt der Bundespost, mittels Btx eine Intensivierung der Datenübertragungsmöglichkeiten zu erreichen, ist im Prinzip zu begrüßen. Für den Bereich des Postbankdienstes – des Postgiroverkehrs – wird Btx allerdings momentan noch nicht genutzt. Dabei sitzt die Post selbst an der Quelle. Gänzlich neue Perspektiven werden sich also auftun, wenn die Post die von ihr vorangetriebenen neuen Techniken selbst einsetzt.

Aber beschäftigen wir uns mit der Realität. Momentan hat der Btx-Dienst noch keine Akzeptanz beim Bürger gefunden, bzw. nur zu einem geringen Grad. Kaufhäuser als Anbieter haben sich aus dem Geschäft sogar zurückgezogen, weil sie für ihren durch Bildschirmtext angebotenen Service plötzlich Gebühren zahlen mußten. Andererseits verlautete aus ›gutinformierter Quelle‹, wie Journalisten das manchmal formulieren, daß »Bestellungen über Bildschirmtext seltener waren als Sitzungen des Btx-Aufsichtsrates«. Es war wohl jedesmal ein Grund zum Feiern, wenn ein Kunde via Btx eine Bestellung bei den Anbietern plazierte.

Aber sparen wir uns die Ironie, und beschäftigen wir uns mit dem Positiven! Begrüßenswert ist zum Beispiel, daß der Zahlungsverkehr via Postscheckkonto billig und schnell ist. Allerdings kann der Kunde von seinem Konto nur von *einem* Postscheckamt Geld abheben.

Möglich sind 13 Postscheckämter, die des Überblicks halber auf Seite 102 angeführt seien.

Außerdem hat die Post mittlerweile damit begonnen, in den Postämtern der Innenstädte *Geldautomaten* zu installieren. Erfreulich ist ferner, daß die Hauptpostämter in den großen Städten auch sonntags mittags geöffnet sind. Geld erhalten Sie jedoch nur als stolzer Besitzer einer ›eurocheque‹-Karte. Die Post wirbt derzeit mit dem Satz: »Es gibt Dinge, die sollten einfach tagsüber frisch sein. So frisch wie ein tagesaktueller Kontoauszug von PostGiro.« Auch in dieser Beziehung muß man die Post loben, denn der Kontoauszug landet wirklich prompt und portofrei morgens mit der ersten Postzustellung im Briefkasten.

Zugegebenermaßen vermißt man im Postgiroverkehr ganz entscheidende Dienstleistungsbereiche, die individuelle Kundenberatung und -betreuung in Sachen Geld und Geldanlage zum Beispiel. Kredite werden *nicht* gewährt. Selbst eine kurzfristige Kontoüberziehung ist nur bis 1000 DM erlaubt — mit dem Hinweis, diesen Betrag unverzüglich wieder aufzufüllen.

Übersicht der Postscheckämter und Postsparkassenämter im Bereich der Deutschen Bundespost

Postscheckamt (PSchA)	abgekürzte Bezeichnung*)	Bankleitzahl
1000 Berlin West	Bln W	100 100 10
4600 Dortmund	Dtmd	440 100 46
4300 Essen	Esn	360 100 43
6000 Frankfurt am Main	Ffm	500 100 60
2000 Hamburg	Hmb	200 100 20
3000 Hannover	Han	250 100 30
7500 Karlsruhe	Klrh	660 100 75
5000 Köln	Kln	370 100 50
6700 Ludwigshafen am Rhein	Lshfn	545 100 67
8000 München	Mchn	700 100 80
8500 Nürnberg	Nbg	760 100 85
6600 Saarbrücken	Sbr	590 100 66
7000 Stuttgart	Stgt	600 100 70
Postsparkassenamt (PSA)		
2000 Hamburg	Hmb	201 100 22
8000 München	Mchn	701 100 88

*) Gutschriftpostscheckamt kann bei Überweisungen abgekürzt bezeichnet werden.

28 Tage Zeit besitzt man zur Rückzahlung, ansonsten wird ein Mahnverfahren, bis hin zum Mahnbescheid, eingeleitet. Desgleichen werden telefonische Auskünfte über den Kontostand, manchmal von immenser Wichtigkeit, nicht erteilt.

Wir wollen also auch nicht alles durch eine rosarote Brille sehen. Dennoch überwiegen die Pluspunkte: so das weitgespannte Netz, die kostensparenden und schnellen Überweisungen innerhalb des Postgirosystems (vor allem von kleinen Beträgen) und die Möglichkeit der Einzahlung auf das Postgirokonto an allen 16000 bundesdeutschen Postämtern (inkl. Ausland). Speziell für den ›täglichen Kleinkram‹, die Zahlung kleinerer Rechnungsbeträge also, halten sich die Gebühren in Grenzen. Die Post selbst ist sich im übrigen der Grenzen des Postgiros bewußt und wirbt denn auch für das Postgirokonto als ›Zweitkonto‹.

Kommen wir nun zur Gretchenfrage und untersuchen wir, was das PostGiro-Konto exakt kostet. Entscheiden Sie sich für die Einrichtung eines Postgirokontos, so müssen Sie zunächst einen Antrag beim nächsten Postamt stellen. Danach geht Ihnen unverzüglich die Kontonummer und die Bankleitzahl des von Ihnen — zweckmäßigerweise nächstgelegenen — Postscheckamtes zu. Danach müssen Sie und andere Kontoberechtigte ihre Unterschrift auf einem ›Unterschriftsblatt‹ dokumentieren und dem Postscheckamt zusenden. Die Zeichnungsbefugnis schließt ein: die Anforderung neuer Formblätter (Scheck- und Überweisungsformulare) und neuer Unterschriftsblätter, die Erlaubnis schriftlicher Auskunft über den Kontostand einzuholen, nach dem Tod des Postscheckteilnehmers das Konto bis zu sechs Monaten weiterzuführen, die Aufhebung des Kontos zu verfügen und das Restguthaben abzuheben. Einzelne Rechte können im ›Unterschriftsblatt‹ eingeschränkt werden.

Die *Formblatt-Erstausstattung* erhalten Sie bei Kontoeröffnung kostenlos. Im Klartext heißt dies: ein Postscheckübeweisungsheft für Überweisungen von Konto zu Konto, 50 Postschecks für Barabhebungen und zum Ausstellen für die gebührenfreie Einsendung von Aufträgen an das Postscheckamt und ein Zahlkartenheft für gebührenfreie Einzahlungen auf das eigene Konto oder auch zur Gutschrift von Verrechnungsschecks.

Beim zweiten Mal werden Sie allerdings zur Kasse gebeten, wenn auch die Gebühren erträglich sind. Ein Postschecküberweisungsheft (100 Blatt) kostet 2,50 DM, 25 Vordrucke zu Postschecks 1,25 DM, ein Zahlkartenheft für eigene Einzahlungen 3,50 DM, 50 gelbe Umschläge 1,– DM. Für den Bezug von ›eurocheque‹-Vordrucken und Karten müssen Sie 3 DM für 20 Scheckvordrucke und für die Karte für zwei Jahre 10 DM berappen.

Benötigen Unternehmer größere Mengen solcher Überweisungsformulare, dann dürfen Sie private Druckereien mit dem Druck beauftragen. Das Postscheckamt liefert darüber hinaus Formblätter, die bei stärkerem Zahlungsverkehr das Erteilen von Aufträgen vereinfachen und für die Beschriftung durch Schnelldrucker und Buchungsautomaten geeignet sind.

Zugegebenermaßen gestaltet sich das Ausfüllen der Überweisungsformulare umständlich. Mehrfach müssen Sie Betrag, Empfängeradresse und -kontonummer eintragen. Immerhin erhalten Sie bei Beantragung des Postgirokontos eine ›Anleitung zur Benutzung des Postgirokontos‹. Es empfiehlt sich, dieses Heft sorgfältig durchzulesen, um den Tücken der Bürokratie auf die Spur zu kommen. Im übrigen stehen Ihnen als Teilnehmer am Postgiroverkehr folgende Zahlungswege offen: Überweisungen, Daueraufträge (Einziehung/Lastschrift), Verrechnungsschecks, Postbarschecks, eurocheque-Karte und -Schecks, Reiseschecks.

Die *Postüberweisung* wird zur Überweisung von Postgirokonto zu Postgirokonto, auf ein Postsparbuch oder auf Konten einer Bank oder Sparkasse benutzt. Von Postgirokonto zu Postgirokonto ist sie gebührenfrei. Die *Postanweisung* dient der Geldübermittlung für Personen, die kein Girokonto besitzen. Der Betrag wird bar am Schalter einbezahlt und vom Postboten bar ausbezahlt.

Der *Postscheck* ist identisch mit den Barscheckformularen der Banken und wird zu eigenen Barabhebungen beim Postamt und der Zahlstelle des Postgiroamtes verwendet. Für Zahlungen an Dritte dient er als Verrechnungsscheck, indem Sie in der linken oberen Ecke vermerken ›Nur zur Verrechnung‹, wie bereits beschrieben. Den *eurocheque* mit begrenzter Einlösungsgarantie — bis zu 400 DM täglich — verwenden Sie für Barabhebungen im In- und Ausland und auch als Verrechnungsscheck. Die Post installiert zur Zeit wie erwähnt an Postämtern im Innern der Städte, in Fußgängerzonen zum Beispiel, *eurocheque*-Geldautomaten. Auf herkömmliche Art und Weise kann per Barscheck an Samstagen am betreffenden Postamt, aber auch an Sonntagen an den Schaltern des Postscheckdienstes der Hauptpostämter in Großstädten Geld abgehoben werden. Das Einrichten von Daueraufträgen ist ebenfalls über das Postgirokonto möglich.

An einem simplen Beispiel der Bundespost kann man die Preisgünstigkeit verdeutlichen: Die Übermittlung eines Betrages von 500 DM kostet als Zahlkarte 1,50 DM, als Postanweisung 7 DM, und als Überweisung auf ein Postgirokonto fallen *keine* Überweisungsgebühren an. Lediglich für die Kontoführung wird eine geringe Gebühr angesetzt:

bis zu 10 Buchungen	1,30 DM
bis zu 25 Buchungen	3,00 DM
bis zu 50 Buchungen	4,00 DM

monatlich. Damit ist eine Reihe weiterer Leistungen abgegolten: Daueraufträge, Bareinzahlungen auf das eigene Konto, Barabhebungen mit dem Postbarscheck, Überweisungen von Postgirokonto zu Postgirokonto, die Zusendung von Kontoauszügen, der Einzug von Verrechnungsschecks und das Einsenden von Aufträgen an das Postgiroamt mit den gelben Briefumschlägen. Sie können, nebenbei bemerkt, auch das Restguthaben Ihres Kontos auf Ihr Postsparbuch oder ein anderes Sparbuch überweisen. In diesem Falle müssen Sie in die Empfängerspalte des Überweisungsformulars lediglich die Nummer des Sparbuches und des Postsparkassenamtes einsetzen.

Hierfür existieren zwei Ämter — in München und in Berlin. Der Sparer erhält zunächst eine Gutschriftsanzeige vom Sparkassenamt. Damit begibt er sich zum nächsten Postamt. Dort wird der Betrag im Sparkassenbuch als Guthaben eingetragen. Wenn Sie Ihre Restguthaben-Pfennige regelmäßig auf Ihr Postsparbuch überweisen wollen, kann Sie dieser Sport allerdings Zeit kosten. Die Lösung: Sie können einen Dauerauftrag für ein bestimmtes Sparbuch ausfüllen.

Was um 10.00 Uhr beim Postgiroamt an Überweisungsaufträgen vorliegt, wird erfreulicherweise noch am gleichen Tag ausgeführt. Wenn Sie neben Ihrer Unterschrift das Wort ›Eilaufträge‹ vermerken, gelangt das Geld ebenfalls am selben Tag noch an den Empfänger, wenn der Eilauftrag bis 13.00 Uhr vorliegt. Für *telegrafische* Aufträge ist ein Limit von 15.00 Uhr gesetzt. Mit besonderer Genehmigung können Firmen Eilaufträge per Fernschreiben an das Postgiroamt durchgeben. Eilaufträge kosten 3 DM, fernschriftliche Aufträge 7,50 DM und telegrafische Zahlungsaufträge zwischen 7,50 DM und 10 DM (Zuschlag!).

Während die Gebühren für den normalen Zahlungsverkehr minimal sind, kostet die gesonderte schriftliche Bestätigung des Kontostandes 2,50 DM und die Nachforschung über die Ausführung einer Zahlung 4,20 DM. Deckungslose Überweisungen und deckungslose *eurocheque*-Abhebungen am Geldautomaten werden mit 2 DM belegt. Im Auslandsverkehr sind Zahlungen von Postgirokonto zu Postgirokonto gebührenfrei. Der Einzug von Auslandsschecks unterliegt jedoch bestimmten Gebühren ebenso wie die Zahlung an bestimmte Empfänger im Ausland.

Ein letzter Pluspunkt: Das Postgirokonto kann ohne große Formalitäten und ohne Einhaltung bestimmter Fristen gekündigt werden. Sie teilen dem Postscheckamt in einem Schreiben die Kündigung mit und verfügen darin zweckmäßigerweise sofort, wohin Ihr Restguthaben zu überweisen ist.

Alles in allem könnte man urteilen, daß die Vorteile des Postgirokontos die Nachteile bei weitem überwiegen. Und auch was die Kosten anbelangt, braucht die Post den Vergleich nicht zu scheuen.

Fazit: *sehr empfehlenswert!*

Auf einen Blick

1. Anträge für die Einrichtung eines Postgirokontos stellen Sie beim Postamt. Mit dem Unterschriftsblatt hinterlegen Sie die zeichnungsberechtigten Unterschriften.

2. Für den Postgiroverkehr wird Btx momentan noch nicht genutzt. Seit 1982 läuft jedoch ein Pilotprojekt beim Postscheckamt Berlin (West) für die Zahlungsabwicklung via Btx.

3. Das Postscheckkonto ist billig und schnell. Der Kunde kann jedoch nur von *einem* (der möglichen) Postämter abheben. Die Möglichkeit der Einzahlung besteht an allen 16 000 bundesdeutschen Postämtern.

4. Die ›Formblatt-Erstausstattung‹ ist kostenlos. Bei den folgenden Bestellungen kosten: ein Postscheckübersungsheft 2,50 DM, 25 Barscheckvordrucke 1,25 DM, das Zahlkartenheft 3,50 DM, 50 gelbe Umschläge 1 DM. Eurocheques (20 Stück) 3 DM, die eurocheque-Karte (für zwei Jahre) 10 DM. Unternehmer können Formulare bei Druckereien in Auftrag geben.

5. Als Teilnehmer am Postgiroverkehr können Sie wählen zwischen Überweisungen, Daueraufträgen, Verrechnungsschecks, Postbarschecks, *eurocheques* und Reiseschecks.

6. Ein Vergleich: 500 DM kosten per Zahlkarte 1,50 DM, als Postanweisung 7 DM, die Überweisung auf ein Postgirokonto ist gebührenfrei. Lediglich Buchungsgebühren fallen monatlich an: bis zu 10 Buchungen 1,30 DM, bis zu 25 Buchungen 3 DM und bis zu 50 Buchungen 4 DM.

7. Die Post bietet Eilaufträge und telegrafische Aufträge mit Zuschlag an, ebenso sind bestimmte Zahlungsaufträge ins und aus dem Ausland möglich.

3. Kreditkarten — ja bitte!

Immer wieder wird die Frage gestellt, ob sich *Kreditkarten* lohnen. Nun, gleich vorab: Sie *sind* empfehlenswert und nicht nur für Privilegierte. Ziehen Sie die Zahlung per Kreditkarte getrost in Betracht. Kreditkarten-Institute werben damit, daß durch das verzögerte Verbuchen von Lastschriften auf dem Kundenkonto ansehnliche Zinsbeträge eingespart werden. Tatsächlich kann der Kreditkarteninhaber schon Wochen vor der Abbuchung per Kreditkarte bargeldlos einkaufen, die Belastung auf dem Kundenkonto erfolgt stets mit einer gewissen Verzögerung.

Wenn Sie einem der diversen Clubs beitreten, die immer noch ein Hauch von Exklusivität umgibt, so müssen Sie einen Jahresbeitrag zwischen 100 und 150 DM entrichten. Außerdem kommen Sie bei der Anmeldung nicht umhin, neben persönlichen Daten Ihre private Bankverbindung und Ihren Arbeitgeber (sofern vorhanden) preiszugeben.

Mit der Kreditkarte zahlen Sie überall dort bargeldlos, wo Sie das betreffende Kreditkartenzeichen finden. Dazu zählen neben Hotels und Restaurants auch Kaufhäuser, Boutiquen, Discotheken, Ärzte, Einzelhandelsgeschäfte, Tankstellen, Reisebüros und Autovermietungen. Im Ausland brauchen Sie sich darüber hinaus um den Geldumtausch nicht zu sorgen: Mit der Kreditkarte erfolgt die Umrechnung zu einem festgelegten Kurs — plus einer Gebühr von etwa 1 Prozent. Die Umrechnung kann also anhand der veröffentlichten Kurse in den Tageszeitungen von Ihnen jederzeit nachvollzogen werden. Bei Banken fahren Sie zum Teil schlechter.

Schließlich sind Sie und Ihre Angehörigen gegen Tod und Invalidität versichert, inklusive Krankentagegeld-, Notfall- und Rückholversicherung. Die Versicherung ist jedoch nur gültig, wenn Sie sich per Kreditkarte die Flugtickets gekauft bzw. die Reise oder den Mietwagen bezahlt haben. Geht eine Kreditkarte verloren, so wird Ersatz innerhalb von 24 Stunden gestellt. Ihre Eigenhaftung beträgt in einem solchen Fall nur 100 DM.

Aber noch einige Tips zur Benutzung: Kreditkarten sind so wertvoll wie Bargeld. Sie sollten deshalb besonders sicher aufbewahrt werden. Überlassen Sie Ihre Karte niemals einem Dritten und unterschreiben Sie sie sofort nach Erhalt mit einem normalen Kugelschreiber. Nach Erhalt der Rechnungszusammenstellung prüfen Sie umgehend die einzelnen Positionen durch einen Vergleich mit den Ihnen vorliegenden Kopien der Leistungsbelege.

Bei Mängelrügen oder Reklamationen für Waren und Dienstleistungen wenden Sie sich in jedem Fall sofort an das Vertragsunternehmen, das eventuelle Gutschriften oder Ersatzleistungen mit Ihnen direkt regelt.

Vor der Unterschrift des Leistungsbelegs im Ausland achten Sie bitte darauf, daß die Beträge mit der korrekten Bezeichnung der Landeswährung, mit den richtigen Kommastellen und in der landesüblichen Schreibweise der Ziffern ausgefüllt sind, um Verwechslungen vorzubeugen. So wird zum Beispiel in den englischsprachigen Ländern die Ziffer Eins wie I geschrieben und die Ziffer Sieben wird häufig mit der Eins in deutscher Schreibweise verwechselt.

Die beiden bedeutendsten Unternehmen sind zweifellos *American Express* und *Eurocard*. Für die *American-Express-Kreditkarte* können Sie Erkundigungen einholen bei American Express International, Postfach 110101, 6000 Frankfurt 11, für die *Eurocard-Kreditkarte* ist der Ansprechpartner Eurocard Deutschland, Postfach 110711, 6000 Frankfurt 11.

American Express wirbt mit 1,4 Millionen Vertragsunternehmen, davon 51 000 in der Bundesrepublik Deutschland. Um Bargeld zu erhalten, stehen Ihnen 1200 American Express Reisebüros und Repräsentanzen in der ganzen Welt zur Verfügung. Eurocard besitzt einen starken amerikanischen Partner, *Mastercards*, und ist darüber hinaus auch der englischen *Access* angeschlossen.

Der Eurocard-Inhaber kann damit bei 40 000 Stellen in der Bundesrepublik und bei insgesamt 4,3 Millionen Vertragspartnern in der ganzen Welt bargeldlos kaufen oder Dienstleistungen in Anspruch nehmen.

Ohne die einzelnen Card-Systeme im Detail zu vergleichen, wollen wir doch eine Empfehlung für die Eurocard aussprechen – was Preis und Leistung anbelangt. Die Eurocard ist eine weltweit gültige Reise- und Bewirtungskarte des gehobenen Standards. Die Eurocard wird deshalb hauptsächlich von Fluggesellschaften, Mietwagenunternehmen, Hotels und Restaurants der ersten bis gutbürgerlichen Kategorien und von Geschäften mit hochwertigen und anspruchsvollen Waren akzeptiert.

Seit 1984 können Sie die Eurocard verstärkt bei Automobilwerkstätten zur Bezahlung von Reparatur-, Ersatzteil- und Zubehörrechnungen, bei ausgewählten Tankstellen und bei Taxiunternehmen verwenden. Dennoch, vergessen Sie nie: Gebühren können sich kurzfristig ändern. Deshalb sollten Sie sich persönlich erkundigen, bevor Sie sich für eine Karte entscheiden. Das Bezahlen per Kreditkarte ist im übrigen einfach und unproblematisch. Eine einfache Unterschrift entbindet Sie von allen weiteren Formalitäten. Nur: Das, was Sie unterschrieben haben, ob im Geschäft, im Hotel oder in der Bar – und hier vielleicht schon mit einem rosaroten Blick nach dem Genuß von Alkoholika –, besitzt *Gültigkeit*. Ihre Unterschrift setzt einen Mechanismus in Gang, den sie kaum stoppen können. Selbst wenn die gekaufte Ware Mängel aufweist oder der Rechnungsbetrag fehlerhaft errechnet wurde: Sie müssen davon ausgehen, daß der betreffende Betrag vom Kreditkarteninstitut ausgezahlt wird. Das wurde durch ein Urteil des Landgerichts Berlin (Az. 18 O 263/85) bestätigt. Lediglich überhöhte Zechschulden in Animierlokalen kann man – sofern ›Sittenwidrigkeit‹ aufgrund der Höhe der Rechnung erwiesen ist – anfechten.

Soweit zu diesem Service im Zahlungsverkehr.

Als Ausklang zu diesem Thema nun noch ein letzter Ratschlag: Verbraucher und Bankkunden beklagen sich zunehmend über die Verluste, die ihnen durch lange Zahlungswege entstehen. Es ist schon lange kein Geheimnis mehr, daß die Wege von Banken, Sparkassen und Postgiroämtern verschlungen und lang sind. Wie lang, das hat jeder einzelne von uns bereits individuell erfahren müssen. Eine Überweisung, heute dem eigenen Konto belastet, erreicht den Empfänger erst nach mehreren Tagen.

Die Folge: Mahnungen für bereits beglichene Rechnungen treffen ein. Der Vermerk auf diesen Erinnerungen »Zahlungseingänge sind bis zum ... berücksichtigt« legt oft Zeugnis über ungebührlich lange Überweisungswege ab. Ein paar harte Fakten hierzu: Jährlich werden ca. 6 Milliarden Rechnungen über einen Gesamtbetrag von 15,5 Billionen DM bezahlt. 55% werden per Überweisung beglichen. Es handelt sich hierbei über einen Betrag von 8,5 Billionen DM. Bei einem gegenwärtigen Zinssatz von 3% pro Tag heißt das, daß wir über einen Betrag von 708 Millionen DM diskutieren! Verzögert sich also die Überweisung von 8,5 Billionen DM um drei Tage (die Laufzeit aller Überweisungen beträgt durchschnittlich drei Tage!), dann errechnet sich ein verlorener Zins von 2,1 Milliarden DM.

In ›DM‹ war in Heft 12/86 das Ergebnis einer von ihr beim Institut für Angewandte Verbraucherforschung (IFAV) in Köln bestellten Untersuchung zu lesen: Zum Teil benötigten Testüberweisungen vom Absender zum Empfänger 7 (in Worten ›sieben‹) Tage! Drei und auch vier Tage waren keine Seltenheit. Aber lesen Sie selbst:

So lange brauchte die Überweisung (Abbuchungstag 8. 9. 86)

Geldinstitut des Absenders	Deutsche Bank Köln	
Geldinstitut des Empfängers	Wertstellungstag	Laufzeit (Tage)
Deutsche Bank, Frechen	8. 9.	0
Postgiroamt Köln	9. 9.	1
Dresdner Bank, Münster	10. 9.	2
Deutsche Apotheker- und Ärzte-Bank, Münster	10. 9.	2
Stadtsparkasse Köln	10. 9.	2
Volksbank Siegburg	10. 9.	2
Volksbank Witten	10. 9.	2
Badische Beamtenbank, Bonn	11. 9.	3
Bank für Gemeinwirtschaft, Erlangen	11. 9.	3
Bremische Volksbank	11. 9.	3
Deutsche Bank, Kiel	11. 9.	3
Dresdner Bank, Bielefeld	11. 9.	3
Kreissparkasse Stormarn	11. 9.	3
Postgiroamt Frankfurt	11. 9.	3
Postgiroamt Karlsruhe	11. 9.	3
Raiffeisenbank Ochsenfurt	11. 9.	3
Sparkasse Bielefeld	11. 9.	3
Sparkasse Mainz	11. 9.	3
Berliner Bank (Empfänger I)	12. 9.	**4**
Berliner Bank (Empfänger II)	12. 9.	**4**
Postgiroamt Essen	12. 9.	**4**
Deutsche Apotheker- und Ärzte-Bank, Hamburg	15. 9.	**7**

Drei Tage dauert im Durchschnitt eine Überweisung. Ausreißer im positiven wie im

Sparkasse Bonn		Postgiroamt Köln	
Wertstellungstag	Laufzeit (Tage)	Wertstellungstag	Laufzeit (Tage)
11. 9.	3	11. 9.	3
9. 9.	1	8. 9.	0
11. 9.	3	11. 9.	3
11. 9.	3	11. 9.	3
10. 9.	2	10. 9.	2
11. 9.	3	10. 9.	2
12. 9.	4	11. 9.	3
15. 9.	7	10. 9.	2
11. 9.	3	12. 9.	4
10. 9.	2	10. 9.	2
12. 9.	4	11. 9.	3
11. 9.	3	11. 9.	3
12. 9.	4	11. 9.	3
16. 9.	8	9. 9.	1
11. 9.	3	9. 9.	1
12. 9.	4	11. 9.	3
10. 9.	2	11. 9.	3
10. 9.	2	11. 9.	3
11. 9.	3	12. 9.	4
11. 9.	3	12. 9.	4
11. 9.	3	10. 9.	2
12. 9.	4	11. 9.	3

negativen Sinn halten sich die Waage. Mehr als vier Tage ist Schlamperei.

Für die langen Laufzeiten gibt es keine Rechtfertigung, denn gerade in die Funktionsfähigkeit des Zahlungsverkehrs haben Banken in den vergangenen Jahren systematisch investiert. Tatsache ist, daß selbst die computergesteuerten Überweisungsnetze dem Dilemma nicht abhelfen. »Stark von irgendwelchen Zufällen« (Original-Ton eines Bankers) hängt die Dauer einer Überweisung ab. Der Kunde kann im übrigen nicht einmal einen Schadenersatzanspruch geltend machen. ›Dingliche Ansprüche‹ stehen ihm nach dem Bürgerlichen Gesetzbuch (BGB) nicht zu. Falls Sie nachschlagen wollen: Es handelt sich um die Paragraphen 611 ff. und um Paragraph 675.

Die Banken, die Sparkassen und die Post kassieren aufgrund dieser Verzögerung jährlich die gigantische Summe von 2,1 Milliarden DM! Bei dieser Zahl handelt es sich um ein Zehntel dessen, was sie ihren Sparern jährlich an Sparzinsen vergüten. Während Großbanken (Dresdner Bank, Deutsche Bank, Commerzbank usw.) den Überweisungsverkehr als notwendiges, aber wenig lukratives Dienstleistungsangebot erachten, arbeiten Sparkassen und Genossenschaftsbanken (Raiffeisen-, Vereins- und Volksbanken) auf diesem Gebiet mit Gewinn, weil sie ein weit verzweigtes Filialnetz aufweisen können.

Soweit die schlechte Nachricht! Die gute wäre, daß es eine Lösung für das Problem gibt. Das von der Zeitschrift DM beauftragte IFAV-Institut empfiehlt allen Bankkunden, bei Überweisungen im ›System‹ zu bleiben. Das bedeutet im Klartext: Tätigen Sie nur Überweisungen innerhalb des Postgironetzes zum Beispiel – lassen Sie das Geld also nicht vom Postscheckkonto auf ein Bankkonto fließen bzw. in umgekehrter Richtung. Zusätzlich lohnt es sich, bei Ihrer Hausbank das *Gironetz* zu erfragen, an das Sie angeschlossen ist. Zum Beispiel bestehen für die Genossenschaftsbanken andere Gironetze (ein Zusammenschluß gleichartiger Banken im Rahmen des Zahlungsweges) als für die öffentlich-rechtlichen Sparkassen. Außerdem sollten Sie kleinere, sich mehrmals im Jahr wiederholende Zahlungen per Lastschriftverfahren (Einzug durch den Geldempfänger von Ihrem Konto) tätigen. Größere Beträge können Sie per Scheck begleichen, denn die Belastung des

Betrages erfolgt auf ihrem Konto erst *nach* der Einlösung des Schecks und nicht — wie bei Überweisungen — *vorher*.

Damit können Sie den Banken und dem Gebührenwucher ein Schnippchen schlagen. Der springende Punkt jedoch ist die Benutzung *eines* Gironetzes. Mit den bestehenden Zahlungswegen und den verschiedenen Gironetzen wird noch bis in die neunziger Jahre gearbeitet werden — nebeneinander, nicht miteinander. Erst zu diesem Zeitpunkt planen die Bankinstitute eine Verflechtung aller Gironetze. Erst dann kann man damit rechnen, daß sie kompatibel sind. Wie gesagt, jedes Bankensystem besitzt sein eigenes Girosystem. Verbunden sind damit:

— die Sparkassen mit den Landeszentralbanken und
— die Genossenschaftsbanken (Raiffeisen- und Volksbanken) mit den Genossenschaftlichen Zentralbanken

individuell vernetzt sind ferner

— die Geschäftsbanken und
— die Deutsche Bundespost

Überweisungen von Sparkassen auf Geschäftsbanken kreuzen zwei Girosysteme und benötigen entsprechend länger, bis sie dem Empfänger gutgeschrieben werden — während Überweisungen innerhalb eines Girosystems, zum Beispiel von Sparkasse zu Sparkasse, relativ schnell dem Empfangskonto übermittelt werden. Bleiben Sie also *innerhalb eines Netzes*.

Auf einen Blick

1. Kreditkarten sind nicht nur Privilegierten zu empfehlen. Durch das verzögerte Abbuchen von Lastschriften können ansehnliche Zinsbeträge eingespart werden.

2. Der Jahresbeitrag beläuft sich zwischen 100 DM und 150 DM.

3. Der Service der Kreditkarten-Institute: bargeldlose Zahlung in (bestimmten) Hotels, Restaurants, Kaufhäusern, Boutiquen, Discotheken, Einzelhandelsgeschäften, Tankstellen, Reisebüros usw.

4. Die Umrechnung (im Ausland) erfolgt zu einem festgelegten (nachvollziehbaren) Kurs plus einer Gebühr von etwa 1%. Achten Sie darauf, daß die Beträge mit der korrekten Bezeichnung der Landeswährung und in der landesüblichen Schreibweise der Ziffern ausgefüllt sind.

5. Bei (einigen) Kreditkarten-Instituten sind Sie bei Benutzung der Karte automatisch gegen Tod, Invalidität, Unfall usw. versichert.

6. Prüfen Sie nach Erhalt der Rechnungszusammenstellung die einzelnen Positionen umgehend.

7. *American Express* besitzt 1,4 Millionen Vertragsunternehmen, davon 51 000 in der Bundesrepublik Deutschland. *Eurocard* (incl. *MasterCards* und *Access*) besitzt 4,3 Millionen Vertragspartner, davon 40 000 in der Bundesrepublik Deutschland. Unsere (subjektive) Empfehlung: *Eurocard*.

8. Die langen Zahlungswege (Banken/Post) verursachen einen Verlust von 2,1 Milliarden DM (Zinsen).

Dem Geschädigten stehen lt. BGB keine ›dinglichen Ansprüche‹ zu (§§ 611 ff. und 675).

9. Der Zahlungsverkehr ist für die Geschäftsbanken ein ›lukratives Übel‹, während Sparkassen und Genossenschaftsbanken aufgrund ihres großen Zweigstellennetzes mit Gewinn arbeiten.

10. Um lange Zahlungswege zu vermeiden, empfehlen wir, innerhalb eines Gironetzes zu verbleiben, also nur von Postgirokonto zu Postgirokonto und von Sparkassengirokonto zu Sparkassengirokonto usw. Geld fließen zu lassen. Jedes Bankensystem besitzt sein eigenes Girosystem: die Sparkassen mit den Landeszentralbanken, die Genossenschaftsbanken (Raiffeisen- und Volksbank) mit den Genossenschaftlichen Zentralbanken, die Geschäftsbanken und die Deutsche Bundespost.

VI. Auskunft über Auskünfte oder Die Operationsbasis der Banken

Versuchen wir zunächst einmal, einen Banker zu *verstehen*. Versuchen wir ernsthaft, uns in seine Position zu versetzen. Und versuchen wir hinter seinem Schreibtisch Platz zu nehmen, in seinen Anzug zu schlüpfen und die Welt aus seinen Augen zu betrachten.

Vorab: Ein Banker ist kein Unternehmer. Sein Handlungsspielraum gleicht tatsächlich dem eines Gratwanderers. Er ähnelt bei Licht betrachtet einem Beamten, der eine Unzahl von Vorschriften und Paragraphen zu beachten hat. Er muß alle seine Entscheidungen begründen und dokumentieren können. Schließlich und endlich verwaltet er fremdes Vermögen. Die *Ausbildung* eines Bankers ist also konsequenterweise auf die Eingrenzung von Risiken ausgelegt. Das ›Vier-Augen-Prinzip‹ ist ungeschriebenes Gesetz bei vielen Banken bei der Vergabe von Krediten. Es besagt, daß immer vier Augen (also zwei Bankfachleute) einen Kredit gutheißen müssen. Denn: Vier Augen sehen mehr als zwei. Kreditkunden stöhnen mitunter, daß »niemand wirklich verantwortlich für die Entscheidung zeichnet«. Daß Kreditverhandlungen in die Länge gezogen werden. Und daß Banker undurchsichtig operieren.

Um die Wahrheit zu sagen: Zumindest teilweise tut man damit der Spezies Banker Unrecht. Tatsächlich unterliegen die Bankgeschäfte vielfältigen Prüfungen, unter anderem der staatlichen Aufsicht durch das Bundesamt für Kreditwesen in Berlin, das sein Selbstverständnis auf dem Kreditwesengesetz herleitet (das *KWG* in der Neufassung vom 11. 7. 1985, veröffentlicht im Bundesgesetzblatt, Seite 1472, schreibt exakt vor, wozu Banker befugt sind und wozu nicht). Dieses Amt kontrolliert fast alles mit Argusaugen, die Qualifikation der Geschäftsleitung (im Zweifelsfall erhält die betreffende Bank keine Erlaubnis, Geschäfte zu tätigen), die Höhe der (flüssigen) Geldmittel (Liquidität), die Art der Bankenverwaltung und (das Reglement) des Geschäftsablaufs.

Darüber hinaus existiert ein Wust von Vorschriften, die das Gesamtkreditvolumen (wieviel Kredite die Banken insgesamt vergeben dürfen), die Höhe der Einzelkredite, die Kredit-Sicherheiten und die anzufordernden Kreditunterlagen exakt festschreiben. Als Außenstehender besitzt man in den seltensten Fällen Einblick über die Einbettung der Banken in diese gesetzlichen Vorschriften.

Stöbern wir noch ein wenig weiter im *KWG*. Welche Statuten bestehen exakt – was das Thema Kreditvergabe anbelangt? Nun zunächst: Großkredite (Einzelkredite), die 15% des haftenden Eigenkapitals der Bank erreichen oder überschreiten, sind meldepflichtig. Außerdem muß jeder Kredit von einer Million DM an aufwärts zur Kenntnis gebracht werden. Schließlich darf kein einzelner Kredit 75% des haftenden Bank-Eigenkapitals überschreiten. Und endlich darf die Summe aller Großkredite nicht höher sein, als das Achtfache des haftenden Bank-Eigenkapitals ausmacht. Eine andere Klausel besagt, daß die fünf größten Kredite nicht mehr als das Dreifache des haftenden Bank-Eigenkapitals ausmachen dürfen. Mit anderen Worten: *Sicherheit* ist angesagt.

Die Gewährung eines Kredits ist aber nicht nur von Voraussetzungen im hausinternen Bankbereich (Liquidität, Einhaltung der Bestimmungen des KWG) abhängig. Einen weiteren entscheidenden Einfluß auf die Kreditpolitik nimmt die *Bundesbank*. Außerdem spielt das Verhalten der *Geld-* und *Kapitalmärkte* eine Rolle. Die Bundesbank selbst verleiht keine Kredite an Otto Normalverbraucher. Sie fungiert als Kreditinstitut der Banken. Von dieser Schlüsselposition aus kann sie eine immense Kontrolle ausüben.

Damit besitzen Sie bereits einen gewissen Überblick in das Leben eines Bankers. Betrachten wir es einmal ohne Scheuklappen. Ein Banker ist also auch nur ein Mensch. Diesen ›armen Geschöpfen‹, diesen ›bemitleidenswerten Erdenwürmern‹ (wie mancher Satiriker sie nennt) sind weitgehend selbst die Hände gebunden. Der Banker bewegt sich nicht in einem luftleeren Raum, in dem er die Gesetze selbst bestimmen kann. Er befindet sich innerhalb eines ausgeklügelten, feingesponnenen Netzes, bestehend aus Verordnungen, Grundsätzen und Verpflichtungen.

Zugegeben, ein gewisser Spielraum ist vorhanden, und es ist Zweck und Ziel dieses Buches, diesen genau auszuleuchten und vorzustellen. Aber es hilft dem kritischen Bankkunden auch, wenn er weiß, daß sein Gegenüber, das da vor ihm sitzt, sich selbst in einer Zwangslage befindet. Wenn er weiß, daß dieser Banker selbst fürchten muß, seines schönen Pöstchens verlustig zu gehen, wenn er naßforsch Geld in den Sand setzt und unseriöser Kundschaft fette Kredite einräumt.

Bei Licht betrachtet und ohne dieser Spezies Banker zu nahe treten zu wollen, plagt also auch ihn die *Angst*. Er fürchtet *Fehler* wie der Teufel das Weihwasser. Denken Sie sich einmal in ihn hinein: Da sitzt nun ein Mensch vor ihm, den er mehr oder minder gut kennt, über dessen Charakter er sich allenfalls ein bescheidenes Bild machen kann und der ihn fröhlichen Herzens um 200 000 DM erleichtern will.

Wenn er eine Fehlentscheidung trifft, so kostet ihn das den Kopf. Vielleicht nicht aufgrund eines einzigen Falles, aber bei wiederholten Fehleinschätzungen wird man mehr als ein ernsthaftes Wörtchen mit ihm reden. Umgekehrt kann er sich bei cleverer Geschäftsführung Aufstiegschancen ausrechnen.

Man muß die Situation – hier absichtlich vereinfacht dargestellt – also auch einmal unter diesem Blickwinkel betrachten. Und genau darin besteht Ihre Chance, korrekt vorzugehen! Der Banker muß sich Sicherheiten verschaffen, er muß gewiß sein, daß Sie ihn nicht hereinlegen, daß Sie ein zuverlässiger, seriöser Geschäfts- oder Privatmann sind, bei dem nichts anbrennen kann.

Dann wird er Ihnen freudestrahlend 200 000 DM und mehr aushändigen. Aber wenn er nicht weiß, mit welchem Pappenheimer, salopp gesprochen, er es zu tun hat, werden ihm die Hände hinter dem Schreibtisch feucht, während ihm kleine Bächlein Schweiß in den Kragen rinnen. Unser Appell also: Lernen Sie diesen armen Banker verstehen. Er gibt sich so lässig, so allmächtig, so selbstbewußt — und unterliegt doch nur den gleichen Zwängen wie Sie selbst.

Echtes Verständnis, hier zugegebenermaßen etwas ironisch dargestellt, hilft Ihnen tatsächlich, auch das Schlüsselloch ›Kredit‹ passieren zu können.

Der springende Punkt ist also die *Sicherheit*, auf die der Banker pocht.

Wie bringt er nun in Erfahrung, wie es um Ihre Seriosität bestellt ist? Nun, es ist ganz einfach: Er holt Auskünfte über Sie ein. Paragraph 18 des KWG über ›Kreditunterlagen‹ bestimmt: »Von Kreditnehmern, denen Kredite von insgesamt mehr als einhunderttausend DM gewährt werden, hat sich das Kreditinstitut die wirtschaftlichen Verhältnisse, insbesondere auch Vorlage der Jahresabschlüsse, offenlegen zu lassen.«

Es nutzt also nichts, wenn Sie sich ›bedeckt‹ zu halten suchen oder Ihre Vermögensverhältnisse in nebulöses Dunkel hüllen. Der Gesetzgeber schreibt die Einholung von Auskünften vor! Selbst bei Kleinkrediten wird fast immer eine Auskunft eingeholt. Wenn es Ihnen aber gelingt, über mehrere Jahre eine vertrauensvolle Basis für die Zusammenarbeit mit der Bank zu schaffen, dann bieten die *bankinternen* Referenzen die beste Grundlage für die Gewährung eines Kredits.

Um festzustellen, ob der Antragsteller in einer der zirkulierenden ›roten Listen‹ steht, bedarf es von Seiten der Bank keiner großen Anstrengung. Listen wie die

1 Schuldnerliste des Gerichts, die
2 Insolvenzliste der örtlichen Industrie- und Handelskammer, oder die
3 Wechselprotestliste
 kann sich die Bank leicht besorgen, ganz abgesehen von
4 Auskünften, die sie über die Schufa einholen kann.

Mit dem Stichwort ›Schufa‹ sind wir bei des Pudels Kern angelangt. Eine unverzichtbare Hilfe bei der Beurteilung der Bonität privater und unternehmerischer Kreditsuchender stellt die Schufa, die _Schutzgemeinschaft für Allgemeine Kreditsicherung_ dar. Dabei handelt es sich ursprünglich um eine Organisation für Wirtschafts-Unternehmen, die an ihre Kunden selbst Kredite vergeben. Zuträger für Informationen für die Schufa-Kartei sind Banken, Sparkassen, Einzelhändler und Handwerker, also mittelständische Unternehmen, aber auch Waren- und Versandhäuser.

Erklärter Zweck der Schufa ist der Schutz der Wirtschaft vor Verlusten bei der Kreditvergabe. So forscht die Schufa auch im Auftrag nach säumigen und unbekannt verzogenen Schuldnern etwa. In den Karteien der Schufa befinden sich mehr als 20 Millionen Personen mit Angaben über erhaltene und zurückgezahlte (oder nicht zurückgezahlte) Kredite. Auch die Konsumentenkredite privater Kunden sind hier registriert. Die Angaben werden laufend ergänzt und überarbeitet. Im übrigen arbeitet die Schufa nach dem Grundsatz, daß dem Zuträger von Informationen auch die Karteien offenstehen. Da Banken und Sparkassen die Schufa mit Auskünften füttern, ist es nur logisch, daß auch umgekehrt sie den Banken Informationen zukommen läßt. Die Schufa-Auskunft ist sogar telefonisch, während einer Verkaufsverhandlung zum Beispiel, abrufbar! Experten benötigen nur wenige Minuten, um alle (wichtigen) Daten über eine Person in Erfahrung zu bringen.

Die Schufa-Kartei ›spuckt‹ Angaben über Abzahlungsgeschäfte, Ratenkredite jeglicher Art, Miet- und Leasingverträge, kurz über alle Arten von Krediten und deren Rückführung aus. Penibel ist hier festgehalten, ob Kredite ordnungsgemäß zurückgeführt wurden oder ob Unregelmäßigkeiten dabei auftraten. Nicht sehr vorteilhaft sind entsprechend Auskünfte über Personen, denen Ratenrückstände, Kreditkündigungen, Mahn- und Vollstreckungsbescheide, ja sogar Lohn- und Gehaltspfändungen zur Last gelegt werden.

Umsonst ist trotz gegenseitiger Information die Einholung einer Schufa-Auskunft nicht. Pro Einzelauskunft müssen

2,50 DM bis 3,00 DM bezahlt werden. Möglich ist aber auch eine monatliche Pauschale zwischen 20 und 30 DM. Wenn Sie daran interessiert sind, in Erfahrung zu bringen, was über Sie bei der Schufa gespeichert ist, dann erhalten Sie gegen Zahlung von 10 DM eine Selbstauskunft.

Inzwischen hat sich über diese Auskunftsorganisation von Wirtschaft und Banken ein leichter Schatten gelegt. Die Datenschutzbestimmungen hierzulande lassen die bisher praktizierte automatische Speicherung von Kreditdaten nicht mehr so einfach zu, wie der Bundesgerichtshof am 19. September 1985 durch Urteil entschied. Inzwischen ist die sogenannte Schufa-Klausel wirksam geworden: Einzelheiten betreffend der Kreditvergabe für Warenkäufe (an Privatpersonen) dürfen nur mit persönlicher schriftlicher Einwilligung an die Schufa weitergegeben werden. Manche Zeitgenossen verschweigen aus Prinzip die Zusammenarbeit, auch wenn sie nichts zu verbergen haben. Hinzu kommt, daß mittelständische Firmen in Zukunft keine umfassenden Auskünfte mehr erhalten, was im Klartext bedeutet, daß zwar Unregelmäßigkeiten bei einer Kreditaufnahme und Rückführung an sie weitergeleitet werden dürfen, nicht jedoch eine Auflistung aufgenommener Kredite und eingegangener Bürgschaften.

Nach der neuen Schufa-Regelung sind Banken und Sparkassen außerdem verpflichtet, das Interesse von Kreditgebern und -nehmern bei der Weitergabe von Auskünften abzuwägen, das Risiko bei der Kreditvergabe an Privatpersonen so klein wie möglich zu halten und das persönliche (Daten-)Schutzbedürfnis des einzelnen zu berücksichtigen. Wie setzen Banken diese Forderung nun in die Praxis um?

Hören wir dazu im Originalton die Bestimmungen einer großen Geschäftsbank, die interessierte Kreditkunden wie folgt informiert:

»Nach den Diskussionen in der Öffentlichkeit über das sog. ›Bankauskunftsverfahren‹ hat sich folgende Regelung ergeben: Über Privatkunden werden nur noch dann Bankauskünfte erteilt, wenn der Kunde ausdrücklich zugestimmt hat.

Die Entscheidung darüber sollte vor allem dann sorgfältig von Ihnen geprüft werden, falls Sie auch geschäftliche Vorgänge über Ihr Konto abwickeln wollen. Hier kann die Erteilung einer bankmäßigen Auskunft durchaus vorteilhaft sein, zum Beispiel zur Anbahnung neuer Geschäftsverbindungen. Die Auskünfte betreffen in erster Linie Fragen zur Bonität des Kontoinhabers; sie enthalten in keinem Fall Einzelheiten über Kontostände, Kontobewegungen, Depotwerte oder Kreditlinien.

Falls uns von Ihnen keine ausdrückliche Zustimmung vorliegt, werden eventuelle Anfragen mit dem folgenden Satz von uns beantwortet: ›Über Privatkunden erteilen wir nach allgemeiner Übung im Kreditgewerbe ohne Zustimmung des Kunden grundsätzlich keine Auskunft.‹

Wir beraten Sie jederzeit gern über die für Sie empfehlenswerte Regelung.«

Eine Kreditkündigung darf erst an die Schufa gemeldet werden, wenn sie durch Zahlungsunfähigkeit oder -unwilligkeit herbeigeführt wurde. Gespeichert werden darf dagegen unmittelbar: eine fruchtlose Pfändung, Lohnpfändung, Ratenrückstand, uneinbringlich eingeklagte Forderung und ein erlassener Vollstreckungsbescheid. Ein Mahnbescheid kann nur gemeldet werden, wenn um die Rechtmäßigkeit der Forderung nicht mehr gestritten wird und sichergestellt ist, daß der Kunde nicht zahlen kann oder will.

Dennoch sind dies Details, die an der ›Institution Schufa‹ grundsätzlich nichts ändern. Im Gegenteil: Die Schufa-Auskunft ist nach wie vor von immenser Bedeutung, auch wenn die Aussagekraft eingeschränkt ist und durch andere Auskünfte (Selbstauskünfte, private Auskünfte) ersetzt wird.

Das Schufa-Verfahren ist also nur *gestrafft und präzisiert* worden. Der Tenor ist dahingehend, daß die Schufa nur informiert wird, wenn das Verhalten des Kunden auf Zahlungsunfähigkeit oder Zahlungsunwilligkeit hindeutet.

Was bedeutet das im Klartext? Welche Konsequenzen können wir daraus ziehen, und was läßt sich von diesen Informationen ummünzen in gediegenes Know-how? Nun, das erste Gebot im Umgang mit Banken lautet: Zahlen Sie immer pünktlich Ihre Kredite zurück! Lassen Sie sich nie ein Stäubchen auf Ihre weiße Weste kommen! Wichtige Informationen werden nach wie vor gespeichert.

Noch deutlicher: Wenn Sie einen Kredit von 10000 DM ordentlich zurückgezahlt haben, können Sie ohne weiteres das nächste Mal um ein Kreditvolumen von 20000 DM anfragen. Wenn Sie diese Summe brav und artig zurückgeführt haben, ist es möglich, bei der dritten Anfrage vielleicht schon über 30000, 40000 oder 50000 DM zu reden. Der nächste Schritt besteht darin, über 100000 DM zu sprechen. Ihre Seriosität wird für Sie sprechen. Über kurz oder lang können Sie über die Finanzierung einer (oder mehrerer) Immobilien sprechen und im Prinzip das Kreditvolumen systematisch steigern — immer vorausgesetzt, Sie haben keine dinglichen Sicherheiten und müssen den Kontakt mit der Bank ›von Null‹ aufbauen. Wenn Sie Häuser, Wertpapiere, Lebensversicherungspolicen usw. besitzen, müssen Sie natürlich nicht über einen Kredit von 10000 DM lange Verhandlungen führen. Aber ansonsten lautet das Gebot No. 1: Führen Sie jeden Kredit zuverlässig zurück! Lassen Sie sich *keine Unregelmäßigkeiten* zuschulden kommen.

Sie verderben sich Ihren Ruf, Ihre Kreditwürdigkeit, Ihre finanzielle Zukunft. Denn wenn Sie ›wirklich‹ einmal Geld brauchen, sind Sie nicht mehr kreditwürdig.

Wenn Sie tatsächlich einen kleinen Kredit nicht zurückzahlen können, so empfiehlt es sich eher, alle (privaten) Hebel in Bewegung zu setzen, um ihn doch zurückzuführen — und später einen größeren Kredit aufzunehmen. Aber lassen Sie sich nicht darauf ein, die Augen zu verschließen und anzunehmen, daß Ihnen ohnehin nichts passieren kann.

Vertrauen muß man aufbauen. Es ist eine Politik der kleinen Schritte. Und es hilft nichts, über die Ungerechtigkeiten der Schufa zu lamentieren. Gewisse Methoden werden sich die Banken immer einfallen lassen (müssen), um die Glaubwürdigkeit und damit auch die Kreditwürdigkeit eines Kunden zu überprüfen.

Wie lange speichert die Schufa nun Daten über Kredite? Zunächst einmal bleibt der von Ihnen aufgenommene Kredit bis zur vollständigen Rückzahlung in der Kartei. Weitere fünf Jahre werden sie noch als ›erledigte Kredite‹ geführt. Umgekehrt werden sogenannte ›Negativmerkmale‹ nach drei, höchstens vier Jahren wieder gelöscht. Lassen Sie sich jedoch nicht darauf ein, darauf zu hoffen, daß die Daten nach einer gewissen Zeit ohnehin gelöscht werden. Ihr Banker wird es nicht vergessen, wenn Sie ihn an der Nase herumgeführt haben.

Eine Ausnahme sei zugestanden, da Sie über die Schufa auch einmal kräftig fluchen dürfen. Nehmen wir an, F. F. aus Dü. hat zur Finanzierung eines größeren Objektes einen Vermögensberater eingespannt, der ihm auch den Gang zur Bank abnimmt. Herr. F. F. hat alle Karten auf den Tisch gelegt. Grundsätzlich ist man optimistisch, daß die Finanzierung steht, sprich, daß notwendige Kredite von der Bank gewährt werden. Wenige Tage später liegt die Nachricht der Bank auf dem Tisch: Man winkt höflich, aber bestimmt ab. Der Vermögensberater zweifelt an der Seriosität F. F.s. Schließlich veranlaßt er ihn, eine *Selbstauskunft* bei der Schufa einzuholen. Es stellt sich heraus, daß in der Schufa-Auskunft ein Darlehen als nicht getilgt geführt wird, obwohl Herr F. F. alles fein säuberlich zurückgezahlt hat.

Mit anderen Worten: Es lohnt sich wirklich, von Zeit zu Zeit einmal eine Selbstauskunft bei der Schufa einzuholen. Mit zehn Mark sind Sie dabei, sofern Sie als ständiger Kreditnehmer an einer lückenlosen und vor allem richtigen Schufa-Auskunft interessiert sind.

Im übrigen verfügen Profis schon lange über andere Möglichkeiten, Auskünfte einzuholen: Sie konsultieren einfach private Auskunfteien, die gegen Entgelt Nachforschungen anstellen und diese an die Auftraggeber weitergeben. In diesen Auskünften wird auch über persönliche Daten und Verhältnisse berichtet, über Verflechtungen und Beteiligungen an anderen Unternehmen und über die Zahlungsmoral. Selbstredend, daß auch über aufgenommene Kredite und finanzielle Verpflichtungen ein Kapitel geschrieben wird. Desgleichen kann man sich über die Größe des Betriebes, das Betriebskapital, die Prokura und die Zeichnungsvollmacht informieren. Ein Auszug aus dem Handelsregister, (Quelle: das Amtsgericht vor Ort) liefert ebenfalls wichtige Hinweise über ein Unternehmen.

Alles in allem kann man nur konstatieren, daß es *naiv* ist, zu glauben, daß Banken (oder auch jedes andere wirtschaftliche Unternehmen) nicht in der Lage sind, den finanziellen Status quo einer Person zu ermitteln.

Banken müssen sich gewisse Informationen aus anderen Quellen besorgen: So interessieren sie zum Beispiel Angaben über die Höhe des Einkommens, über die monatlichen Zahlungsverpflichtungen des Antragstellers und über die Vermögensverhältnisse des Kunden. Auch die persönliche Darstellung spielt eine Rolle. Hier eröffnet sich allerdings ein beträchtlicher Spielraum für den Kunden, auf den wir später noch detailliert eingehen werden.

Auf einen Blick

1. Versuchen Sie, den Gesichtspunkt des Bankers einzunehmen, der eine Unzahl von Paragraphen und Vorschriften zu beachten hat. Die Ausbildung des Bankers ist auf die Eingrenzung von Risiken angelegt. Oft wird das ›Vier-Augen-Prinzip‹ angewandt.

2. Das Kreditwesen unterliegt staatlicher Aufsicht und wird durch das Kreditwesengesetz geregelt. Entscheidenden Einfluß auf die Kreditpolitik einer Bank nimmt die Bundesbank. Das Verhalten der Geld- und Kapitalmärkte ist ein weiterer Faktor.

3. Großkredite/Einzelkredite, die 15% des haftenden Eigenkapitals der Bank erreichen oder überschreiten, sowie jeder Kredit von 1 Million DM an aufwärts sind meldepflichtig.

4. § 18 des KWG bestimmt, daß Auskünfte über Kreditnehmer einzuholen sind. Die Schufa bietet durch ihre gespeicherten Kreditauskünfte Hilfestellung bei der Kreditvergabe. In ihren Karteien sind Daten über mehr als 20 Millionen Bundesbürger gespeichert. Sie informiert über Abzahlungsgeschäfte, Ratenkredite, Miet- und Leasingverträge, Unregelmäßigkeiten bei der Kreditrückführung, Kreditkündigungen, Ratenrückstände, Mahn- und Vollstreckungsbescheide, Lohn- und Gehaltspfändungen.

5. Bankauskünfte über Privatpersonen werden künftig nur nach deren ausdrücklicher Zustimmung erteilt.

6. Die Schufa speichert Kredite bis zur vollständigen Rückzahlung – plus fünf Jahre! ›Negativmerkmale‹ werden nach drei bis vier Jahren wieder gelöscht.

7. Es gibt viele Möglichkeiten, über Privatpersonen oder Unternehmen Auskunft einzuholen: Es existieren private Auskunfteien, die über Zahlungsmoral, Verflechtungen und Beteiligungen an Unternehmen, finanzielle Verpflichtungen, die Höhe des Betriebskapitals usw. (gegen Entgelt) informieren. Desgleichen liefert ein Auszug aus dem Handelsregister wichtige Hinweise über ein Unternehmen.

8. Das erste Gebot im Umgang mit Banken lautet: Zahlen sie jeden Kredit pünktlich und ordnungsgemäß zurück.

VII. Vertraulich!
Kreditgrundsätze der Banken

Kennen Sie den? Ruft ein Banker seinen Kunden an und sagt: »Hören Sie, Herr Meier, Sie sind mit Ihrem Konto um 20000 DM in den Miesen, und zwar schon lange. Wie stellen Sie sich das eigentlich vor?« Erwidert der Kunde: »Ich weiß überhaupt nicht, was Sie wollen, warum rufen Sie mich denn an?«

»Ja, weil Sie Schulden haben wie ein Gardeleutnant!«

»Na«, meint der Kunde, »jetzt will ich Ihnen mal was sagen: Schaun Sie, vor drei Monaten, da war ich mit 20000 DM im Plus. Hab' ich Sie da angerufen und gesagt, jetzt bin ich mit 20000 DM im Plus?«

Nun, so schön sich das in der Theorie anhört, in der Praxis können Sie damit wenig anfangen. Aber bemühen wir uns um Seriosität. Was ist von ›vertraulichen Kreditgrundsätzen‹ zu halten? Existieren sie überhaupt? Nun, es gibt sie in der Tat: die vertrauliche Kreditprüfliste der Banken, die der Sachbearbeiter unauffällig zwischen seinen Papieren hin- und herschiebt, während er mit Ihnen verhandelt; es sei denn, es handelt sich um einen ›alten Fuchs‹, der sein Metier aus dem Effeff kennt. In diesem Fall arbeitet er ohne Spickzettel und zieht Ihnen aus dem Stegreif die Antworten aus der Nase.

Betrachten wir die Fragen im Detail. Was will der Banker (oder der Sachbearbeiter) von Ihnen wissen? Dazu *seine* Checkliste:

Wer hat Sie (den Kunden!) in die Bank
eingeführt? _____

Welche Kreditart ist erwünscht? _____

Was ist der Verwendungszweck? _____

Wie hoch soll der Kredit sein? _____

Welche Laufzeit ist geplant? _____

Wie soll die Rückzahlung vonstatten
gehen? _____

Darüber hinaus stellt sich den Banken
sozusagen privat einige weitere Fragen.
Konkret:

Welche Erfahrungen existieren bezüglich
früheren Kreditabwicklungen? _____

Auf welche (zuverlässigen) Auskünfte
über den Kunden kann man zurückgreifen? _____

Bestehen für den Kunden Möglichkeiten,
Kredite bei anderen Banken zu erhalten? _____

Ist diese Aussage nachprüfbar? _____

Welcher Zielgruppe gehört der Kunde
an? _____

Welche Vorteile bringt diese Geschäftsverbindung der Bank? _____

Natürlich können noch weitere Fragen gestellt werden, abhängig von dem individuellen Fall. Prinzipiell wird der Kunde unter den Gesichtspunkten *Kreditfähigkeit* und *Kreditwürdigkeit* beurteilt. Die Kreditfähigkeit resultiert aus der finanziellen Situation, die Kreditwürdigkeit schließt die persönliche Beurteilung ein. Erst nach einer gründlichen Bilanzanalyse und der Überprüfung der Gewinn- und Verlustrechnung werden Sie taxiert. (1) Als privater Kunde weisen Sie sich durch die *Selbstauskunft* und Ihren *Vermögensstatus* aus. (2) Als Selbständiger verfügen Sie über eine *Einnahmen/Ausgaben-Überschußberechnung*, die Grundlage für Ihre Einkommensteuer ist. (3) Als unselbständig Tätiger belegen Sie Ihr Einkommen durch *Lohn-* und *Gehaltsbescheinigungen* Ihres Arbeitgebers.

Sorgen Sie dafür, daß die entsprechenden Unterlagen *vor* dem Gespräch mit den Banken fein säuberlich vorbereitet sind. Mit guter Organisation kann man Schlachten gewinnen. Den Themen ›Selbstauskunft‹ und ›Einnahmen/Ausgaben-Überschußrechnung‹ haben wir kaum mehr etwas hinzuzufügen. Aber hinsichtlich Ihres privaten Vermögensstatus und Ihrer Selbstdarstellung gibt es einige Tips und Tricks.

So fragt der auf Sicherheit bedachte Banker zumindest nach Ihren beruflichen Kontakten sowie nach der Person, die Sie in die Bank eingeführt hat. Er entscheidet, welche Gewichtung diese Einführung besitzt. Außerdem interessiert ihn brennend, wie der Kreditkunde sein Ansinnen begründet. Schlechte Karten besitzt wer bisher noch nicht mit der Bank zusammengearbeitet hat und wer ein zweitklassiges Entree besitzt. Solche Personen werden oft, allzuoft, ohne nähere Prüfung abgelehnt. Auf Glatteis begeben Sie sich außerdem, wenn Sie als guter Kreditnehmer Kontakte zu kreditunwürdigen Leuten pflegen! Das Kreditrisiko wird höher eingestuft, speziell dann, wenn befürchtet wird, daß dieser Kreditantrag bereits von anderen Banken abgelehnt wurde. Außerdem muß der Verwendungszweck geprüft werden.

In diesem Zusammenhang ein offenes Wort: Sagen Sie nicht die Unwahrheit. Kaschieren Sie Ihre Absichten nicht mit leicht durchschaubaren Märchen.

Schließlich wird die gewünschte Laufzeit und die volle Summe des Kredites von der Bank entweder akzeptiert, oder der Kredit wird abgelehnt. Also müssen Sie sich *vorher* genauestens überlegen, *wieviel* Sie *für welche Laufzeit* benötigen. Halbheiten akzeptiert und gewährt die Bank nicht. Üblicherweise folgt nach diesem Präludium eine lange ›Latte‹ von Vorschriften für Betriebe, nach denen der Banker seine Kreditprüfung auslegt. Die Betriebsanalyse umfaßt auch Fragen nach der Größe der Belegschaft, der örtlichen Lage des Unternehmens und seiner Verkehrsanbindung, den Räumlichkeiten und der Organisation. Eingehend erkundigt sich die Bank nach dem geschäftlichen Ruf des Unternehmens.

Schließlich wird noch die Produktpolitik und die bestehende Unternehmensplanung durchleuchtet. Von besonderer Wichtigkeit sind Aussagen über die Zukunft des Unternehmens. In diesem Zusammenhang ein Rat von immenser Bedeutung: Wenn Sie eine Prognose über Ihre Firma abgeben, so stapeln Sie lieber tief! Mit anderen Worten: Deuten Sie nie an, daß eine ungeheure Expansion eintreten wird – wenn das nicht wirklich vorhersehbar ist und Ihr Banker nach einem Jahr feststellen kann, daß Sie falsch prognostiziert haben. Die Kunst besteht darin, eine Aussage über die Zukunft des Unternehmens abzugeben, die nicht nur gehalten, sondern sogar übertroffen wird! In diesem Fall wird der Banker registrieren, daß Sie ein Mensch sind, der Fakten und Entwicklungen einschätzen kann. Sein Vertrauen wächst. Und im kommenden Jahr wird er den Kredit ohne zu zögern aufstocken.

Die Finanzanalyse, die zur Feststellung der Kreditfähigkeit führen soll, resultiert in der Feststellung der *Liquidität* Ihres Unternehmens, aus dessen Geldern letztlich der Kredit zurückgeführt und die Zinsen erbracht werden müssen. Liquidität ist gleichzusetzen mit dem Nachweis Ihrer Ertragskraft.

Betrachten wir nun das Kapitel ›Sicherheit‹ etwas genauer: Den Sicherheiten für den Kredit wird selbstredend besondere Aufmerksamkeit zuteil. Sicherheiten sollten ›werthaltig‹ sein, damit aus ihnen im Falle des Falles der Kredit zurückgeführt werden kann. Für die Bank ist es von Bedeutung, daß sie unmittelbar Zugriff zu diesen Sicherheiten besitzt. ›Sicherheit‹ bedeutet also im Klartext Vollmachten, Ermächtigungen, vollzogenen Abtretungen, Übereignungen oder Eintragungen.

Die Banken akzeptieren alle ›bankmäßigen Sicherheiten‹, wie der schöne Fachausdruck dafür lautet. Bardeckung, Wertpapierdeckung und Grundpfandrechte sind Worte, die den Banker beruhigen. Der Kreditsachbearbeiter ist jedoch gehalten, Vorsicht walten zu lassen bei prämienbegünstigten Sparverträgen und angesparten Bausparverträgen. Wertpapiere sollten an den Börsen im In- und Ausland handelbar sein und kein allzu großes Risiko, möglich durch beträchtliche Kursschwankungen, in sich tragen. Abtretungen von Lebensversicherungen sind den Banken als Sicherheit jedoch hochwillkommen. Sie werden in der Regel in Höhe des Rückkaufswertes beliehen. Im Versicherungsfall (Tod des Versicherungsnehmers) ist die Möglichkeit der Kreditrückführung immer gegeben. Ein Hinweis in diesem Zusammenhang: Banken versuchen manchmal, den Kreditnehmer zum Abschluß einer Lebensversicherung zu bewegen — und zwar zugunsten der Bank. Auch eine Risikolebensversicherung wird akzeptiert. Prinzipiell kann man dazu raten.

Unternehmen schließlich können als Sicherheit die Abtretung von Warenforderungen anbieten. Die Sicherungsübereignung von Kraftfahrzeugen (Übergabe des Kraftfahrzeugbriefes) erfolgt nur in Höhe von 50% des Verkehrswertes. Außerdem müssen die Fahrzeuge Vollkasko versichert sein. Eine Überprüfung der Betriebssicherheit ist in bestimmten Abständen vorzunehmen. Sicherheiten, die durch Kfz und Betriebseinrichtungen geboten werden, sind in der Regel problematisch. Zumeist werden sie nur als Zusatzsicherheit gewertet. Auch die Sicherungsübereignung von Warenlagern betrachten die Banken als bedenklich aufgrund des möglichen Eigentumsvorbehaltes der Lieferanten.

Eine weitere Form der Kreditabsicherung besteht darin, daß man *Bürgschaften* stellt. Natürlich muß hierzu eine Auskunft über den Bürgen eingeholt werden. Der Bürge sollte ein Konto bei der kreditgebenden Bank unterhalten und über Deckungsmittel für diese Bürgschaft verfügen. Der Bürge seinerseits muß sich darüber im klaren sein, daß er nicht nur für die Bürgschaftssumme haftet, sondern auch für die entstehenden Kosten, die Zinsen und Gebühren also. Im übrigen unterscheiden Fachleute mehrere Arten von Bürgschaften:

1 Bei der ›selbstschuldnerischen‹ Bürgschaft haftet der Bürge immer unbeschränkt. Die Bank ist berechtigt, den Bürgen in gleicher Weise für die Rückzahlung des Kredits in Anspruch zu nehmen wie den Hauptschuldner.
2 Die sogenannte ›Höchstbetragsbürgschaft‹ besitzt die gleichen Merkmale wie die selbstschuldnerische Bürgschaft. Allerdings ist hier ein Höchstbetrag festgeschrieben, für den gebürgt wird.
3 Wird die Haftung des Bürgen auf den ›Ausfall‹ beschränkt, den ein Kreditgeber erleidet, so spricht man von einer ›Ausfall- oder Schadlosbürgschaft‹. Hier kann der Bürge erst dann zur Kasse gebeten werden, nachdem der Gläubiger versucht hat, vom Hauptschuldner das Geld zu erhalten, und dabei einen ›Ausfall‹ erlitten hat.
4 Mitunter verbürgen sich mehrere Personen für einen Kredit. Eine solche Konstellation nennt man ›Gesamtbürgschaft‹. Im Falle einer Inanspruchnahme werden *nicht* alle Bürgen gleichmäßig zur Kasse gebeten. Wird die Bürgschaft wider Erwarten fällig, kann die Bank alle Bürgen für Teilbeträge, aber auch einen Bürgen für den Gesamtbetrag zur Kasse bitten, der dann allerdings gegenüber den anderen einen Ausgleichsanspruch besitzt. Verbürgen sich mehrere Personen für Teilbeträge, so nennt man dies eine ›Teilbürgschaft‹.

Ohne diese ›Sicherheiten‹ bewegt sich allerdings wenig, auch wenn die Bankenwerbung das Gegenteil suggeriert. Kreditinstitute betreiben eine offensive Werbung um jeden einzelnen Kunden. Aus »Stadtluft macht frei« aus dem Mittelalter entwarfen findige Texter den Slogan »Geld macht frei«. Die Bankenwerbung versucht weiszumachen, daß man nur die betreffende Filiale aufsuchen müsse, um sofort an das Ziel aller Wünsche zu gelangen. Reicht die monatliche Zuwendung vom Staat, von den Eltern oder vom Ausbildungsbetrieb nicht, dann hilft ja, so wird speziell jungen Menschen suggeriert, die verständnisvolle Bank mit dem Überziehungskredit.

Glauben Sie jedoch keinen Ammenmärchen oder markigen Sprüchen wie: »Problemlose Kreditgewährung, Sie kommen unterschreiben und nehmen das Geld sofort mit.« Hierbei handelt es sich schlicht und ergreifend um sogenannte ›Aufreißer‹ in der Werbung. Die Bankenpraxis hat sich keineswegs so stark geändert, daß heutzutage nur ein Gang zum Kassenschalter genügt, um einen Kredit in die Tasche zu stecken. Noch immer muß man sein Sprüchelchen aufsagen. Der Banker beleuchtet Ihre Situation wie eh und je. Immer noch sind zwei Punkte für das Kreditinstitut abzuklären: Zum einen, ob die Person die Rückzahlungsraten aufgrund ihres Einkommens aufbringen kann? Zum anderen, aus welcher Quelle das Geld fließen wird, wenn die Rückzahlungen ins Stocken geraten? Welche Sicherheiten kann also der Kunde bieten?

Einkommen und Sicherheit sind immer die Schlüsselpunkte. Stimmt das Einkommen oder ist der Verdienst erfreulich hoch, dann kann beim Konsumentenkredit auf Sicherheiten verzichtet werden, jedenfalls bis zu einer bestimmten Größenordnung. Das Problem bei Verhandlungen mit der Bank besteht oft darin, daß der Kunde keine oder nur wenig Kenntnis von Mechanismen besitzt, die Entscheidungen für oder gegen ihn beeinflussen. Deshalb gehen viele Zeitgenossen unvorbereitet zur Bank und beantragen einen Kredit. Und verlieren. Es gibt im Grunde dazu nur eine Alternative: aggressiv vorzugehen, zu erfragen, zu hinterfragen, zu sehen, was will der ›Partner Bank‹, nach Lösungen zu suchen, diese anzubieten und sich gründlich *vorzubereiten*.

Von immenser Wichtigkeit ist für den Banker die Angabe über den Verbleib und Zweck des geliehenen Geldes. Man muß wissen, daß zwar leichten Herzens Geld für ein Auto, eine Fotoausrüstung oder eine Wohnungseinrichtung geliehen wird, aber schon bei dem Besuch eines wertvollen, aber teuren Seminars kneifen viele Banken. Schließlich kann man den immateriellen Wert einer solchen Veranstaltung nicht ermessen, nicht anfassen. Auch Reisen werden weniger gern finanziert. Die meisten Banken und ihre Kreditsachbearbeiter sind ganz einfach materiell orientiert. Philosophie, Kunst und das Wahre, Schöne und Gute interessieren sie herzlich wenig. Im gegebenen Fall gilt es also, die Vorteile und wirtschaftlichen Aspekte einer bestimmten Veranstaltung hervorzuheben. Ein Seminar als berufliche Ergänzung, eine Studienreise zur Ausweitung des allgemeinen Bildungshorizonts — solche Töne klingen bereits ganz anders in Bankerohren.

Um in einem Zweifelsfall zum Erfolg zu kommen, müssen Sie Ihr Gegenüber, den Banker oder den Sachbearbeiter, genau unter die Lupe nehmen und einschätzen können. Fragen Sie sich: Wie stellt sich der Banker persönlich, privat, zu meinem Anliegen? Wollen Sie ein Seminar finanzieren, dann treffen Sie vielleicht auf einen Sachbearbeiter, der sich dafür begeistert, daß ›so etwas‹ überhaupt stattfindet. Ihr Kredit wird dann wahrscheinlich genehmigt. Ein anderer Sachbearbeiter ist vielleicht materiell eingestellt und schert sich nicht um Ihren Idealismus. Prinzipiell nickt er nur mit dem Kopf bei Krediten für reale Wertgegenstände: Autos, Immobilien, vielleicht eben noch für Kunstgegenstände. Bei Seminaren winkt er müde ab. Hier tritt ein persönlicher Faktor ins Spiel. Von Bedeutung ist darüber hinaus die Summe der Erfahrungen, die ein Sachbearbeiter während seiner Laufbahn gemacht hat. Negativen Erfahrungen in puncto Kreditgewährung kann man unter Umständen durch aufmerksames Zuhören begegnen. Vergessen Sie nicht: Banker sind Menschen, wenn man auch persönlich vielerlei Vorbehalte gegen das System geltend machen kann.

Jedoch: Ein Banker, der von vorgesetzter Stelle einmal eine Rüge für eine leichtfertig gegebene Kreditzusage einstecken mußte, wird sich hüten, den gleichen Weg nochmals zu beschreiten. Hier ist Fingerspitzengefühl notwendig, das man nicht auf mechanische Tips reduzieren kann. Gute Partnerschaft setzt — wie bereits mehrfach erwähnt — voraus, daß Sie einen persönlichen Draht zur Bank besitzen und diesen in

Ihrem eigenen Interesse hegen und pflegen. Partnerschaft fängt damit an, daß Sie zu ›Ihrer‹ Bank gehen und vielleicht einzelne Angestellte und den Banker persönlich mit Namen grüßen. Nach einer Weile kennt und schätzt Sie der Banker und spricht Sie mit Namen an. Ihm sind Ihre Kontobewegungen vielleicht kein unbeschriebenes Blatt. Besteht zu Beginn kein persönlicher Kontakt, dann sollten Sie ihn umgehend herstellen. Führen Sie mit dem Banker ein Gespräch, lassen Sie Privates einfließen, damit er eine ›Idee‹ von Ihnen erhält und Ihre Person einschätzen lernt.

Tatsächlich kann man soweit gehen, einen säuberlich getippten und professionell aufbereiteten Lebenslauf dem Banker in die Hand zu geben. Ein heißer Tip besteht darin, die persönlichen, privaten, finanziellen Vermögensverhältnisse optisch ansprechend aufzubereiten. Dadurch (1) kennt sich der Banker in Ihren finanziellen Verhältnissen aus und weiß (2), daß er es mit einem Profi zu tun hat – oder zumindest mit einer Person, der daran gelegen ist, alles zu tun, um ihm seine Arbeit zu erleichtern.

Sie sind also gut beraten, wenn Sie Ihre finanziellen Verhältnisse schriftlich niederlegen. Manchmal kommt man zu ganz bemerkenswerten Ergebnissen und erkennt, daß man mehrere 100 000 DM ›schwer‹ ist – allein was den Besitz von Einrichtungsgegenständen anbelangt. Gerüstet und gewappnet mit solchen Papieren sind Sie wirklich die berühmte Nasenlänge voraus. Listen Sie also Ihren Besitz auf – unterschieden in Aktiva und Passiva. Nehmen Sie sich dafür Zeit – es lohnt sich. Geben Sie dem Banker eine Kopie, und beschließen Sie, nie mehr unvorbereitet ein Gespräch mit einem Kreditfachmann zu beginnen.

Aber selbst bei ausgezeichneter Vorbereitung ist der persönliche Kontakt durch nichts zu ersetzen. Taucht wirklich einmal ein Problem auf und ist ein ›Draht‹ etabliert, so wird der Banker umgekehrt bemüht sein, Ihnen bei der Lösungsfindung zu helfen. Ist Ihre Bonität über jeden Zweifel erhaben und es *mangelt* an persönlichem Kontakt, so wirkt sich eine solche Konstellation unter Umständen negativer aus, als wenn Ihre Bonität zu wünschen übrig läßt, der Kontakt aber vorzüglich ist. Selbst bei besten Auskünften wird die Bank Fremden immer mit einer gewissen Reservierung begegnen.

Ein weiterer Tip in diesem Zusammenhang: Halten Sie Ihren Banker informiert – immer!

Konkret heißt das: Teilen Sie ihm zum Beispiel Ihre Ideen mit und, was unschätzbar ist, rufen Sie gelegentlich an und geben Sie ihm ab und zu eine *Erfolgsmeldung* durch, wenn das Geschäft hervorragend läuft. Wenn sich mit einem Kredit also ein Idee hat verwirklichen lassen, so informieren Sie den Banker. Der Kreditsachbearbeiter sieht nämlich Sie und die Kontobewegungen üblicherweise *nicht*.

Der Banker schaltet sich nur ein, wenn mit einem Kredit etwas Unvorhergesehenes passiert, wenn das Konto also überzogen ist. Drehen Sie also den Spieß einfach einmal um und geben Sie Erfolgsberichte durch!

Dieses kleine, winzige Stückchen Technik, das sich so bescheiden und unkompliziert ausnimmt, kann tatsächlich Berge versetzen. Denn wie gesagt: Pleiten, nicht zurückgeführte Kredite, *Ärger* – das ist das tägliche Brot des Bankers. Wie wohltuend hebt sich während eines Arbeitstages ein Telefongespräch zwischen Ihnen und dem Banker vom üblichen Bankenärger ab, wenn Sie ihm von erfolgreich abgeschlossenen Geschäften oder einer Beförderung innerhalb Ihrer Arbeitsstelle berichten. Unter Umständen können Sie sogar auf zukünftige, noch zu finanzierende Unternehmen vorsichtig hinweisen. Den wenigsten Bankkunden ist bekannt, welch ein Vertrauenspotential hier schlummert. Viele suchen die Bank erst auf, wenn sie dringend zusätzliches Geld benötigen. Die Verwunderung ist dann groß, wenn Sie sich bis zur Kreditsuche schier unüberwindlichen Hürden gegenübersehen. Wenn Sie von Zeit zu Zeit über eine Bank Finanzierungen durchführen müssen, dann stellen Sie schon *frühzeitig* ein Vertrauensverhältnis her.

Und noch ein Tip: Nehmen wir an, Sie wissen, daß Sie Ihren *Kreditrahmen* überziehen müssen. Eine der ungeschriebenen Katechismusregeln im Bankgewerbe brandmarkt dies jedoch als Todsünde.

Es empfiehlt sich also nicht, mehr Geld in Anspruch zu nehmen, als es der vereinbarte Kreditrahmen eigentlich gestattet. Geht man über den (vereinbarten) Kreditrahmen hinaus und jongliert mit Geld, das man nicht besitzt, programmiert man einen Vertrauensbruch vor. Nehmen wir dennoch an, daß ein solcher Fall eintritt. Es zeichnet sich also ab, daß der vereinbarte Kreditrahmen kurzfristig nicht ausreicht. Die Goldene Regel lautet hier: Informieren Sie Ihre Bank! Rufen Sie den Banksachbearbeiter umgehend an, nennen Sie den Grund und setzen Sie selbst einen Termin für die Rückführung des zuviel genommenen Betrages. Legen Sie sich eindeutig fest, und halten Sie sich strikt daran. Wenn die Bank zum Beispiel weiß, daß das Geld zum nächsten 30. wieder hereinfließt, wird sie Ihr Vorgehen wahrscheinlich tolerieren. Halten Sie solche Verabredungen jedoch nicht ein, dann verscherzen Sie sich wirklich das Vertrauen der Bank.

Betrachten wir einmal eine konkrete Situation:

Ein Geschäftsmann befindet sich in den USA zum Beispiel und könnte kurzfristig ein hochinteressantes Business in die Wege leiten. Er weiß jedoch, daß das Geschäft seinen Kreditrahmen sprengen würde. Also greift er umgehend zum nächsten, in seiner Nähe befindlichen Telefon, ruft ›seinen‹ Banker an, informiert ihn über das Business – *und* teilt ihm mit, daß er den Betrag innerhalb 20 Tagen wieder zurückführen wird, exakt bis zum …! Können Sie sich vorstellen, daß der Banker hochzufrieden ist?

Stellen Sie sich darüber hinaus eine andere Situation vor, und versetzen Sie sich einmal wirklich und wahrhaftig in einen Banker: Er sitzt jeden Tag in seinem Büro, regelmäßig werden ihm Computerauszüge über laufende Kredite vorgelegt. Wenn etwa alles seinen ordnungsgemäßen Gang nimmt, braucht er sich über nichts aufzuregen. Erkennt er jedoch einen Namen und eine Zahl, wo (ungefragt) das Kreditlimit überschritten wurde, so muß er diesen Kunden anmahnen lassen. Was ist die Folge? Er schließt daraus, daß es sich um eine unzuverlässige Person handelt, die ihm das Geschäft und die gute Laune verdirbt.

Umgangssprachlich ausgedrückt: Er ist stinksauer auf diesen Zeitgenossen.

Liest er jedoch seine sauber ausgedruckten Computerauszüge durch und sieht, daß Sie Ihren Kreditrahmen überschritten, aber vorher angerufen haben, so denkt er: »Na, Gott sei Dank, endlich einmal ein Mensch, der vorher Bescheid gibt. Hier bin ich informiert. Alles in Ordnung!« Dieser Banker braucht sich keine Sorgen zu machen. Er wird insgeheim wünschen, daß alle Kunden so zuverlässig handeln wie Sie. Sie haben ihn informiert. Sie haben ihn tagsüber nicht um seine Ruhe und nachts nicht um seinen Schlaf gebracht. Bei diesem Procedere haben Sie keineswegs weniger Kredit erhalten als der Zeitgenosse, der glaubte, er könne sich vor der Verantwortung drücken, wenn er nur den Mund hielte. Nun, der Banker erhält *immer* seine fein säuberlich ausgedruckten Computerauszüge. Er kann, er darf gar nicht anders vorgehen, als Sie anzumahnen, wenn Sie sich solche Ausrutscher leisten. Der Computer erinnert ihn penetrant an seine Pflicht. Also, tun Sie sich selbst den Gefallen und *informieren* Sie Ihren Banker.

Auf einen Blick

1. Die vertrauliche Checkliste bei Banken:
- Wer hat Sie (den Kunden) in die Bank eingeführt?
- Welche Kreditart ist erwünscht?
- Was ist der Verwendungszweck?
- Wie hoch soll der Kredit sein?
- Welche Laufzeit ist geplant?
- Wie soll die Rückzahlung vonstatten gehen?
- Welche Erfahrungen existieren bezüglich früherer Kreditabwicklungen?
- Auf welche (zuverlässigen) Auskünfte über den Kunden kann man zurückgreifen?
- Bestehen für den Kunden Möglichkeiten, Kredite bei anderen Banken zu erhalten?
- Ist diese Aussage nachprüfbar?
- Welcher Zielgruppe gehört der Kunde an?
- Welche Vorteile bringt diese Geschäftsverbindung der Bank?

2. Banken beurteilen Kunden nach der *Kreditfähigkeit* und der *Kreditwürdigkeit*. Die Kreditfähigkeit bezeichnet die finanzielle Situation, die Kreditwürdigkeit die persönliche Beurteilung. (1) Als privater Kunde weisen Sie sich durch die *Selbstauskunft* und Ihren *Vermögensstatus* aus. (2) Als Selbständiger verfügen Sie über eine *Einnahmen/ Ausgaben-Überschußberechnung,* die Grundlage für Ihre Einkommensteuer ist. (3) Als unselbständig Tätiger belegen Sie Ihr Einkommen durch *Lohn-* und *Gehaltsbescheinigungen* Ihres Arbeitgebers.

3. Sie müssen sich *vor* dem Bankengespräch überlegen, wieviel Sie für welche Laufzeit brauchen. Legen Sie vorher alle Details fest, und gehen Sie nach einem ›Schlachtplan‹ vor.

4. Sicherheiten sollten ›werthaltig‹ sein, wie zum Beispiel Vollmachten, Ermächtigungen, vollzogene Abtretungen, Übereignungen oder Eintragungen.

5. Als Sicherheiten können gelten: Bardeckungen, Wertpapierdeckungen, Grundpfandrechte und Lebensversicherungen. Kritisch sind prämienbegünstigte Sparverträge und Bausparverträge. Auch Kfz- und Betriebssicherungen sind nur von (bedingtem) Wert.

6. Man unterscheidet zwischen selbstschuldnerischen Bürgschaften, Höchstbetragsbürgschaften, Ausfallbürgschaften und Gesamt- und Teilbürgschaften.

7. Legen Sie Ihre Karten offen auf den Tisch, was den Zweck des Kredites anbelangt. Generell gilt: Geld für Autos, Fotoausrüstungen, Wohnungseinrichtungen (materielle Werte) ist leichter zu erhalten als Geld für Seminare oder Reisen etwa (ideelle Werte). Aber: Man kann ideelle Ziele materiell vorstellen. Und es existiert ein ›persönlicher Faktor X‹.

8. Bauen Sie systematisch persönliche Beziehungen auf. Gute Kontakte sind oft wichtiger als Bonität. Geben Sie Erfolgsmeldungen durch.

9. Bereiten Sie auch als Privatmann Ihre Vermögensverhältnisse optisch ansprechend auf.

10. Eine goldene Bankregel: Informieren Sie bei einer Kreditüberziehung die Bank *vorher*.

VIII. Die Ideenkiste: Kreditgeber

Wußten Sie, daß die Bundesbürger nicht nur Meister im Geldverdienen, sondern auch im Schuldenmachen sind? Nach den USA rangieren sie an zweiter Stelle. Mit 12 000 DM durchschnittlich steht jede Familie hierzulande in der Kreide.

Andererseits verfügen die Kreditinstitute zur Zeit auch über nicht eben wenig Geld, das sie zinsbringend ausleihen wollen. Diese Marktsituation erlaubt dem umworbenen Kunden momentan das Feilschen um Prozente bei Zinsen und Bankgebühren. Denn obwohl die Banken jetzt gemäß einer *Preisangabenverordnung* Klarheit in ihren Gebührensalat bringen sollen, findet sich inzwischen selbst ein gewiefter Bankkunde nicht mehr so ohne weiteres zurecht. Kritiker sprechen sogar von Vernebelungstaktiken.

Lassen wir es bei diesen Anmerkungen bewenden. Hüten Sie sich jedoch vor folgender Fallgrube: Einige Zeitgenossen sind auf Banken in puncto Kreditvergabe schlecht zu sprechen. Sie argumentieren, daß es mitunter ungeheuer schwierig sei. Gut, zugegeben! Manchmal trifft es zu, daß ein Kreditantrag gestellt wurde und die Bank nicht anbeißt. Aber warum ist eine Bank manchmal mitnichten über eine Geschäftsexpansion erfreut? Ganz einfach, weil die vertrauensbildenden Maßnahmen zu wünschen übrig ließen.

Deshalb unser Tip: Pilgern Sie zur Bank, wenn Sie *noch keinen* Kredit benötigen! Ihre Verhandlungsposition ist in diesem Fall ungleich stärker. Geld *ist* vorhanden – für den Kunden, der es verstanden hat, *vorher* etwas für seine Bonität zu tun.

Aus welchen Quellen kann der Bankkunde schöpfen? Glücklicherweise existieren eine ganze Anzahl von Möglichkeiten. Die Palette ist vielfarbig.

(1) Sowohl bundesdeutsche *Beamte* als auch *Angestellte* des *öffentlichen Dienstes* besitzen bei den Banken einen besonderen Bonus: Ihre Bonität wird von vornherein höher angesetzt als die anderer Arbeitnehmer. Solange der Beamte keine silbernen Löffel stiehlt, ist der Arbeitsplatz garantiert. Desgleichen genießen Arbeitnehmer im öffentlichen Dienst nach einigen Jahren der Anstellung das Privileg der Unkündbarkeit. Deshalb sind Beamte und Angestellte von Behörden gern gesehene Kreditkunden. Da der Zinssatz für einen Kredit beweglich ist und seine Höhe immer auch gemäß des Risikos variiert, können Beamte und Angestellte des öffentlichen Dienstes nicht zuletzt wegen ihrer relativ sicheren beruflichen Positionen bei Kreditverhandlungen den Zinssatz drücken, und sei es nur um einige Zehntelprozente. Ihnen eröffnet sich auch das öffentliche Füllhorn der Fürsorgepflicht von *Bund, Ländern* und *Gemeinden,* die ihren Arbeitnehmern besonders zinsgünstige oder gar zinslose Darlehen gewähren. Zinssätze von ein bis zwei Prozent, Laufzeiten von fünf bis fünfzehn Jahren, Tilgung erst nach Ablauf von einigen Jahren – das kann sich sehen lassen!

(2) Aber auch für Arbeitnehmer in der Wirtschaft und im Dienstleistungsgewerbe gibt es Darlehen. Ein Gang zum Personalbüro oder ein Besuch im Chefzimmer lohnt sich immer. Selbst wenn keine festen Reglements für die Vergabe von *Arbeitgeberdarlehen* im Betrieb existieren, sollte man doch um ein zinsgünstiges Darlehen nachsuchen, sei es bei der Hausstandgründung, beim Erwerb von Wohnraum oder beim Kauf des fahrbaren Untersatzes, der für die Fahrt zur Arbeitsstätte unentbehrlich sein kann.

Städte, Gemeinden, Kreise und manche Bundesländer haben in puncto Kreditvergabe ebenfalls etwas für ihre Einwohner parat. Vor dem Bau eines Hauses sollten Sie sich ins Rathaus Ihres Wohnortes bemühen und dort in Erfahrung bringen, welche öffentlichen Mittel Ihnen zur Finanzierung offenstehen. Bekannt ist, daß die Vergabe der Mittel an bestimmte Einkommensgrenzen geknüpft ist. Aber wußten Sie, daß Sie, wenn Sie heiraten und nicht älter als 40 Jahre sind, auch ein *Ehestandsdarlehen* bei Kreis- und Bundesländern beantragen können? Hierbei handelt es sich um ein zinsloses Darlehen zwischen 3000 DM und 5000 DM.

Fragen Sie bei der Kreisverwaltung oder wiederum im Rathaus Ihres Wohnortes nach. Dort hält man die entsprechenden Auskünfte für Sie bereit.

(3) Der Staat bietet spezielle *Kredite* für Unternehmer, die sich *selbständig* machen wollen. Zur Förderung der Unternehmensgründung haben Bund und Länder in den vergangenen Jahren verstärkt öffentliche Mittel bereitgestellt. Die Vorteile liegen auf der Hand: Geboten werden zwei Jahre Tilgungsfreiheit und niedrigere Zinsen als auf dem Kapitalmarkt. Vergeben werden diese staatlichen Hilfen über die Kreditinstitute. Der größte Teil der Mittel für die Gründung neuer Existenzen stammt noch aus dem ERP-Sondervermögen des Bundes (ERP = European Recovery Program). Dieses Geld wird aus dem gigantischen Geldstrumpf des sogenannten ›Marshall-Planes‹ entnommen, der im Rahmen eines europäischen Wiederaufbauprogramms im Jahre 1947 zur Ankurbelung der deutschen Wirtschaft zur Verfügung gestellt wurde. Diese ERP-Mittel wanderten damals in Form zinsgünstiger Kredite an Private und an Unternehmer. Die zurückgeflossenen Zinsen und Tilgungsraten werden heute als Sondervermögen des Bundes verwaltet, denn die Amerikaner verzichteten vormals auf eine Rückzahlung der Gelder. Dieses Kapital kann somit erneut in Form von Krediten über die *Kreditanstalt für Wiederaufbau,* die *Lastenausgleichsbank* und die *Berliner Industriebank* der bundesdeutschen Wirtschaft zugeführt werden.

Aus dem ERP-Sonderprogramm finanziert man in Form von zinsgünstigen Darlehen:
- Investitionen zur Errichtung und Einrichtung von Betrieben sowie hiermit in Zusammenhang stehende Investitionen innerhalb von drei Jahren nach Betriebseröffnung,
- die Übernahme von Betrieben oder tätigen Beteiligungen,

- die Beschaffung eines ersten Warenlagers oder einer ersten Büroausstattung. Antragsberechtigte sind die Nachwuchskräfte des Handels, des Handwerks, des Kleingewerbes und des Gaststätten- und Beherbergungsgewerbes. Das Mindestalter des Antragstellers muß 21 Jahre betragen, als Höchstalter hat man sich auf 50 Jahre geeinigt.

Ein Tip in diesem Zusammenhang: Antragsteller, die eigene Mittel angespart haben, werden bevorzugt berücksichtigt. Desgleichen sind die Bedingungen für Spätaussiedler gelockert. Die Laufzeit beträgt im übrigen bis zu zehn Jahren, bei Bauvorhaben bis zu fünfzehn Jahren. Die Auszahlung erfolgt zu 100 Prozent, der Höchstbetrag ist bei 300000 DM angesiedelt. Für solche Darlehen müssen selbstredend umfangreiche Unterlagen präsentiert werden. Banken helfen und beraten gegebenenfalls. Die Hausbank, über die der Darlehensantrag läuft, übernimmt normalerweise auch die Haftung.

(4) Desgleichen helfen die *Bundesländer* auf dem Gebiet der Förderung des *Jungunternehmertums*. Sie gewähren ebenfalls zinsgünstige Darlehen mit Laufzeiten bis zu fünfzehn Jahren und einem Darlehenshöchstbetrag von 300000 DM. Allerdings werden vom Darlehensbetrag eine einmalige Bearbeitungsgebühr sowie jährliche Verwaltungskosten einbehalten bzw. angefordert.

Ein Tip hierzu: Im Zonenrandgebiet sind solche Darlehen besonders zinsgünstig.

Neben finanzieller Hilfe leisten die Bundesländer auch praktische Hilfe durch die Standortanalyse eines Betriebes etwa oder durch die Unterstützung bei der Ausbildung junger Selbständiger. Die Existenzgründungsprogramme des Bundes und der Länder beinhalten zudem Bürgschaften und Zuschüsse für Bankkredite. Die zu verbürgenden Kredite müssen zur Gründung oder Festigung einer selbständigen Tätigkeit Verwendung finden. Vor allem sollen sie zum Kauf von Maschinen oder Apparaten und zur Beschaffung von Praxisräumen dienen. Berufsständige Zusammenschlüsse von Handwerk, Handel und Freiberuflichen bilden Garantiegemeinschaften und besorgen die fehlenden Sicherheiten für einen Kredit. Die Eigenkapitalhilfe des Bundes versteht sich als ›Hilfe zur Selbsthilfe‹. Der gewährte Zinssatz gilt bis zum Ende des zehnten Jahres. Aus Bundesmitteln finanziert, senkt er sich wie folgt:

- auf zwei Prozent im dritten Jahr,
- auf drei Prozent im vierten Jahr und
- auf fünf Prozent im fünften Jahr.

Nach zehn Jahren kann ein inzwischen geändertes allgemeines Zinsniveau dazu führen, daß der Zinssatz für die Restlaufzeit neu festgelegt wird. Mit dem Zinssatz sind auch anfallende Bankgebühren abgegolten. Die Gesamtlaufzeit beträgt zwanzig Jahre, die Auszahlung 100 Prozent. Die Tilgung beginnt nach zehn tilgungsfreien Jahren in zwanzig gleichen Halbjahresraten. Es ist möglich, dieses Darlehen vorzeitig zu kündigen. Der Antragsteller (und eventuell der Ehepartner) haften persönlich. Voraussetzung für die Gewährung der Mittel ist die Existenz von mindestens 12 Prozent eigener Mittel des Investitionsvolumens. Die eigenen Mittel können bis zu 40 Prozent aus der Eigenkapitalhilfe aufgefüllt werden.

Ein Rechenbeispiel:
Investitionssumme: 500 000 DM, Eigenkapital 12 Prozent = 60 000 DM; Eigenkapitalhilfe: maximal 140 000 DM.

Antragsberechtigt sind fachlich und kaufmännisch qualifizierte Personen bis zum 50. Lebensjahr. Anträge für diese Eigenkapitalhilfe können über jedes Kreditinstitut, bei der Lastenausgleichsbank (Wielandstr. 4, 5300 Bonn 2) und bei der Berliner Industriebank AG (Landecker Straße 3, 1000 Berlin 33) gestellt werden. Diese Banken entscheiden über den Kreditantrag und benachrichtigen den Antragsteller über seine Verbindungsbank.

Für *Landwirte* hat die *Kreditanstalt für Wiederaufbau* 1980 ein befristetes Sonderprogramm beschlossen. Der ›KW-Kredit‹

kann von jedem landwirtschaftlichen Unternehmer im Sinne des ›Landwirtschaftlichen Altershilfegesetzes‹ beantragt werden, nicht jedoch von Betrieben, die bodenunabhängige Veredelungsproduktion betreiben. Als wichtigste Bedingungen seien genannt: Maximalförderung 150 000 DM bzw. 75% der Investitionskosten. Die Laufzeit des Darlehens beträgt zehn Jahre. Auszahlung: etwa 95%, die ersten beiden Jahre sind tilgungsfrei.

Da die Laufzeit des Darlehens nur zehn Jahre beträgt, eignet es sich überwiegend zur Anschaffung von landwirtschaftlichen Maschinen. Gegebenenfalls hilft eine Tilgungsstreckung. Einen Teil der Tilgung zahlt man durch Aufnahme eines zweiten Kredites, der erst nach Rückzahlung des ersten Kredites getilgt wird. Nun ein Fallbeispiel, das die Inanspruchnahme aller drei Kreditarten der öffentlichen Hand beschreibt:

Angenommen, es handelt sich um die Gründung eines Unternehmens der gewerblichen Wirtschaft, um die Produktion neuer Erzeugnisse aufzunehmen oder Dienstleistungen anzubieten, so können von dem Unternehmer Investitions- und Existenzgründungsdarlehen (1) aus den Mitteln des ERP-Sondervermögens, (2) den Finanzierungshilfen der Kreditanstalt für Wiederaufbau und (3) aus dem neuen Eigenkapitalhilfeprogramm des Bundes beantragt werden. In dem gewählten Beispiel erfolgt die Finanzierung der Existenzgründung zu ungefähr 87% aus staatlichen Mitteln, das heißt zu den Eigenmitteln in Höhe von 100 000 DM kommen staatliche Finanzierungshilfen in Höhe von 650 000 DM hinzu. Die vom Staat gewährten Finanzierungshilfen werden zu sehr günstigen Konditionen angeboten. Dies betrifft sowohl die Höhe des Zinssatzes als auch die Gewährung von tilgungs- beziehungsweise zinsfreien Jahren, die beim Unternehmensstart die finanzielle Belastung zusätzlich herabsetzen.

Bemerkenswert ist in dem gewählten Beispiel weiterhin die unterschiedliche Laufzeit der staatlichen Finanzierungshilfen. Dadurch wird der Unternehmer in die Lage versetzt, gegebenenfalls kontinuierliche Anschlußfinanzierungen über seine Hausbank vorzunehmen.

Kostenplan

Grundstück				200 000 DM
Baukosten				300 000 DM
Maschinen				100 000 DM
Einrichtung				100 000 DM
Erstes Warenlager				50 000 DM
				750 000 DM
Eigenmittel	100 000 DM		–	– –
Eigenkapital-hilfedarlehen	200 000 DM		* 20 J.	10
Ex.-Gr.-Darlehen	200 000 DM	7,0%	** 15 J.	2
KW-Darlehen	250 000 DM	7,5%	10 J.	2
	750 000 DM			

* 1. und 2. Jahr zinslos, 3. Jahr 2 Prozent, 4. Jahr 3 Prozent, 5. Jahr 5 Prozent.
** Zinssatz April 1984.

Quelle: Bundesverband der Deutschen Volksbanken und Raiffeisenbanken, 1986

Nicht nur die begünstigten Unternehmensgruppen, auch die Banken begrüßen diese Förderprogramme. Etwas gedämpft wird der Jubel allerdings durch die Unzahl der Antragswege und die bürokratischen Details.

Deshalb unser Rat: Konsultieren Sie für die Aufnahme staatlicher Förderungsmittel Ihre Hausbank, und erledigen Sie mit ihr zusammen alle Formalitäten. Dies empfiehlt sich um so mehr, als es die Hausbank in der Regel ist, die die Risiken der Haftung trägt.

(5) Auch die *Volksbanken* bieten ein ›*Existenzgründungs-Sparen*‹ an, das Zinsen plus Bonus plus 20% vom Staat bringt. Das Ansparprogramm beinhaltet den Abschluß eines Existenzgründungs-Sparvertrages über eine bestimmte Summe. Gespart werden kann in Raten oder durch einmalige Zahlung des

gesamten Sparbetrages. Auf das Sparguthaben werden Zinsen und ein hoher Sparbonus von der Bank gezahlt. Die abgeschlossene Summe kann (längstens) innerhalb von zehn Jahren angespart werden. Der Ansparzuschuß des Staates beträgt 20% des angesparten Kapitals einschließlich der Zinsen – höchstens jedoch 10 000 DM pro Existenzgründer. Dieser Ansparzuschuß muß nicht zurückgezahlt werden, wenn mit dem Abschluß des Sparvertrages der Antrag auf den Ansparzuschuß gestellt wurde. Der Topf scheint nicht ohne Boden zu sein, denn die Volksbanken empfehlen einen baldigen Abschluß, da die staatlichen Mittel möglicherweise nicht unerschöpflich sind.

(6) Des weiteren werben die *Banken* bei bestimmten freien Berufsgruppen mit *speziellen Darlehen,* zum Beispiel dem Praxisdarlehen für Ärzte. Die maximale Laufzeit beträgt zwölf Jahre, die beiden ersten Jahre sind tilgungsfrei. Zusätzlich wird die gesamte Palette der kurzfristigen Kredite angeboten. Volksbanken sind auf den Mittelstand spezialisiert und entsprechend leistungsfähig. Aber auch hier gilt, daß erst der Vergleich, eventuell mit einem versierten Fachberater, zeigt, welche Darlehen von welchem Kreditinstitut optimal sind.

(7) Nehmen wir an, Sie sind seit mindestens drei Monaten stolzer Inhaber eines Bankkontos, älter als 18 Jahre (zwischen 16 und 18 Jahren bedarf ein Kreditantrag der Zustimmung der Eltern bzw. der Erziehungsberechtigten und des Vormundschaftsgerichtes) und besitzen ausweislich Ihres Kontos ein regelmäßiges – wenn auch vielleicht nur geringes – Einkommen: Sie gehören damit automatisch zum Kreis derer, denen die Bank ein *Dispositionsdarlehen* einräumt.

Diesen Überziehungskredit müssen Sie natürlich nicht oder nicht immer in Anspruch nehmen. Sie wissen, auf alle Fälle können Sie Ihr Konto kurzfristig mit einem Betrag in zweifacher Höhe Ihres regelmäßigen Einkommens überziehen. Bei einer kurzfristigen Ebbe in der Kasse muß man also nicht immer den Sparstrumpf eines nahen Verwandten bemühen. Für diesen Kredit zahlen Sie keine Bereitstellungskosten, keine Überziehungsprovision oder andere Kreditkosten. Ihr Konto weist die Höhe des möglichen Dispokredits aus. Wenn Sie ihn in Anspruch nehmen, dann zahlen Sie den festen Zinssatz laut ›Preisangabenverordnung‹ der Bank, und zwar nur für den entnommenen Betrag.

Vorsicht ist jedoch geboten, wenn der Dispokredit ausgereizt ist: Für Überziehungszinsen nimmt Ihnen die Bank oft bis zu vier oder fünf Prozent zusätzlich an Zinsen ab, die Dresdner Bank zum Beispiel derzeit 4,5 %.

(8) Ein kurzfristiger Überziehungskredit in zweifacher Nettogehaltshöhe bringt Sie oft nicht weit. Also sucht man nach anderen Kreditquellen. Der *Konsumentenkredit* der Bank, der in der Bankauslage oft als besonderer ›Knüller‹ angeboten wird, ist für diesen Fall empfehlenswert und preiswerter als Kredite, die Ihnen normalerweise bei Warenhäusern und Versandhäusern eingeräumt werden. Auch Kaufhäuser gewähren in der Regel ebenfalls ein Kundenkonto — aber wenn man sich einmal den Zins aufs Jahr genau ausrechnet, dann summiert sich der Zinssatz schnell bis zu 19 Prozent. Halten Sie dennoch auf alle Fälle Augen und Ohren offen. Einige Kaufhäuser bieten zu bestimmten Zeiten, wohl um die Kauflust anzuregen, ein verlängertes Zahlungsziel an.

Kunden des Versandhandels hingegen müssen für Ihre Bequemlichkeit etwas mehr auf den Tisch legen, als wenn sie zur Bank gepilgert wären. So liefern die Versandhäuser Quelle und Otto die Finanzierung gleich inclusive der Ware. Der Warenwert wird auf acht Monatsraten verteilt, woraus ein effektiver (tatsächlicher) Jahreszins von 11,3 Prozent resultiert. Schließen Sie einen Kreditvertrag mit den hauseigenen Banken dieser Versandhäuser ab (Noris Bank von Quelle; Hanseatic Bank von Otto), sollten Sie vorher Ihre Zinsbelastung anschauen. Bei der Noris Bank zahlen Sie Jahreszinsen von 19 Prozent!

(9) Wenn Sie Ihre größeren ›Extras‹ nicht mit Ratenkrediten der Kauf- und Versandhäuser oder mit einem über den Handel vermittelten Ratenzahlungsvertrag über eine Teilzahlungsbank überhöht bezahlen wollen, sollten Sie es einmal mit einem *Rahmenkredit* versuchen. Diese Kreditart ist beispielsweise im Angebot der großen Geschäftsbanken und der KKB (Kunden-Kredit-Bank) enthalten.

Die Dresdner Bank kommt, zum Beispiel, ihren guten Kunden durch einen *Abrufkredit* entgegen. Maximal 50000 DM z. B. zu 9,25 Prozent Zinsen sind vorgesehen. Wenn der Rahmenbetrag festgelegt ist, erhält der Kunde fünf Formulare. Sobald er einen Kauf abgeschlossen hat, füllt er ein Formular aus und schickt es per Post an die Dresdner Bank, die den im Formular ausgewiesenen Betrag dem Girokonto des Kunden zu dessen Verfügung gutschreibt.

Bei der KKB beträgt der Kreditrahmen zwölf Monatsgehälter für den ›KKB-Scheck-Kredit‹ zu einem Zinssatz von 13,3 Prozent. Um den Kredit in Anspruch zu nehmen, schreibt der Kunde lediglich Euroschecks aus, und zwar über beliebige Teilbeträge. Die Tilgung kann jederzeit erfolgen, muß monatlich jedoch mindestens 2,2 Prozent der noch anstehenden Restschuld betragen.

(10) Wer hat schon den Kaufpreis für einen Pkw bar zu Hause liegen, wenn er sich für ein neues Auto entschließt? *Autokredite* hat praktisch schon jeder Autobesitzer in Anspruch genommen, wenn er sich für ein neues Modell entschlossen hat. Jahrelang wurden hier hohe Effektivzinsen gezahlt, weil spezielle Autokreditverträge über Teilzahlungsbanken finanziert wurden. Inzwischen ist der Kunde hellhörig geworden und bezahlt sein Auto über seine Hausbank. Diese hat jedoch große Konkurrenz durch die Kreditbank von VW, Wolfsburg, erhalten. Dort zahlte der Kunde bis zum 31. 7. 1986 nur 2,9 Prozent Zinsen für einen neuen Audi 80. Für ausgelaufene Modelle gab es sogar Kredite zum ›Fast-Null-Tarif‹. Opel und BMW zogen kurzfristig nach, mit anderen Zinsbeträgen, aber ähnlicher Stoßrichtung.

Erwähnt zu werden verdient in diesem Zusammenhang auch ein anderer Vorreiter. Obwohl vor Jahren bahnbrechend, ist das Autohaus Dirkes in Köln heute nur eines von vielen, das seinen Kunden knapp 3 Prozent Zinsen für Autokredite einräumt, wenn 30 Prozent sofort bezahlt werden und der Rest wahlweise über 12, 24 und 36 Monate finanziert wird. Durch diese Niedrigzinspolitik der Autohäuser wird natürlich der Ab- und Umsatz ihrer Pkws erhöht.

(11) Im übrigen gilt es prinzipiell, bei jeder Art von Krediten zu *vergleichen*. Dazu muß man die einschlägigen Fachzeitschriften oder mitunter auch Publikumszeitschriften konsultieren, die je und je entsprechende Informationen präsentieren.

Zwei Beispiele anbei:

Kostenrechnung

Institut	Überziehungskredit bis zum Limit	Überziehungskredit über Limit hinaus	Anschaffungsdarlehen 5000 DM 36 Monate	Anschaffungsdarlehen 15 000 DM 48 Monate	Anschaffungsdarlehen 15 000 DM 60 Monate
	Nominalzins in %		Effektiver Jahreszins[1] in %		
Regionale Institute					
Berliner Bank	9,25	13,75	9,98	9,11	8,83
Hamburger Spark.	9,00	12,50	9,27	8,88	9,28
Kölner Bank v. 1867	9,25	13,75	9,18	9,10	8,87
Nord-Hypo	9,00	13,00	9,51	8,90[2]	9,51
Sparda-Bank Essen	9,00	9,00	8,88	8,87	8,87
Sparkasse der Stadt Berlin West	9,00	12,00	9,51	9,13[2]	8,83
Sparkasse Krefeld	9,25	14,25	9,75	9,34	9,05
Stadtsparkasse München	9,25	12,75	8,67[3]	8,15[3]	8,08[3]
Teilzahlungsbanken					
Bank Kreiss	13,25	15,75	14,90	14,90[2]	14,50
Centrale Credit	11,90	16,40	14,17	13,37	12,94
KKB Bank	13,30	13,30	15,50	14,20	13,80
Münchener Kreditbank	11,75	15,75	13,50	12,79	12,30
Noris Bank	9,50	9,50	15,29	12,57	12,16
Verbraucherbank	9,50	9,50	10,40	10,00[2]	12,00
Großbanken					
Bayerische Hypo	9,25	13,75	9,98	9,57	9,28
Bayer. Vereinsbank	9,50	13,00	10,64	9,57	9,28
BfG	9,00	12,50	9,54	9,18	8,96
Commerzbank	9,25	12,75	10,69	9,80	9,51
Deutsche Bank	9,25	12,75	10,19	9,31[2]	9,08
Dresdner Bank	9,00	13,50	10,93	9,82	9,51

Quelle: Capital 6/86

[1] Nach Preisangabenverordnung. [2] Laufzeit nur 47 Monate.
[3] Sonderkreditaktion bis Ende Juni 1986.

So viel kostet ein 8000-Mark-Kredit bei 36 Monatsraten	Zinsen in Prozent pro Jahr*
Geestemünder Bank, Bremerhaven	9,04
Stadtsparkasse, Flensburg	9,96
Kölner Bank von 1867	8,95
Fürstlich Castellsche Bank, Credit-Casse, Würzburg	9,04
Edekabank, Hamburg	9,04
Hamburger Sparkasse	9,27
Bordesholmer Sparkasse	9,51
Bank für Gemeinwirtschaft	9,54
Vereins- und Westbank, Hamburg	9,95
Berliner Bank	9,98
Bayerische Hypo, München	9,89
Bankhaus Gebr. Bethmann, Frankfurt	9,98
Deutsche Bank	10,19
Deutsche Bank Saar	10,19
DSK-Bank, München	10,22
National-Bank, Essen	10,22
Oldenburgische Landesbank	10,22
Schmidt Bank, Hof	10,22
Verbraucherbank, Hamburg	10,54
Bayerische Vereinsbank, München	10,64
Bankhaus Gebr. Martin, Göppingen	10,69
Commerzbank	10,69
Dresdner Bank	10,93
Bankverein Bremen	10,93

* einschließlich Bearbeitungsgebühr (Stand 1. September 1986)

Zinsen in Prozent pro Monat	1. Rate (Tilgung und Zinsen)	2. bis 36. Rate	Gesamtkosten (Zinsen und Gebühren)
0,33	220,–	254,–	1010,–
0,37	288,50	250,–	1038,50
0,34	245,–	253,–	1100,–
0,33	220,–	254,–	1110,–
0,33	221,–	254,–	1111,–
0,34	249,20	254,–	1139,20
0,35	243,–	255,–	1168,–
0,35	254,77	254,77	1171,72
0,36	227,–	257,–	1222,–
0,37	230,60	257,–	1225,60
0,37	256,27	256,27	1225,72
0,37	231,–	257,–	1226,–
0,38	257,–	257,–	1252,–
0,38	257,–	257,–	1252,–
0,38	224,–	258,–	1254,–
0,38	224,–	258,–	1254,–
0,38	224,–	258,–	1254,–
0,38	244,40	258,–	1254,40
0,39	263,20	258,–	1293,20
0,37	240,60	259,–	1305,60
0,40	258,66	258,66	1311,76
0,40	247,–	259,–	1312,–
0,41	240,80	260,–	1340,80
0,41	241,–	260,–	1341,–

So viel kostet ein 8000-Mark-Kredit bei 36 Monatsraten	Zinsen in Prozent pro Jahr*
MKB Mittelrheinische Bank, Koblenz	12,42
Pacific Bank, Offenbach/Main	12,41
UTB Kreditbank, Augsburg	12,57
Bank Kreiss, Hamburg	13,20
Nordfinanz Bank, Bremen	13,53
Bankhaus Centrale Credit, Mönchengladbach	14,05
CTB-Bank Thielert & Rolf, Essen	14,30
Noris Bank (Quelle), Nürnberg	14,60
KKB-Bank, Düsseldorf	15,50
All-Bank, Hannover	16,05
ABC-Barkredit-Bank, Berlin	16,00
Hanseatic Bank, Hamburg	16,80**
Braunschweigische Teilzahlungsbank	17,24

* einschließlich Bearbeitungsgebühr (Stand 1. September 1986)
** entspricht Überziehungskredit − Rückzahlungen wirken kostensenkend

(12) Der *Kontokorrentkredit* in Höhe etwa eines Monatsumsatzes ist für kurzfristige Überziehung des Geschäftskontos bei der Bank angebracht. Der Zinssatz für diesen kurzfristigen Kredit ist Gegenstand von Verhandlungen zwischen Ihnen und der Bank. Verwenden Sie ihn zur Ausnutzung des Skontos bei Zahlung von Lieferantenrechnungen, zur Vorfinanzierung von Aufträgen, für allgemeine Finanzengpässe zum Monatsende, wenn erwartete Zahlungen von Ihren Kunden nicht fristgerecht erfolgt sind, oder auch für Lohn- und Gehaltszahlungen. Hüten Sie sich umgekehrt, für einen längerfristigen Finanzierungsbedarf kurzfristige Finanzierungsmittel einzusetzen. Grundsätzlich finanziert man Investitionen für ein Gebäude und einen Maschinenpark über längerfristige Kredite.

Zinsen in Prozent pro Monat	1. Rate (Tilgung und Zinsen)	2. bis 36. Rate	Gesamtkosten (Zinsen und Gebühren)
0,43	275,55	264,–	1515,55
0,47	264,48	264,48	1521,28
0,48	232,40	266,–	1542,40
0,48	242,40	268,–	1622,40
0,52	242,60	269,–	1657,60
0,51	270,–	270,–	1720,–
0,50	240,–	272,–	1760,–
0,55	299,–	271,–	1784,–
0,57	281,60	272,–	1801,60
0,57	174,–	277,–	1869,–
0,62	295,60	278,–	2025,60
–	240,90	280,–	2040,90
0,62	250,–	280,–	2050,–

Quelle: Stern September 1986

(13) Der *Betriebsmittelkredit* wird erst nach sorgfältiger Abwägung Ihrer Bilanzunterlagen und der Gewinn- und Verlustrechnung beziehungsweise Ihrer Einnahmen-/Ausgaben-Überschußrechnung vergeben. Bankfachleute nehmen hierzu die letzten drei Jahre unter die Lupe und taxieren Ihre zukünftigen unternehmerischen Chancen hinsichtlich Produktentwicklung und Markt. Der Betriebsmittelkredit muß durch *Vermögen* abgesichert werden. Deshalb ist es auch für ›Newcomer‹ praktisch unmöglich, solche Kredite aufzunehmen.

(14) Kredite für *Immobilien* stellen ein eigenes Thema dar, man könnte ohne weiteres ein ganzes Buch darüber schreiben. Interessenten für den Kauf von Immobilien oder den Bau eines Hauses fanden Anfang 1987 so günstige Bedingungen vor wie

seit Jahren nicht mehr. Die Hypothekenzinsen fielen auf den niedrigsten Stand seit 1961. Die Kosten für Grundstück, Baumaterialien und Handwerker waren überschaubar. Wenn man sich auf das gefährliche Parkett der Prognosen wagen darf, so könnte man sagen, daß der positive Trend anhalten wird.

Waren 1981 noch 1000 DM monatlich für Zinsen und Tilgung einer Hypothek in Höhe von 90000 DM notwendig, so genügten Ende 1986 550 DM für den gleichen Zweck. Mit anderen Worten: Wenn Sie 1986/87 monatlich 1000 DM Finanzierungslasten auf sich nehmen, so können Sie damit eine Hypothek über 164000 DM tilgen. Im April und Mai 1986 konnten sich Geschäftsbanken und vor allem Realkreditinstitute deshalb vor Darlehens- und Hypothekenanfragen kaum retten. Die privaten Hypothekenbanken verzeichneten im April 1986 einen Zuwachs von 93 Prozent und im Mai sogar 160 Prozent gegenüber dem gleichen Zeitraum des Vorjahres. Im Frühjahr hatten sich viele Hypothekenkunden auf den niedrigen Zinssatz eingestellt und nutzten die Gunst der Stunde zum Abschluß von neuen Hypotheken oder zur Ablösung von Darlehen mit dem höheren Zinssatz vergangener Jahre. Die damit einhergehende Belebung des Immobilienmarktes wird von Experten unter anderem auf eine Umschichtung des Vermögens zurückgeführt. Aktien an der Börse werden zunehmend verkauft und Immobilien mehr und mehr erworben (vgl. DM extra 12/86).

Gleichzeitig werden Immobilienkunden momentan stark umworben – und zwar von Hypothekenbanken, Geschäfts- und Genossenschaftsbanken, Sparkassen und im besonderen von den öffentlich-rechtlichen und privaten Bausparkassen sowie von Pfandbriefanstalten und Versicherungen. Sie alle wollen am Aufwind des Immobilienmarktes profitieren. Dabei ist besondere Aufmerksamkeit, ja Vorsicht bei der Kreditaufnahme am Platze. Die verschiedenen Angebote sollten sorgfältig gegeneinander abgewogen werden. Die Zeitschrift ›DM extra‹ machte im Dezember 1986 folgende Rechnung auf: »Bei einer Kreditsumme von 120000 DM und den derzeitigen Marktkonditionen macht ein Prozent Preisdifferenz monatlich exakt 100 DM beziehungsweise 1200 DM im Jahr an Mehr- oder Minderbelastung aus. Oder anders ausgedrückt: Wer die Konditionen für eine solche Hypothek von 8 Prozent auf 7 Prozent herunterhandeln konnte, senkte seine monatliche Belastung für Zinszahlung und Tilgung von 900 DM auf 800 DM.«

Welche Quellen soll man nun anzapfen, wenn man sich an das ›Abenteuer Immobilien‹ wagen will und das Kapital nicht bar auf den Tisch gelegt werden kann? Darlehen vom Arbeitgeber haben wir bereits erwähnt. Gerade für den Erwerb von Immobilien existieren zudem noch im öffentlichen Dienst und in der freien Wirtschaft Fonds, die dem Arbeitnehmer bei der Finanzierung unter die Arme greifen, meist in Form von zinsgünstigen oder zinslosen, kurzfristigen Überbrückungsdarlehen.

Die einzelnen Bundesländer vergeben Baudarlehen als öffentliche Förderung von Eigenheimen und Eigentumswohnungen. Jedes Bundesland besitzt eigene Richtlinien für die Vergabe solcher Darlehen. Hinweise auf die speziellen Förderrichtlinien sind in den Rathäusern der Gemeinden und Städte einzusehen. Aber auch Finanzierungsinstitute, Banken, Vermögensberater und Immobilienmakler erklären Ihnen die optimale Finanzierung. Normalerweise ist man erstaunt, wie die sogenannten ›Anspruchsvoraussetzungen‹ angelegt sind, denn selbst gehobene Durchschnittsverdiener haben unter Umständen eine Chance, öffentliche Fördermittel für ein solches Projekt zu erhalten. Wir können Ihnen hier nur Schwerpunkte der Voraussetzungen nennen. Sie sind von Land zu Land anders gegliedert. Zunächst müssen bestimmte Einkommensgrenzen berücksichtigt werden. Eigenkapital für die Immobilienfinanzierung sollte bei kinderreichen Familien in Höhe von 10 Prozent vorhanden sein, üblicherweise werden sogar 15 Prozent verlangt. Als Ersatz dienen Familienzusatzdarlehen und Selbsthilfedarlehen. Selbst bereits bezahlte Notar- und Maklerkosten gelten übrigens als Nachweis von Eigenkapital.

Der Staat achtet auch darauf, daß sich die Familie nicht übermäßig verschuldet: Im Regelfall darf nur ein Drittel des Bruttoeinkommens zur Schuldentilgung dienen. Berücksichtigt werden jedoch auch andere Einkünfte wie Kinder- und Wohngeld, die als Einkommen gelten. Das Land Nordrhein-Westfalen vergab zum Beispiel im Jahr 1984 zinslose öffentliche Baudarlehen über 68 000 DM an Familien mit drei Kindern. Für jedes Kind erhöhte sich der Betrag um 3000 DM. Die Bedingungen konnten sich sehen lassen: Nur 1 Prozent Tilgung, der laufende Verwaltungskostenbeitrag betrug 0,5 Prozent, und die Auszahlung des Darlehens lag bei 99,6 Prozent. Außerdem wurden Familienzuwachsdarlehen gewährt, in unserem Beispiel 5000 DM. Bei fünf Kindern erhöhte sich der Betrag auf 13 000 DM. Zur Verringerung der Belastung gab es zusätzlich Aufwendungszuschüsse von 3,30 DM pro Quadratmeter Wohnfläche und Monat, die sich zwar alle zwei Jahre verringerten, aber für einen Zeitraum von insgesamt zwölf Jahren gewährt wurden. Ein Ehepaar mit drei Kindern mußte als Einkommensgrenze 68 400 DM beachten.

Soweit vorab zur ›Immobilienfinanzierung‹. Da es hierüber sehr viel Wissenswertes gibt, haben wir diesem Thema ein eigenes Kapitel gewidmet.

Auf einen Blick

1. Die Bundesbürger sind ›Weltmeister im Schuldenmachen‹; mit 12 000 DM durchschnittlich steht jede Familie in der Kreide.

2. Machen Sie nie die Bank verantwortlich, wenn Ihnen kein Kredit gewährt wird. Geld *ist* vorhanden — jedoch nur für Kunden, die es verstanden haben, etwas für ihre Bonität zu tun, *bevor* sie Kapital benötigten.

3. Bundesdeutsche Beamte und Angestellte des öffentlichen Dienstes besitzen einen Kreditbonus bei den Banken. Sie erhalten auch vom Staat (Bund, Länder, Gemeinden) zinsgünstige Kreditmittel.

4. In der Wirtschaft existieren sogenannte ›Arbeitgeberdarlehen‹. Erkundigen Sie sich genau bei Ihrem Arbeitgeber. Gegebenenfalls hilft ein Gang zum Personalbüro.

5. Sind Sie nicht älter als 40 Jahre, dann können Sie als Frischvermählte sogenannte Ehestandsdarlehen bei den Gemeinden, Kreisen oder Bundesländern beantragen.

6. Ein großes Kreditangebot besteht für Unternehmer seitens des Staates, der diese Kredite über die Banken finanziert. Gelder des früheren Marshallplanes werden im Rahmen des ERP-Sonderprogramms in Form von zinsgünstigen Darlehen an bestimmte Unternehmergruppen vergeben. Federführend dabei ist die *Kreditanstalt für Wiederaufbau,* die *Lastenausgleichsbank* und die *Berliner Industriebank.* Gefördert werden alle freien Unternehmensgruppen, auch die Landwirte.

7. Banken bieten sogenannte ›Existenzgründungs-Sparprogramme‹ an. Banken werben bei bestimmten freien Berufsgruppen (z. B. Ärzten) mit speziellen Darlehen.

8. Mit 18 Jahren (seit mindestens drei Monaten Inhaber eines Bankkontos) wird Ihnen ein ›Dispositionskredit‹ (Überziehungskredit‹) eingeräumt, und zwar in zweifacher Höhe Ihres monatlichen Nettoeinkommens.

9. Für Anschaffungen bietet sich der ›Konsumentenkredit‹ der Bank an. Sie können auch einen größeren ›Rahmenkredit‹ mit der Bank aushandeln.

10. Die Dresdner Bank bietet guten Kunden einen ›Abrufkredit‹ von maximal 50000 DM. Die KKB bietet einen Kreditrahmen von zwölf Gehältern für den ›KKB-Scheck-Kredit‹.

11. Autokredite sind inzwischen günstig, zunehmend bieten selbst Hersteller Sonderkredite.

12. Prinzipiell gilt: Vergleichen Sie die Kreditangebote! Konsultieren Sie die einschlägigen Fachzeitschriften und auch von Fall zu Fall Publikumszeitschriften.

13. Der ›Kontokorrentkredit‹ dient der kurzfristigen Überziehung des Geschäftskontos. Benutzen Sie ihn nicht für längerfristige Finanzierungen.

14. Der ›Betriebsmittelkredit‹ für ein Unternehmen bedarf sorgfältiger Analysen durch die Bank und muß durch Vermögen abgesichert sein.

15. Kredite für den Erwerb von Immobilien sind 1986/87 billiger geworden. Außerdem helfen die einzelnen Bundesländer beim Hausbau mit zinsgünstigen Darlehen. Im Regelfall darf nur ein Drittel des Familieneinkommens als Schuldentilgung verwendet werden. Selbst die gehobenen Durchschnittsverdiener entsprechen oft den sogenannten ›Anspruchsvoraussetzungen‹. Sie variieren von Bundesland zu Bundesland.

IX. Kleines Baudarlehen-Abc oder Wie finanziere ich meine Immobilie?

Nach wie vor wird eine Geldquelle von Immobilienerwerbern favorisiert: das Bauspardarlehen der Bausparkassen. 42 Prozent des Gesamtkreditvolumens stellen die Bausparkassen den Käufern von Haus- und Wohnungseigentum zur Verfügung. Die Darlehensart ist denn auch vorteilhaft: Man operiert mit einem gleichbleibenden, niedrigen Zinssatz über die gesamte Laufzeit. Wir verzichten in diesem Zusammenhang auf eine detaillierte Darstellung des ›Prinzips‹ Bausparen und gehen davon aus, daß der Leser entsprechend vorinformiert ist. Wer dennoch grundsätzliche, klar verständliche und übersichtliche Veranschaulichung sucht, sei auf das Buch von Ha. A. Mehler/Ernst Haible verwiesen: Geld, Vermögen bilden, Steuern sparen, erschienen im Heyne Verlag. Hierin sind die Prinzipien und Offerten genau erläutert. In jüngster Zeit wurde die Angebotspalette sogar noch etwas erweitert. Mehrere Varianten sind auf dem Markt erkennbar:

(1) Der übliche Opus moderandi bestand (und besteht) darin, während der Ansparzeit Guthabenzinsen von 2,5 bis 3 Prozent zu gewähren — während an Darlehenszinsen zwischen 4,5 und 5 Prozent zu entrichten sind.

(2) Eine neue Spielart wird mit den ›Bauspardarlehen mit Disagio‹ geboten, das der Bausparer vor Bezugsfertigkeit der Immobilie in Anspruch nehmen kann, um das Disagio schließlich steuerlich als Kosten absetzen zu können.

Ein Beispiel: die Bausparsumme beträgt 100 000 DM, ausgezahlt werden aber nur 95 000 DM (= 5 Prozent Disagio), diese fehlenden 5000 DM kann man jedoch steuerlich geltend machen. Die Bausparkassen sorgen sich damit auch um die steuerlichen Vorteile des Bausparers.

(3) Einen Bausparvertrag nur zur Anlage des Spargroschens abzuschließen, war bisher wegen der niedrigen Guthabenzinsen, die auf das angesparte Guthaben gewährt wurden (2,5 bis 3 Prozent), unattraktiv. Ein neuer Tarif offeriert jetzt einen höheren Guthabenzins, gepaart mit geringeren Belastungen in der Anspar- und Tilgungsphase. Die Landesbausparkasse Münster/Düsseldorf etwa zahlt zu den normalen Guthabenzinsen von 2,5 Prozent 1,5 Prozent Bonus.

Bei Inanspruchnahme des Darlehens besitzt der Kunde wiederum zwei Wahlmöglichkeiten: Entweder er behält den Bonus und zahlt 5,5 Prozent Darlehenszinsen, oder er verzichtet auf den Bonus, wofür man ihm einen niedrigeren Darlehenszins von nur 4 Prozent einräumt.

Einen prinzipiellen Rat, was im Zweifelsfall günstiger ist, kann man nicht geben. Man muß unter anderem die individuelle steuerliche Situation betrachten und gut mit dem Taschenrechner umgehen können.

(4) Schließlich gewährt der ›Schnelltarif‹ der Bausparkassen dem Bausparer, der möglichst rasch an sein Geld will, eine frühere Zuteilung des Darlehens. Dafür muß er jedoch höhere monatliche Bausparleistungen und Tilgungsbeiträge entrichten.

(5) Der *Vorsorge* trägt eine weitere Bausparvariante Rechnung. Schon in der Ansparphase wird hierbei die gesamte Bausparsumme (lebens-)versichert. Tritt nun der Versicherungsfall vor Inanspruchnahme des Darlehens ein, können die Erben über die volle Bausparsumme des betreffenden Bausparvertrages verfügen. Die monatlich fällige Rate beim Ansparen, aber auch bei der Rückzahlung beträgt einheitlich 5 Promille der Bausparsumme. Bei Nichtinanspruchnahme des Darlehens wird die Abschlußgebühr (1 Prozent der Vertragssumme) zurückgezahlt. Der Versicherungsbeitrag ist in der Sparrate

enthalten und kann als *Vorsorgeaufwendung* steuerlich abgesetzt werden.

(6) Das Beamtenheimstättenwerk verkauft seine Idee unter dem Slogan ›Dispo 2000‹. Die Kunden können in diesem Fall vom Bausparkonto zwischenzeitlich Guthabengelder abheben.

Was wo im Einzelfall angeboten wird, ändert sich ständig. Zur Zeit offeriert die Bausparkasse *Schwäbisch Hall* ein ›Bonussystem‹. Das ›Rendite-Programm‹ mit fünfzehn Variationsmöglichkeiten (Rendite und Zuteilung können selbst gesteuert werden) empfiehlt die Bausparkasse *Wüstenrot*. Je nach der Wahl der Tilgungshöhe kann zwischen einer Darlehens-Laufzeit von sechs bis achtzehn Jahren gewählt werden (hohe Tilgung − kurze Laufzeit/niedrige Tilgung − längere Laufzeit). Die *Landesbausparkasse Hessen* wirbt mit den ›LOGO-Vorteilen‹: Unter dem Schlagwort LOGO verbergen sich mehrere attraktive Zinsvarianten. So wird hier ein höherer Guthabenzins von 4 Prozent angeboten, der vorteilhaft ist, wenn Sie zum Beispiel kein Bauspardarlehen in Anspruch nehmen wollen. Daneben existieren mehrere Spielarten. In Ihrer Entscheidung sind Sie bis zur Zuteilung flexibel. Wenn Sie kein Bauspardarlehen brauchen, erhalten Sie die volle Abschlußgebühr zurück.

Das ›renditestarke Sparen‹ veranschaulicht die Bausparkasse an folgendem Beispiel, das natürlich nur zutrifft, wenn die entsprechenden Voraussetzungen gegeben sind:

Ergebnis nach ca. 8½ Jahren:

eigene Sparzahlungen (8 × 1600 DM)	12 800 DM
vermögenswirksame Leistungen (8 × 624 DM)	4 992 DM
Wohnungsbauprämien	2 304 DM
2,5 Prozent Zinsen + 1,5 Prozent Bonus für Bausparguthaben	3 595 DM
Bausparguthaben	23 691 DM
Spargewinn (incl. Arbeitnehmersparzulage)	7 051 DM
erzielte Sparrendite	8,0 Prozent

Soweit einige Schlaglichter! Auch was die Bausparkassen anbelangt, gilt das Gebot: *Vergleichen* Sie selbst! Untersuchungen und Angebote, die heute in Büchern oder Fachzeitschriften veröffentlicht werden, können morgen schon wieder ›out‹ sein.

Anbei deshalb zunächst eine Übersicht über die verschiedenen (öffentlichen und privaten) Bausparkassen.

Die öffentlichen Bausparkassen:

Badische Landesbausparkasse, Karlsruhe
Bayerische Landesbausparkasse, München
Landesbausparkassen Berlin
Landesbausparkasse Bremen
Landesbausparkasse Hannover/Braunschweig
Landesbausparkasse Hessen/Frankfurt
Landesbausparkasse Münster/Düsseldorf, Münster
Landesbausparkasse Rheinland-Pfalz, Mainz
Landesbausparkasse Saarbrücken, Saarbrücken
Landesbausparkasse Schleswig-Holstein, Kiel
Landesbausparkasse Württemberg, Stuttgart
Öffentliche Bausparkasse Hamburg
Öffentliche Bausparkasse Oldenburg/Bremen, Oldenburg

Die privaten Bausparkassen:

Aachener Bausparkasse AG, Aachen
AHW-Bausparkasse AG, Hameln
Badenia Bausparkasse AG, Karlsruhe
Bausparkasse GdF Wüstenrot GmbH, Ludwigsburg
Bausparkasse Heimbau AG, Köln
Bausparkasse Mainz AG, Mainz
Bausparkasse Schwäbisch Hall AG, Schwäbisch Hall
Beamtenheimstättenwerk GmbH, Hameln
Colonia Bausparkasse AG, Dortmund
Debeka Bausparkasse AG, Koblenz
Deutsche Bausparkasse AG, Darmstadt
Deutscher Ring, Bausparkasse AG, Hamburg
Heimstatt Bauspar-AG, München

Iduna, Bausparkasse AG, Hamburg
Königsteiner Bausparkasse AG, Oberursel
Leonberger Bausparkasse AG, Leonberg
mh-Bausparkasse AG, München
Volksfürsorge Bausparkasse AG, Hamburg

All diese Bausparkassen können Sie kontaktieren, wenn es gilt, sich ein eigenes Haus zu bauen, wobei die Möglichkeiten weiter gefaßt sind, als diese Formulierung zunächst vermuten läßt. Wer im einzelnen Fall der günstigste Anbieter ist — darüber kann nur nach einem ausführlichen und intensiven Vergleich der Konditionen entschieden werden. Inzwischen haben sich neuere, flexiblere Bausparformen herausgebildet. Manchmal sind es just die kleinen, neuartigen Abweichungen, die eine spezielle Bausparkasse für den einzelnen attraktiv erscheinen läßt. Auf keinen Fall sollten Sie einen Bausparvertrag abschließen, weil Sie den Vertreter gut kennen. Vergleichen Sie immer selbst, und fragen Sie nach, zu welchen Bedingungen ein Bausparvertrag zu haben ist.*)

Selbst wenn Sie einen oder mehrere Bausparverträge abgeschlossen haben, kommen Sie üblicherweise nicht umhin, zusätzliche Kredite von Banken zu besorgen. Bevor wir hier ins Detail gehen, müssen wir zunächst einige Fachausdrücke klären. Gehen wir alphabetisch vor:

Annuitätsdarlehen:

Das Annuitätsdarlehen ist auch als sogenanntes ›Tilgungsdarlehen‹ bekannt. Es bedeutet, daß regelmäßig Zinsen für das Darlehen bezahlt werden und gleichzeitig an der Tilgung gearbeitet wird:

$$\text{Annuität} = \text{Zinsen} + \text{Tilgung}$$

Bei dieser Form des Darlehens bleiben während der gesamten Laufzeit die Zahlungsraten gleich. Beispiel:

---

*) Ha. A. Mehler/E. Haible: Geld, Vermögen bilden, Steuern sparen, Heyne Verlag

Darlehen 100 000 DM
Zinsen 8 Prozent
Tilgung 1 Prozent
Annuität 9 Prozent = 9000 DM im Jahr

In dem Begriff ›Annuität‹ steckt das lateinische Wort ›annus‹ (›Jahr‹). Jedes ›Jahr‹ sind der gleiche Zins- und Tilgungsbetrag zu zahlen — also ein unveränderter Betrag, obwohl die Darlehensschuld durch die Tilgung geringer wird. Die Tilgung nimmt demzufolge ständig überproportional zu. Im genannten Beispiel sähe der Ablauf folgendermaßen aus:

1. Jahr: Zinsen 8000 DM + Tilgung 1000 DM
2. Jahr: Zinsen nur von 99 000 DM = 7920 DM + Tilgung 1080 DM.

Trotzdem bliebe die Jahresrate des Darlehensschuldners unverändert. Er zahlt also immer 9000 DM pro Jahr, das heißt im zweiten Jahr wird durch die ersparten Zinsen von 80 DM ein zusätzlicher Betrag zur Tilgung frei.

Auf den ersten Blick erscheint es, als brauchte man zur Rückzahlung dieses Darlehens 100 Jahre. Tatsächlich dauert es jedoch nur etwa 30 Jahre, da die eingesparten Zinsen verstärkt zur Tilgung herangezogen werden.

Anbei eine Darstellung, die dieses Prinzip verdeutlicht. Angenommen wurden hier ein Zinssatz von 7 Prozent.

Tilgungsdarlehen einer Bank

Zins: 7,00% p.a.,
Tilgung: 1,00% p.a. (vierteljährliche Zahlweise)
Kapital: 10000,− DM,
gleichbleibende Monatsbelastung: 66,66 DM

Jahre	Jahres-Zinsen	Jahres-Tilgung	Darlehens-Rest
1	697,33	102,67	9897,33
2	689,95	110,05	9787,28
3	682,04	117,96	9669,32
4	673,56	126,44	9542,88
5	664,48	135,52	9407,36
6	654,76	145,24	9262,12
7	644,30	155,70	9106,42
8	633,12	166,88	8939,54
9	621,13	178,87	8760,67
10	608,27	191,73	8568,94
11	594,50	205,50	8363,44
12	579,73	220,27	8143,17
13	563,90	236,10	7907,07
14	546,93	253,07	7654,00
15	528,75	271,25	7382,75
16	509,25	290,75	7092,00
17	488,37	311,63	6780,37
18	465,97	334,03	6446,34
19	441,97	358,03	6088,31
20	416,24	383,76	5704,55
21	388,66	411,34	5293,21
22	359,11	440,89	4852,32
23	327,42	472,58	4379,74
24	293,46	506,54	3873,20
25	257,06	542,94	3330,26
26	218,05	581,95	2748,31
27	176,23	623,77	2124,54
28	131,42	668,58	1455,96
29	83,36	716,64	739,32
30	31,86	739,32	0,00
Summen:	**13971,18**	**10000,00**	

(Ohne Angabe weiterer Gesamtaufwandskosten!)

Disagio:

Der Begriff ›Disagio‹ bezeichnet die Differenz zwischen dem ›Nominalbetrag‹, also der *gesamten* Darlehenssumme (= 100%) und dem *Auszahlungskurs* des Darlehens, also dem Geld, das Ihnen tatsächlich von der Bank zur Verfügung gestellt wird. Wenn das Kreditinstitut zum Beispiel 100 000 DM (= 100 Prozent) Darlehen zusagt, so werden nur 95 000 DM (= 95 Prozent) wirklich ausgezahlt oder 93 000 DM oder 97 000 DM, je nachdem wie hoch oder niedrig das ›Disagio‹ angesetzt wurde. Statt ›Disagio‹ wird auch das Wort ›Damnum‹ verwendet. Durch das Disagio wird der Normalzins reduziert.

Warum das Ganze, werden Sie sich fragen? Nun, das Disagio ist steuerlich absetzbar, wenn es vor Bezug einer Immobilie anfällt (bei vermieteten Objekten kann es auch nach Bezug anfallen).

Das Disagio ist im Grunde genommen ein vorweggenommener Zins. Es reduziert die Auszahlung, aber auch den für den Festschreibungszeitraum garantierten Zinssatz.

Wenn der Auszahlungskurs unter 100 Prozent des Darlehensbedarfs liegt, der Kunde aber eine 100prozentige Auszahlung benötigt, so muß er, um 100 Prozent zu erhalten, eine Summe aufnehmen, die über 100 Prozent liegt. Dazu ein Beispiel:

Effektiver Darlehensbedarf:	100 000,00 DM
Auszahlung 92 Prozent:	92 000,00 DM
Darlehenssumme:	108 695,65 DM
davon 92 Prozent Auszahlung:	100 000,00 DM

Welche Summe Sie übrigens tatsächlich aufnehmen müssen, können Sie nach der folgenden Formel sehr leicht selbst berechnen:

$$\frac{\text{Darlehensbedarf}}{\text{Auszahlungskurs} \times 100} = \text{Darlehenssumme}$$

Effektivzins:

Da Hypothekendarlehen normalerweise zu weniger als 100 Prozent ausgezahlt werden (die Differenz ist das eben zitierte ›Disagio‹), gilt der von den Kreditinstituten angegebene Zinssatz nur ›nominal‹ (auf dem Papier) und nicht ›effektiv‹ (tatsächliche Belastung des Kreditnehmers).

Der Effektivzins sollte dem Kunden ein Instrument an die Hand geben, mit dem er die tatsächlichen Kosten eines Kredites vergleichen kann (siehe Preisangabenverordnung).

Als wichtigste Faktoren fließen in die Effektivzinsberechnung folgende Bestandteile ein: Nominalzins, Disagio, Zinsfestschreibungszeit, Tilgungsverrechnung, Gebühren, Tilgungshöhe bzw. -art.

Die Effektivzinsberechnungsformel (was für ein Wort!) möchten wir Ihnen hier ersparen, sie ist hochkompliziert. Mit dem Effektivzins können Sie unterschiedliche Zinssätze, Disagien und Festschreibungszeiträume auf einen Nenner bringen. Wir empfehlen Ihnen jedoch: Lassen Sie sich trotzdem die einzelnen Teile wie oben angeführt nennen, so daß Sie vergleichen können. Besonders in den Gebühren oder Nebenkosten liegt eine Gefahr. Fragen Sie den Banker ruhig ›Löcher in den Bauch‹.

Festdarlehen oder Darlehen mit *Tilgungsaussetzung:*

Beim ›Festdarlehen‹, auch ›Fälligkeitsdarlehen‹ genannt, wird die einmalige Rückzahlung des gesamten Darlehens zu einem vorher bestimmten Termin vereinbart. An diesem Termin werden die 100 000 DM, um bei unserem Beispiel zu bleiben, fällig.

Die Tilgung erfolgt durch die Auszahlung einer Lebensversicherung.

Es muß also bei Darlehensauszahlung eine Lebensversicherung abgeschlossen werden. In die Lebensversicherung zahlt der Versicherte in der Regel monatlich seine Prämie.

Der Vertrag wird dann einschließlich der Gewinne nach einer vorher festgelegten Zeit (etwa nach 25 Jahren) an die Bank ausbezahlt.

Das heißt, Sie zahlen an die Bank Zinsen, an die Lebensversicherung Prämien. Die Prämien stellen also die Tilgung dar. Diese wird allerdings nicht sofort, sondern erst nach Ablauf des Versicherungsvertrages an die Bank bezahlt.

Nominalzins: (vgl. Effektivzins)

Der Zins, den Sie laut Kreditvertrag an die Bank entrichten. Er sagt nichts über die tatsächlichen Kosten, nämlich den Effektivzins, aus.

Preisangabenverordnung:

Am 1. September 1985 trat die Preisangaben-Verordnung für die Kreditwirtschaft (PangV) in Kraft. Damit wollte der Gesetzgeber dem Verbraucher ein Instrument an die Hand geben, das es ihm ermöglicht, die tatsächlichen Zinsen (Effektivzins) der einzelnen Kreditangebote miteinander zu vergleichen.

Die Durchführungsverordnung bestimmt etwa 25 Faktoren, die bei der Berechnung des Effektivzinses berücksichtigt oder nicht berücksichtigt werden müssen. Es scheint jedoch, daß inzwischen Mathematikexperten in den Kreditabteilungen der Banken eine Möglichkeit gefunden haben, um die Vernebelungstaktik bei den Kreditgebühren fortzuführen. Es bleibt Ihnen also *nicht erspart,* selbst sehr genau zu recherchieren.

Tilgung:

Als ›Tilgung‹ bezeichnet man die Rückzahlung eines Darlehens zu den vereinbarten Bedingungen (vgl. auch Annuitäts- und Festdarlehen).

Tilgungsstreckung:

Darlehen werden in der Regel unter 100% ausgezahlt. Die Differenz (Disagio, Damnum) zwischen Darlehensbedarf und tatsächlich ausgezahlter Darlehenssumme kann auf zwei Arten überbrückt werden:

(1) Sie fordern von vornherein eine höhere Kreditsumme. Beispiel:

Effektiver Darlehensbedarf	100 000,00 DM
Auszahlung 92 % (8 % Disagio)	92 000,00 DM
Auf dem Papier stehende Darlehenssumme	108 695,65 DM
Effektive Auszahlung	100 000,00 DM

Durch die größere Darlehenssumme erhöht sich auch die monatliche Zinsbelastung.

(2) Sie nehmen ein Zusatzdarlehen auf. Man nennt es ›Disagiodarlehen‹ oder ›Tilgungsstreckungsdarlehen‹. Bei der Tilgung für das Darlehen über 100 000 DM, das ›Hauptdarlehen‹, setzt man dabei eine Zeitlang aus. Zunächst wird das Zusatzdarlehen getilgt (ebenfalls durch Zinsen plus Tilgung). Erst dann wird wieder das Hauptdarlehen abbezahlt. Die Tilgung wird auf diese Weise gestreckt.

Tip: ›Tilgungsstreckungsdarlehen‹ sind fast immer ungünstig für den Bankkunden. Wenn möglich vermeiden.

Variabler Zinssatz:

Die Vereinbarung eines variablen Zinssatzes bedeutet, daß der Zinssatz den Marktverhältnissen angepaßt wird. Im Gegensatz zur vertraglichen Zinsfestschreibung auf einen bestimmten Zeitraum sichert der variable Zinssatz dem Darlehensnehmer die Ausnutzung einer möglichen Zinssenkung. Andererseits kann die Vereinbarung eines variablen Zinssatzes dazu führen, daß aufgrund stark steigender Zinsen das gesamte Finanzierungskonzept zusammenbricht und dem Käufer sozusagen der Boden unter den Füßen weggezogen wird, er also ungleich mehr zahlen muß als ursprünglich angenommen.

Vorschaltdarlehen:

Wenn der Markt einen Zinsrückgang erwarten läßt, kann der Zeitraum bis zur Vereinbarung eines längerfristigen Darlehens durch ein sogenanntes ›Vorschaltdarlehen‹ überbrückt werden.

Meist wird dafür eine ein- bis zweijährige Zinsbindung vereinbart.*)

Soweit zu einigen Fachausdrücken.

Gehen wir nun ans Eingemachte, und betrachten wir die verschiedenen Möglichkeiten, die sich Ihnen bieten:

Zur klassischen Baufinanzierung gehört normalerweise eine Hypothek. Hypotheken erhalten Sie normalerweise von Hypothekenbanken, aber auch von Geschäftsbanken, Genossenschaftsbanken und Sparkassen, die meist mit ›Hypothekentöchtern‹ zusammenarbeiten. Aus diesem Grunde *kann* die gesamte Finanzierung zum Beispiel auch über Ihre Hausbank laufen, wenn Sie selbst – bzw. mit Hilfe eines Finanz- oder Vermögensberaters – die zinsgünstigste Hypothek ermittelt haben.

Stellen wir uns also vor, Sie gingen noch heute zu Ihrer Bank. Hier erhalten Sie auf Anfrage ein Angebot: Zum Beispiel offeriert man Ihnen 6,5 Prozent Zins, Auszahlung 95 Prozent, fest auf fünf Jahre. Bei solchen Angeboten ist jedoch Vorsicht geboten! Um die verschiedenen Offerten miteinander vergleichen zu können, müssen Ihnen die Banken und Kreditinstitute den *Effektivzins* nennen, der besagt, wieviel Prozent Zinsen tatsächlich für die geliehene Summe zu zahlen sind. Der Nominalzins ist wenig aussagekräftig. Mit Hilfe eines ›Hypothekenspiegels‹ (veröffentlicht zum Beispiel regelmäßig in der Zeitschrift ›Capital‹) sehen Sie den Nominalzins dem Effektivzins gegenübergestellt.

---

*) Vgl. auch Ha. A. Mehler/Klaus Kempe: Wie mache ich mich als Immobilienmakler selbständig? Rentrop-Verlag, Bonn – Bad-Godesberg

Bank	Zinsen %	Auszahlungswert %			anfängl. effektiver Jahreszins
	Nominal	5 Jahre	10 Jahre	15 Jahre	
Deutsche Centralbodenkredit AG	5,0 6,5 7,5	93,20	94,80	99,05	6,50 7,20 7,60
Bayerische Handelsbank	5,5 6,0 7,55	96,00	91,00	100	6,65 7,59 7,84
Frankfurter Hypothekenbank	5,0 6,5 7,5	93,20	94,80	99,05	6,50 7,20 7,60
Hypothekenbank	5,75 6,00 6,625	97,75	91,75	91,50	6,51 7,47 8,21
Hessische Landesbank	4,5 6,25 6,75	90,80	91,95	91,80	7,00 7,80 8,10
Lübecker Hypobank	4,50 6,50 7,50	90,95	94,80	96,80	6,89 7,55 7,96
Westdeutsche Landesbank	5,50 6,00 7,25	96,00	91,50	96,75	6,70 7,50 8,00
Deutsche Pfandbriefanstalt	5,00 6,00	93,40	91,40		6,70 7,50
Neu: KKB-Baufinanzierung	4,75 6,25	91,60	92,00		7,03 7,74

Stand: August 1986

Je niedriger der nominale Zinssatz ist, um so höher fällt das *Disagio* aus. Ein hohes Disagio ist jedoch vor allem für Bauherren interessant, denen die Verminderung des zu versteuernden Einkommens am Herzen liegt, denn es ist steuerlich absetzbar (wenn es vor Bezugsfertigkeit fällig wird).

Hypotheken werden nun in drei verschiedenen Variationen angeboten:

- mit jederzeit zu änderndem Zinssatz (variabler Zins)
- mit bis zu fünf Jahren festgeschriebenem Zinssatz (Sparkassen, Volksbanken, Raiffeisenbanken, Hypothekenbanken)
- mit über 5jähriger Festschreibung, also 7, 10, 15, 20 Jahren oder über die gesamte Laufzeit (Hypothekenbanken)

In Zeiten hoher Zinspolitik ist es ratsam, sich nur für einen kurzen Zeitraum in puncto Zinssatz festzulegen. Wenn jedoch der Zinssatz auf einem niedrigeren Stand angekommen ist, empfiehlt es sich, Zinssätze über einen längeren Zeitraum festschreiben zu lassen.

Die Sparkassen sind hinsichtlich Baudarlehen durchaus wettbewerbsfähig. In manchen Fällen bieten sie sogar günstigere Konditionen an als andere Banken. Im gegebenen Fall hilft nur ein Effektivzinsvergleich. Die Hypothekenbanken, die auf den Immobiliensektor ›von Haus aus‹ spezialisiert sind, *sollten* eigentlich besonders günstige Konditionen anbieten. Die Realität beweist jedoch, daß ihre Kreditbedingungen nicht unter denen der ›normaler‹ Banken liegen. Bei Versicherungsgesellschaften schließlich sind Hypotheken im allgemeinen wirklich empfehlenswert. Das Procedere haben wir bereits vorgestellt: Sie schließen eine Lebensversicherung ab, woraufhin die Tilgung entfällt, denn die Hypothek wird bei Auszahlung der Versicherungspolice abgelöst. Statt Zins und Tilgung belasten den Bauherrn Zins und Versicherungsprämie. Aber die Versicherungsprämie kann steuerlich abgesetzt werden. Bei der Versicherungshypothek bleibt der Zinssatz übrigens solange konstant, bis die fällige Lebensversicherung das Darlehen ablöst. Infolgedessen können immer gleichbleibend hohe Zinssätze bei dieser Variante abgesetzt werden. Dies gilt ab sofort jedoch nur noch für vermietete Objekte. Bei Einfamilienhäusern mit Einliegerwohnung nur noch für die Zinsen aus der Einliegerwohnung.

Für die Finanzierung über eine Bank mit Tilgungsaussetzung über einen Lebensversicherungsvertrag gilt die obige Aussage ebenso.

Auf die Versicherungsbeiträge ist zu achten

Versicherer	Aus-Zahlung in Prozent	Zins	Effektiv-Zins*	Fest-schreibung Jahre
Aachen/Münchener	94,25	6,00	6,97	10 J.
Allianz	92,00	5,75	7,15	10 J.
Barmenia	92,00	5,50	6,82	10 J.
Basler	94,00	5,75	6,84	10 J.
Bayern-Versicherung	92,25	5,75	7,11	10 J.
Cosmos	94,00	6,00	7,09	10 J.
Debeka	100,00	7,00	7,19	10 J.
Gerling-Konzern	92,75	5,75	7,01	10 J.
Hannoversche	94,75	6,00	7,03	10 J.
HUK-Coburg-Leben	93,00	6,00	7,11	10 J.
Iduna	96,75	6,25	7,02	10 J.
Nürnberger	92,50	5,75	6,98	10 J.
Universa	94,75	5,75	6,68	10 J.
Victoria	93,50	5,75	6,92	10 J.
Volksfürsorge	92,75	5,75	7,16	10 J.

Quelle und Berechnungen: Finanzberatung Max Herbst (FMH), Frankfurt/M.
* Nach Preisangabenverordnung   Stand: Oktober '86
Quelle: DM extra, 12/86

Ansonsten sind auch die Konditionen der verschiedenen Versicherungsgesellschaften nicht normiert. Die Lösung besteht also wieder darin, zu *vergleichen*. Diverse Fachzeitschriften veröffentlichen in regelmäßigen Abständen entsprechende Untersuchungen. Anbei ein Beispiel:

Darlehns-betrag bei 100 000 Mark Auszahlung	Monatliche Zins-belastung in Mark	Billigster monatlicher LV-Beitrag für 35jähr.	Darlehen zurück-bezahlt nach Jahren	Bleibt Überschuß von ca. ... Mark
106 100	530,50	270,20	30 J.	125 000
108 695	520,80	138,60	30 J.	15 000
108 695	498,20	208,30	26 J.	9 000
106 383	509,80	162,50	30 J.	47 000
108 401	519,40	121,90	30 J.	unbedeutend
106 383	531,90	115,20	30 J.	unbedeutend
100 000	583,30	190,00	23 J.	unbedeutend
107 816	516,60	136,90	30 J.	25 000
105 540	527,70	129,20	30 J.	32 000
107 526	537,60	165,90	25 J.	unbedeutend
103 359	538,30	157,50	30 J.	35 000
108 108	518,00	154,70	30 J.	44 000
105 540	505,70	160,80	30 J.	49 000
106 951	512,50	137,90	30 J.	25 000
107 816	516,60	148,10	35 J.	65 000

Ein Vergleich der Darlehenskonditionen von Versicherungen ist nur aussagekräftig, wenn die dazugehörenden Lebensversicherungen einbezogen werden, besonders die monatlichen Beiträge und die Überschüsse nach Ablauf des Darlehens.

Über welchen Betrag muß nun die abzuschließende Lebensversicherung lauten? Da sich die eingezahlten Versicherungsbeiträge nach ca. 25 Jahren erfahrungsgemäß verdoppeln, begnügen sich einige Gesellschaften mit der Hälfte der Darlehenssumme. Andere wiederum verlangen bis zu 100 Prozent. Banken begnügen sich oftmals mit 33 Prozent, wenn eine Dynamisierung der Beiträge vereinbart wird.

Prinzipiell gilt wie schon gesagt: *Prüfen* Sie die Angebote auf Konditionen, Abschlußsumme der Lebensversicherung und Nebenkosten. Oft hilft ein Finanz- oder Vermögensberater, der weder den Banken verpflichtet ist noch den Versicherungen. Auch Zeitschriften wie ›DM extra‹ bieten mitunter einen neutralen Beratungsservice. Anbei ein Beispiel:

Service für Bauherren

Laien können kaum die für sie selbst beste Finanzierungsvariante aus allen Angeboten der Banken, Sparkassen, Versicherungen, Bausparkassen und Spezialinstitute herausfinden. Dafür gibt es Spezialisten, die gegen Gebühr Beratung und Berechnungen vornehmen. DM bietet seinen Lesern eine Finanzierungsberatung, die gleich mehrere Vorteile vereint:

■ Nur 30 Mark statt der sonst üblichen 50 Mark kostet eine ausführliche Beratung.
■ Die Berater sind weder bei einem Kreditinstitut angestellt noch über Provisionsverträge an ein Institut gebunden.
■ Die günstigsten Konditionen von über 100 Baugeld-Gebern sind die Grundlage der Berechnung.
■ Die schriftlichen Gutachten der DM können als Basis für die Verhandlungen mit der Hausbank dienen.

Immer mehr Banken bieten darüber hinaus im Rahmen ihres Kundenservices ein Computerprogramm an. Der Bankberater gibt die persönlichen Daten des Kunden in den Computer ein. Wenig später spuckt das Elektronengehirn einen individuellen Finanzierungsplan für ein spezielles Bauobjekt aus – aufgeschlüsselt nach monatlicher Belastung, steuerlichen Vergünstigungen und einer Gegenüberstellung von Brutto- und Nettomonatsbelastungen. So ein Programm kann eine gute Vorausschau für das Bauvorhaben darstellen.

Sie sehen, einige Banken sind daran interessiert, Ihnen weiterzuhelfen – schließlich verdienen Sie an Ihnen gutes Geld. Es existieren wirklich viele Möglichkeiten. Schauen wir uns jetzt noch einmal im Überblick Beispiele verschiedener Kredit-

---

- Wer das DM-Angebot in die Tat umsetzen will, kann das ohne Mehrkosten realisieren.
- Telefon-Terror durch Verkäufer oder Belästigungen durch ungebetene Berater zu Hause sind vertraglich ausgeschlossen.

Fragebogen für diese Aktion aus DM extra ›Bauen '86‹ bekommt gratis, wer einen mit 80 Pfennig frankierten und mit der Rückanschrift versehenen Freiumschlag schickt an: Redaktion DM in 4000 Düsseldorf 1, Postfach 1102, Stichwort Finanzierungs-Fragebogen.

Wer dann den Fragebogen genau ausfüllt, einen Scheck von 30 Mark dazugibt und beides wieder an die Redaktion der DM, Kasernenstraße 67 in 4000 Düsseldorf 1, Stichwort: Finanzierung, schickt, bekommt von der Finanzberatung Max Herbst (FMH) aus Frankfurt (Tel.: 069/683390) ein mehrseitiges Gutachten mit vier Finanzierungsvorschlägen und einer Vergleichsübersicht der vier Varianten.

Quelle: DM extra 12/86

geber bei der Baufinanzierung an, die Ihnen zur Verfügung stehen:

- Geschäftsbanken
- Hypothekenbanken
- Landesbanken
- Lebensversicherer
- Bausparkassen
- Öffentliche Baugelder

EINKOMMENSRASTER für die Finanzierung von Bauherren-, Bauträger- und Erwerbermodellen

Familienstand	aller Wohnungen des Dar-		
	100	150	200
Alleinstehende	50	56	61
Ehepaar ohne/mit 1 Kind	53	63	71
Ehepaar mit 2 Kindern	60	70	77
Ehepaar mit 3 und mehr Kindern	67	79	87

Weitere Mindestanforderungen:
1. Ein zumindest gleich hohes Einkommen muß auch in den nächsten Jahren zu erwarten sein.
2. Der Darlehensnehmer soll grundsätzlich nicht älter als 55 Jahre sein.

Grundlage der Bonitätsprüfung ist außerdem die Einkommens- und Vermögensauskunft mit den dazugehörigen Unterlagen.

Eine Frage wird in diesem Zusammenhang immer wieder gestellt. Wieviel kann, wieviel darf man borgen?

Nun, dies kommt ganz auf die Höhe Ihres zu versteuernden Jahreseinkommens an. Nachstehend eine Tabelle, die Ihnen bei der Beantwortung dieser Frage Hilfestellung leisten kann:

Das nachhaltig zu **versteuerende Jahreseinkommen** der Darlehensnehmer muß mindestens betragen (in TDM):

Darlehensvolumen lehensnehmers in Bauherren-, Bauträger- und Erwerbermodellen							
250	**300**	**350**	**400**	**450**	**500**	**600**	**700**
68	75	81	87	92	97	107	116
81	90	97	104	110	115	123	130
87	95	103	110	115	120	128	137
98	107	116	123	129	134	140	147

(Ein Anspruch auf Darlehensgewährung wird hiermit nicht begründet.)

Quelle: Kempe Brief 12/85

Auf einen Blick

1. Die favorisierte Geldquelle von Immobilienerwerbern: Bausparkassen. Mittlerweile existieren mehrere Varianten. So gibt es:
a) Bauspardarlehen mit Disagio
b) Bauspardarlehen mit höheren Guthabenzinsen
c) Bauspardarlehen mit Schnelltarif
d) Bauspardarlehen gekoppelt mit einer Lebensversicherung
e) Bauspardarlehen mit zwischenzeitlichem Dispositionskredit

2. Finden Sie selbst den günstigsten Anbieter heraus. Es gibt 13 öffentlich-rechtliche und 18 private Bausparkassen.

3. Beim ›Annuitätsdarlehen‹ oder ›Tilgungsdarlehen‹ werden kontinuierlich Zinsen und Tilgung bezahlt. ›Disagio‹ bezeichnet die Differenz zwischen dem Nominalbetrag der Kreditsumme und dem (tatsächlichen) Auszahlungskurs.

Unter ›Nominalzins‹ versteht man den von der Bank genannten Zinssatz. Wenn Sie eine Offerte mit anderen Kreditangeboten vergleichen wollen, müssen Sie den ›Effektivzins‹ erfragen.
Beim ›Festdarlehen‹ (oder Fälligkeitsdarlehen) wird das gesamte Darlehen zu einem vereinbarten Termin zurückgezahlt.

Die ›Preisangabenverordnung‹ verpflichtet die Banken, den Effektivzins für Kredite zu nennen.
Als ›Tilgung‹ bezeichnet man die Rückzahlung des Darlehens.
Die ›Tilgungsstreckung‹ ist ein Darlehen, das das Disagio überbrückt. Unser Tip: nicht empfehlenswert!
Durch den ›variablen Zinssatz‹ wird der Zins des Darlehens der Marktsituation angepaßt.
Ein ›Vorschaltdarlehen‹ überbrückt den Zeitraum bis zur Vereinbarung eines längerfristigen Kredits.

4. Man unterscheidet Hypotheken
- mit jederzeit zu änderndem Zinssatz
- mit bis fünf Jahre festgeschriebenem Zinssatz und
- mit auf zehn Jahre und länger festgeschriebenem Zinssatz

5. In Zeiten hoher Zinspolitik ist es ratsam, sich nur für einen kurzen Zeitraum in puncto Zinssatz festzulegen. Wenn jedoch der Zinssatz auf einem niedrigsten Stand angekommen ist, empfiehlt es sich, Zinssätze über einen längeren Zeitraum festschreiben zu lassen.

6. Sparkassen bieten mitunter günstigere Konditionen als andere Banken. Empfehlenswert ist auch die Zusammenarbeit mit Versicherungsgesellschaften. Versäumen Sie jedoch nie, Vergleiche anzustellen.

7. Spezialisten tüfteln für Sie die beste Finanzierungsvariante heraus. Zum Beispiel:
a) unabhängige Vermögensberater
b) unabhängige Immobilienmakler
c) unabhängige Finanzberater über Fachzeitschriften
d) einige Banken via Computer

X. Die hohe Schule der Kreditverhandlung

1. Die Hälfte des Ganzen: die Vorbereitung

Im Kapitel über die Kreditgrundsätze der Banken sind wir auf einen wichtigen Umstand bereits eingegangen, auf die lückenlose, professionelle *Vorbereitung*. Wenn Sie Ihrem Banker Ihre Situation präsentieren und ›Bilanz‹ ziehen wollen, so empfiehlt es sich, in zwei Schritten vorzugehen. Ermitteln Sie zunächst Ihren *Vermögensstatus,* und untersuchen Sie daraufhin Ihre *Ertragskraft.*

Um den Vermögensstatus zu ermitteln, müssen Sie exakt feststellen, was Ihnen gehört. Listen Sie auf der linken Seite eines Blattes also unter ›Aktiva‹ auf, was Sie besitzen, und fügen Sie eine grobe Wertschätzung bei. Zu Ihrem Vermögen zählt die Wohnungseinrichtung, das Auto, die Fotoausrüstung, eventuell eine voll ausgestattete Dunkelkammer, wertvolle Sammelgegenstände wie Münzen, Briefmarken und auch Kunstgegenstände. Tragen Sie Sorge dafür, daß Sie nichts Wichtiges vergessen. Vervollständigen und verfeinern Sie diese Aufzeichnungen, so daß sie für einen Banker aussagekräftig sind, wenn sie ihm vorgelegt werden

Auf der rechten Seite des Blattes listen Sie Ihre Verbindlichkeiten auf. Die ›Passiva‹ sollten mit der gleichen Liebe zum Detail festgehalten werden, denn es zahlt sich nicht aus, wenn man der Bank Informationen vorenthält. Unter dieser Rubrik müssen Sie aufgenommene Kredite, die noch nicht abgeschlossene Finanzierung Ihres Autos, Grundschulden und andere Verbindlichkeiten aufführen.

Ziehen Sie nun einen Strich unter die Aktiv- und Passiv-Posten, und subtrahieren Sie die Passiva von den Aktiva: Das Ergebnis stellt Ihr gegenwärtiges Vermögen ohne alle Verbindlichkeiten, Ihren *Vermögensstatus* also, dar. Studieren Sie hierfür das nachfolgende Beispiel. Wir möchten ergänzend hinzufügen, daß der Banker die auf der Aktiv-Seite aufgeführte Wohnungseinrichtung und alle Luxusgegenstände des persönlichen Bedarfs (in unserem Beispiel Fotokamera, Kunstgegenstände und Kraftfahrzeuge) *nicht* als Sicherheit für einen Kredit verwertet. Diese Beträge dienen dem Banker lediglich dazu, abzuschätzen, was Sie bislang mit Hilfe Ihrer Ertragskraft anschaffen konnten.

Ein Beispiel:

Vermögensstatus

Aktiva	DM	Passiva (Schulden)	DM
Wohnungseinrichtung	40 000	Grundschuld	200 000
Fotokamera	2 000	(für Eigentums-	
Kunstgegenstände	30 000	wohnung)	
Erbteil der Eltern (Ehefrau)	20 000	laufender Kredit	10 000
Erbteil der Eltern (Ehemann)	100 000		
2 Kfz	20 000		
Maschinen	50 000		
Eigentumswohnung	250 000		
Anteil im Geschäft	50 000		
Lebensversicherungen (angespart bis)	20 000		
Bausparvertrag	20 000		
	602 000		210 000

Aktivvermögen	602 000 DM
	210 000 DM
	392 000 DM

Lebensversicherungen und Bausparverträge sind für den Banker nur in der Höhe ihres momentanen Rückkaufswertes interessant. Bringen Sie den aktuellen Wert also *vor* dem Bankgespräch in Erfahrung — bei der Versicherungsgesellschaft bzw. der Bausparkasse

Als nächstes ist unter Umständen Kleinarbeit zu leisten. Aber hier kann gegebenenfalls die ganze Familie mithelfen. Alle monatlich wiederkehrenden Ausgaben müssen exakt aufgeschrieben werden, als da sind: Zeitungs- und Telefongebühren, Miete, Nebenkosten, die Beiträge für Vereine und berufsständige Organisationen für alle Familienmitglieder, die Haushaltskosten, die Kfz-Unterhaltskosten usw.

In unserem Beispiel zur Ermittlung der persönlichen *Ertragskraft* sind auf der linken Seite alle Einnahmen aufgeführt, das Einkommen aller Familienmitglieder, die Einnahmen aus einem Mietobjekt und der Verdienst aus einem Nebenjob. ›Einnahmen‹ beinhalten nicht nur das Monatsgehalt, sondern auch Gewinne aus ›Schnäppchen‹, Zinsgewinne und Gewinne aus Effektengeschäften (Wertpapiergeschäfte) etwa. Diese Summe muß also keineswegs immer mit dem zu versteuernden Roheinkommen übereinstimmen. Ihre Absicht besteht darin, dem Banker begreiflich zu machen, wie positiv Sie mit Ihrem Geld umgegangen sind. Es geht *nicht* um eine *steuerliche Betrachtungsweise*. Dem gegenüber stellen Sie die Finanzierung Ihrer Eigentumswohnung (zum Beispiel), einen bestehenden und noch abzuzahlenden Kredit, den Lebensunterhalt und die zu erwartenden Steuern.

Unter der Rubrik ›Lebensunterhalt‹ haben wir in unserem folgenden Beispiel der optischen Einfachheit halber alle Details wie Miete, Zeitungs- und Telefongebühren, Haushaltskosten, Kfz-Kosten usw. einbegriffen. Sie *können* dies auch tun, aber eine minutiöse Aufführung überzeugt den Banker noch mehr.

Steuern müssen Sie natürlich nur ansetzen, wenn Sie selbständig sind oder wenn Sie als Arbeitnehmer abgesehen von den einbehaltenen Steuern vierteljährlich einen Abschlag an Einkommensteuer an das Finanzamt zahlen, wenn Sie also neben Ihrer Arbeitnehmertätigkeit noch eine zweite, selbständige Tätigkeit ausüben. Wir haben in unserem Beispiel der Einfachheit halber alles auf das Jahr umgerechnet. Sie können natürlich auch einmal Gegenüberstellungen pro Monat für Ihre monatlich (schwankende) Ertragskraft vornehmen, um sich ein genaueres Bild zu verschaffen. Addieren Sie auch hier wieder die Summen der einzelnen Spalten, und ziehen Sie die Ausgaben von den Einnahmen ab. Was unter dem Strich verbleibt, nennt man *Ertragskraft*.

Ein Beispiel:

Ertragskraft

Einkommen (pro Jahr)	DM	Ausgaben (pro Jahr)	DM
Verdienst (Ehemann)	80 000	Finanzierung (Eigentumswohnung)	15 000
Verdienst (Ehefrau)	30 000	Kredit	4 000
Mieteinnahmen (Eigentumswohnung)	5 000	Lebensunterhalt	24 000
Nebenjob: Unterricht	8 000	Steuern	20 000
	123 000		63 000

Ertragskraft: 123 000 DM
               − 63 000 DM
               ─────────────
                60 000 DM

Übersteigen die Ausgaben die Einnahmen und verstehen Sie es trotz genauester Analyse nicht, diesem Übel abzuhelfen, dann müssen Sie darauf gefaßt sein, daß keine Bank der Welt Ihnen Kredit geben wird. Können Sie jedoch demonstrieren, daß Sie langfristig zu planen verstehen und daß Sie genauen Aufschluß über Ihre Vermögenssituation und über Ihre Zukunftsplanung in finanzieller Hinsicht geben können, so wird Ihnen nahezu jede Bank Geld leihen. Eine tadellose Auflistung beeindruckt den Banker. Selbst wenn Sie unbekannt sind, so wird dieses Vorgehen einen guten Eindruck hinterlassen. Abgesehen von den (durch Unterlagen) belegten Vermögenswerten beeinflußt ihn noch eine andere Frage, nämlich: Wie packen Sie Ihre

Zukunft an, welche Ziele haben Sie sich gesetzt, in welche Richtung steuern Sie hinsichtlich Ihrer beruflichen Zukunft? Seien Sie auf solche Fragen gefaßt, und bereiten Sie sich vor.

Aber: Fallen Sie dennoch nicht mit der Tür ins Haus! Lassen Sie auf jeden Fall auch den Banker *reden* und seine Vorstellungen von der Besicherung des Kredites vorbringen. Sie sollten ohnehin einen Kreditantrag nicht sofort nach Beendigung des Kreditgespräches unterzeichnen. Einige wirklich ausgefuchste Verhandlungspartner nehmen bewußt nicht alle Unterlagen mit, damit der Banker noch etwas nachfordern kann und kein allzu perfekter Eindruck entsteht.

Bei unserem Beispiel zur Ermittlung von Ertragskraft und Vermögensstatus haben wir eine *Familie* zugrundegelegt. Leben Sie mit einem Partner oder einer Partnerin zusammen, dann können Sie nicht so ohne weiteres die Einnahmen und Ausgaben und Ertragskraft dieses Hausstandes zugrundelegen. Die Banken behandeln Sie als Einzelpersonen. Aber nehmen wir an, daß Sie nicht in gesicherten Verhältnissen leben. Auch dann kann Ihnen geholfen werden. Sie müssen der Bank zwar auch in diesem Fall Ihre Einkünfte offenlegen. Wenn Sie glaubhaft machen können, daß Ihr Lebensunterhalt durch ein regelmäßiges Einkommen ebenfalls gesichert ist, auch ohne Festanstellung, dann wird Ihnen die Bank ebenfalls einen (sogar langfristigen) Kredit einräumen. Ein langfristiger Kredit bedarf allerdings einer guten grundbuchlichen Absicherung.

Die Banken verlangen bei der Anbahnung einer Kreditgewährung oft auch eine sogenannte ›Selbstauskunft‹. Dabei handelt es sich um eine Kombination der von uns hier vorgestellten Ertragskraft und des Vermögensstatus.

Anbei ein entsprechendes Formular. Unsere Empfehlung: Füllen Sie eine solche Selbstauskunft immer zu Hause aus, und überlegen Sie, ob Sie auf alles eine Antwort geben wollen. Natürlich kann die Enthaltsamkeit bei einigen Fragen zu einer Ablehnung des Kredites führen. Mit einer solchen Selbstauskunft ist meist die Ermächtigung gekoppelt, eine Schufa-Auskunft einzuholen. Studieren Sie jedoch zunächst erst einmal die beiden folgenden Seiten:

Selbstauskunft

Bitte dem Auftragsformular ausgefülltes Selbstauskunftsformular beifügen!

A Persönliche Angaben des Antragstellers (I) und Ehegatten (II)

Name/Vorname/Titel/ggf. Geburtsname				Geburtsdatum	Staatsangehörigk.
I.					
II.					
Straße/Hausnummer	PLZ	Wohnort			Telefon-Nr.
Beruf/Branche	selbständig ja nein	beschäftigt bei/als			seit
I.	○ ○				
II.	○ ○				
Familienstand: ☐ ledig ☐ verheiratet ☐ verwitwet ☐ geschieden ☐ getrennt lebend		Güterstand: ☐ gesetzlich ☐ Gütertrennung		Unterhaltsberechtigte Kinder/Personen: Anzahl: jeweiliges Alter	
Bankverbindung (Kto-Nr./Institut/Bankleitzahl)					

B Angaben über die Einkommensverhältnisse (Angaben pro Monat)

Einnahmen	DM	DM	Ausgaben	DM	DM
regelmäßiges Nettoeinkommen (Lohn, Gehalt) d. Antragstellers			Laufende Haushaltsausgaben		
regelmäßiges Nettoeinkommen des Ehegatten			jetzige Wohnungsmiete		
zukünftige Mieteinnahmen aus zu finanzierendem Objekt			Lfd. Belastungen aus Darlehen, Ratenkäufen, Unterhaltszahlg. u. a.		
Sonstige Nettoeinkommen Art:			Beiträge für Bausparverträge, Lebensversich. (soweit nicht für Gesamtfinanz. vorgesehen)		
			Sonstiges:		
			Monatliche Belastung gesamt		

C Angaben über die Vermögensverhältnisse

Vermögen	DM	Verbindlichkeiten	DM
Haus und Grundbesitz (außer Pfandobjekt)		Hypotheken- und Grundschuldverbindlichkeiten (außer für das zu finanzierende Objekt)	
Bank- oder Sparkassenguthaben		Verbindlichkeiten aus Darlehen, Ratenkrediten u. a.	
Versicherungsansprüche (Rückkaufwert)		Rückstände aus fälligen Zahlungsverpflichtungen	
Sonstiges (Wertpapiere usw.)		Sonstige Verbindlichkeiten	
Anzahlungen auf Pfandobjekte		Gesamt	
Gesamt		übernommene Bürgschaften u. a.	

Ich/wir bestätige/n die Richtigkeit der obenstehenden Angaben

Ort	Datum	Unterschrift	Ehegatte

HINWEIS:

Die Richtigkeit der vorstehend gemachten Angaben bzgl. der Einkommen- u. Vermögensverhältnisse bitten wir von Ihrem Steuerberater testieren zu lassen; dieses Testat kann entfallen, wenn uns die Angaben durch folgende Nachweise belegt werden:

a. bei Nicht-Selbständigen   - 3 Gehaltsbescheinigungen
                                    - die letzten beiden Einkommensteuerbescheide

b. bei Freiberuflern   - die letzten beiden Einkommensteuerbescheide

c. bei Firmeninhabern oder geschäftsführende Gesellschafter - alternativ
    - 3 Jahresbilanzen mit G+V
    - zu dieser Selbstauskunft Erklärung Ihres Steuerberaters über die Entwicklung v. Einkommen und Vermögen der letzten 3 verfügbaren Jahre

Testat und Anschrift des Steuerberaters:

Unterschrift des Steuerberaters

Die Bank ist berechtigt, der Schutzgemeinschaft für allgemeine Kreditsicherung (SCHUFA) Daten des Kontoinhabers und Mitantragstellers über die Errichtung und nicht vertragsgemäße Nutzung dieser Kontoverbindung zur Speicherung zu übermitteln.

Die Adresse der zuständigen SCHUFA kann bei der Bank erfragt werden. Gleichzeitig ermächtige(n) ich/wir die Bank bei meiner / unserer Bankverbindung Auskünfte einzuholen.

Unterschrift des Antragstellers	Unterschrift des Mitantragstellers bzw. Ehegatten

Ort, Datum ....

Ein weiteres Beispiel:

Bereichs-Nr.	Kunden-Stammnummer

Selbstauskunft

Angaben zur Person

☐ ledig
☐ verheiratet
☐ geschieden
☐ verwitwet

Name – auch Geburtsname – Vorname   Geburtsdatum   Staatsangehörigkeit   Familienstand
☐ Arbeiter ☐ Angestellter
☐ Beamter a.L./z.A./a.P. ☐ Zeitsoldat
☐ selbständig ☐ Pensionär

Beruf/Geschäftszweig   Stellung im Beruf   Arbeitgeber/Anschrift   seit

PLZ / Wohnort, Straße, Haus-Nr.   Telefon-Nr.

Vorherige Anschrift (falls innerhalb der letzten beiden Jahre verzogen)

──── ☐ Zugewinngemeinschaft ☐ Gütertrennung ────

Name – auch Geburtsname – Vorname des Ehepartners   Geburtsdatum   Staatsangehörigkeit
☐ Arbeiter ☐ Angestellter
☐ Beamter a.L./z.A./a.P. ☐ Zeitsoldat
☐ selbständig ☐ Pensionär

Beruf/Geschäftszweig   Stellung im Beruf   Arbeitgeber/Anschrift   seit

Unterhaltsberechtigte Kinder (Anzahl und Alter)   Sonstige unterhaltsberechtigte Personen (Anzahl und Alter)

Weitere Bankverbindungen

Einnahmen – ohne Beleihungsobjekt –
(netto – jährlich)   DM

Einnahmen aus Gehalt/Lohn/Pension
Geschäftseinkünfte
Einnahmen des Ehepartners
Sonstige Einkünfte

Ausgaben – ohne Beleihungsobjekt –
(jährlich)   DM

Miete/Wohngeld
  entfällt künftig ☐ ja ☐ nein
Feste Ausgaben
Lebenshaltungskosten
Hypotheken-/Ratenverpflichtungen
Versicherungsbeiträge
Sonst. Ausgaben (ggf. Unterhaltszahlungen)

Vermögen – ohne Beleihungsobjekt –   DM

Grundvermögen (unbebautes Grundstück/
Wohn-/Geschäftshaus/ETW)
in ___
Bankguthaben
Wertpapiere (Kurswert)
Betriebsvermögen (Eigenmittel)
per ___
Sonstiges Vermögen

Verbindlichkeiten – ohne Beleihungsobjekt –   DM

Hypotheken/Grundschulden (Restschuld)
Bank-/Ratenkredite (Restschuld)
Rückständige Steuern
Sonstige Verbindlichkeiten

Übernommene Bürgschaften

Lebensversicherungen	Versicherungsgesellschaft	Versicherte Person	Abschlußjahr	Vers. Summe DM	Prämie p.a. DM
☐ Kapital-Lebensvers. ☐ Risiko-Lebensvers.					
☐ Kapital-Lebensvers. ☐ Risiko-Lebensvers.					
☐ Kapital-Lebensvers. ☐ Risiko-Lebensvers.					

PK 10 63.1.85

Angaben zum Belehungsobjekt

Ort _____ Straße _____ Haus-Nr. _____
Erschließungskosten bezahlt ☐ ja ☐ nein ☐ zum Teil mit DM _____ ☐ vorauss. noch zu zahlen DM _____

Objekt eingetragen im Grundbuch des Amtsgerichts _____ von _____
Band _____ Blatt/Heft _____ Flur-Nr. _____ Flurstück(e)-Nr. _____
Bei Wohnungs-/Teileigentum: Miteigentumsanteil(e) _____ Grundstücksgröße _____ qm
Grundstücks-/Wohnungseigentümer/Erbbauberechtigter _____

Eintragungen im Grundbuch
Abt. II lfd. Nr. _____ (Kurzbez. des Rechts) _____
Abt. II lfd. Nr. _____ (Kurzbez. des Rechts) _____

Abt. III Betrag DM	Grundsch./Hyp.	Gläubiger	Restschuld DM	Zins- u. Tilgungsrate p. a. DM

Objekt

☐ fertiggestellt im Jahr _____ ☐ im Bau seit _____ ☐ voraussichtlicher Baubeginn _____
☐ Einfamilienhaus ☐ Mehrfamilienhaus ☐ Eigentumswohnung im _____ Stockwerk
☐ Gemischt genutztes Objekt ☐ Gewerblich genutztes Objekt ☐ Fertighaus: Hersteller _____

Objektbeschreibung – bei Neubauten im geplanten Endzustand –
Anzahl der Stockwerke _____ Wohn- bzw. Nutzfläche _____ qm, davon gewerblich _____ qm
Anzahl der Wohnungen _____ Umbauter Raum _____ cbm
Anzahl der Garagen _____ jährliche Mieteinnahmen DM _____ (bei Mehrfamilien- und Geschäftshäusern bitte separate Aufstellung beifügen)

Lage: ☐ Ortskern ☐ Wohngebiet ☐ Industrie-/Gewerbegebiet ☐ Gemischt genutztes Gebiet
Anschlüsse: ☐ Wasser ☐ Strom ☐ Gas ☐ Kanalisation
Heizung: ☐ Zentralheizung ☐ Einzelöfen mit ☐ Öl ☐ Koks/Kohle ☐ Strom ☐ Gas ☐ Fernheizung

Kostenübersicht   DM   DM   DM

A. Neubau   Grundstück
               Erwerbsnebenkosten
               Anlieger-/Erschließungskosten

               Gebäude
               Garage(n)
               Sonderausstattung
               Baunebenkosten (Architekt, Gebühren, Bauzeitzinsen)   Gesamtkosten A
               Außenanlagen

B. Kauf   Kaufpreis
               Erwerbsnebenkosten
               Sonderausstattung

C. Erneuerung Renovierung/Modernisierung
               Aus-/Um- bzw. Erweiterungsbau   Gesamtkosten B+C
               Baunebenkosten

D. Umschuldung
               Kreditinstitut

Sonstige Bemerkungen

Gegen mich wurde kein Zwangsvollstreckungs-, Konkurs-, Vergleichsverfahren oder Verfahren zur Abnahme der eidesstattlichen Versicherung beantragt oder eingeleitet.
Ich versichere die Richtigkeit der Angaben.

Ort, Datum   Ort, Datum

Unterschrift   Unterschrift
U.g.   U.g.

Wie ermittelt der Selbständige, der Unternehmer nun seinen (geschäftlichen) Status quo?

Die Möglichkeit der Kreditgewährung für die Ausweitung Ihres Unternehmens sollten Sie während der Anlaufphase bereits mit Ihrer Bank ausgelotet haben. Um in den Genuß größerer Kredite zu kommen, bedarf es – wie bereits erwähnt – der Pflege Ihres *guten Rufes* als Geschäftsmann. Wenn Sie in den vergangenen Jahren bewiesen haben, daß Sie Kredite ›sauber‹ zurückführen und Ihre Schufa-Daten über jeden Zweifel erhaben sind – und wenn auch private Auskünfte ein positives Bild von Ihnen und Ihrer Firma zeichnen, stehen die Zeichen günstig.

Jetzt gilt es, Ihre aktuelle Ertragskraft darzustellen. Zu diesem Zweck ist es notwendig, im Laufe des Geschäftsjahres – zum Ende eines Quartals oder halbjährig – Zwischenbilanzen aufzustellen. Dazu muß Ordnung in Ihren Geschäftsbüchern herrschen. Ein Kredit darf nicht den Anlaß dazu abgeben, um Ordnung in die Geschäftsunterlagen zu bringen. Es wird Ihnen als ›Out-point‹ angerechnet, wenn Informationen über das Unternehmen nicht abrufbereit sind.

Aufgrund der Analyse von Bilanz- und Ertragskraft können sich die Banken ein Bild von der voraussichtlichen Entwicklung des Betriebes machen. Danach ist eine Aussage möglich, ob Ihr Unternehmen in der Lage sein wird, den gewährten Kredit im vereinbarten Tilgungszeitraum wieder zurückzuführen. Als Unternehmer müssen Sie außerdem Ihr Augenmerk auf ein *ausgewogenes Verhältnis* zwischen Ertragskraft und Verschuldung richten. Die Kreditinstitute prüfen diese Ausgewogenheit anhand von drei Faktoren. Sie untersuchen:

- Cash-flow,
- Nettoverschuldung und
- Entschuldungsziffer.

Der *Cash-flow* beinhaltet den aus eigener Kraft erwirtschafteten Gewinn und repräsentiert damit die Ertragskraft. Hiermit finanziert man Investitionen im Anlage- und Umlaufvermögen, Kreditrückführungen und Gewinnausschüttungen. Was die

Banken besonders interessiert, ist die Ertragskraft bzw. der Gewinn der kommenden Jahre und der damit zu erwirtschaftende Cash-flow.

Die *Nettoverschuldung* errechnet sich aus der Summe aller Verbindlichkeiten (= Bruttoverschuldung) abzüglich aller Guthaben von Bank- und Postscheckkonten, dem Kassenbestand, aller Kundenforderungen (= unbezahlte Kundenrechnungen) und anderer Forderungen an Dritte.

Die *Entschuldungsziffer* resultiert aus den Faktoren Cash-flow und Nettoverschuldung. Die Formel dafür lautet:

$$\frac{\text{Nettoverschuldung}}{\text{Cash-flow}} = \text{Entschuldungsziffer}$$

Unter der Voraussetzung einer unveränderten Ertragskraft in den folgenden Jahren zeigt die Entschuldungsziffer an, in wieviel Jahren alle betrieblichen Schulden getilgt sein werden.

Je kürzer die Zeit, also je niedriger die Entschuldungsziffer, desto besser ist es um die Finanzen des Unternehmens bestellt und desto großzügiger kann die Bank Kredite gewähren, ohne unmittelbar grundbuchliche Absicherungen zu verlangen. Eine Entschuldungsziffer 2 bzw. 2,5 wird als ausgezeichnet bewertet, einer Kreditvergabe steht hier nichts im Wege; bei 3 bis 3,5 werden die Banken eventuell noch zusätzliche Sicherheiten verlangen.

Um Ihnen die Errechnung der Entschuldungsziffer noch einmal plastisch vor Augen zu führen, anbei ein Beispiel aus ›impulse‹ 5/84, das unseres Erachtens vorbildlich verständlich ist. Die Angaben sind in Mark gemacht.

So errechnen Sie den Cash-flow	Beispiel	Ihre Rechnung
Reingewinn	75 000	
+ Abschreibungen	+ 150 000	+
+ außerordentliche Aufwendungen	+ 6 000	+
− außerordentliche Erträge	− 11 000	−
+ Erhöhung (beziehungsweise − Verringerung) langfristiger Rückstellungen	+ 20 000	+
= Cash-flow	= **240 000**	=

So errechnen Sie die Nettoverschuldung	Beispiel	Ihre Rechnung
Langfristige Verbindlichkeiten	300 000	
+ kurzfristige Verbindlichkeiten	+ 700 000	+
= Bruttoverschuldung	= 1 000 000	=
− Kasse/Bankguthaben	− 50 000	−
− Debitoren/sonstige Forderungen	− 350 000	−
= Nettoverschuldung	= **600 000**	=

So errechnen Sie die Entschuldungsziffer	Beispiel	Ihre Rechnung
Nettoverschuldung	600 000	
÷ Cash-flow	÷ 240 000	÷
= Entschuldungsziffer in Jahren	= 2,5	=

Quelle: impulse 5/84

Außer der gesetzlich vorgeschriebenen Einsichtnahme in Bilanzen und Gewinn- und Verlustrechnungen dürfen Kreditinstitute keinen Einfluß auf die Geschäftsführung ausüben. Natürlich versuchen sie, bei notleidenden Krediten soviel zu retten wie möglich. Neben der Analyse von Gewinn und Verlust, der Bilanz des Unternehmens und neben einer guten Bonität legen die Kreditinstitute größten Wert auf fachliche Qualifikation und die persönliche Integrität des Unternehmers. Wenn Sie ein langfristiges Kreditengagement eingehen wollen, *müssen* Sie über Haus- und Grundbesitz verfügen, die belastet werden können.

Bevor Sie einen Besprechungstermin mit Ihrem Banker verabreden, sollten Ihre Papiere vollständig geordnet zur Verfügung stehen. Empfehlenswert ist es, sich eine Checkliste über die benötigten aussagekräftigen Unterlagen zusammenzustellen. Diese Liste sollten Sie auch nicht erst im letzten Moment komplettieren, damit Ihre Unterlagen zum vereinbarten Besprechungstermin wirklich einsehbar sind. Betrachten wir uns eine solche Checkliste im Überblick:

Nachweis über das Einkommen bei Nicht-Selbständigen:	— 3 Gehaltsbescheinigungen
	— die letzten beiden Einkommensteuerbescheide oder die Bescheide über Lohn- und Kirchensteuer
bei Selbständigen: (Freiberuflern)	— die letzten beiden Einkommensteuerbescheide
bei Firmeninhabern oder geschäftsführenden Gesellschaftern:	— 3 Jahresbilanzen mit Gewinn und Verlustrechnungen
	— und/oder die Erklärung des Steuerberaters über die Einkommensentwicklung und das Vermögen der letzten 3 verfügbaren Jahre plus Selbstauskunft
Nachweise/Unterlagen für Nicht-Selbständige/ Selbständige/Firmeninhaber (geschäftsführende Gesellschafter)	— Nachweis über Ihren persönlichen Stand (Personalausweis, verheiratet? ledig? usw.), Angabe, ob Gütertrennung oder Gütergemeinschaft vereinbart

Nachweise/Unterlagen für Nicht-Selbständige/ Selbständige/Firmeninhaber (geschäftsführende Gesellschafter)	— Nachweis Ihrer Beschäftigung (gilt durch Einkommensnachweis als erbracht) _____
	— Nachweis über Nebeneinkünfte _____
	— Nachweis über Ihr Vermögen: privater Vermögensstatus mit Nachweis (zum Beispiel: Rechnung über die gekauften Gegenstände, Kfz-Brief usw.) _____
	— Nachweis über abgeschlossene Lebensversicherungen, Bausparverträge, Sparverträge, Sparkonten, Wertpapiere und Beteiligungen. (Bei Lebensversicherungen und Bausparverträgen vorher Rückkaufswert erfragen!) _____
	— Nachweis über Brandversicherung und andere Versicherungen für Beleihungsobjekte _____
	— Unterlagen für das Beleihungsobjekt _____

— Unterlagen über die Zukunft des Unternehmers, Freiberuflers, Arbeitnehmers

— Nachweis über den beruflichen Werdegang, der eventuell in das neue Projekt einmündet oder der generell dem Banker über die berufliche Qualifikation Aufschluß gibt

Als Unternehmer fließen natürlich in die Zukunftsplanung Angaben über Umsatzentwicklung und neue Zielgruppen ein, sowie über die Entwicklung der Lohnkosten, des Einkaufs, der Kalkulation und der Kunden. Auch private Entnahmen aus dem Betrieb oder aus der selbständigen Tätigkeit spielen eine Rolle. Wir können Ihnen hier keine hieb- und stichfeste Checkliste anbieten, die für alle Fälle zutrifft. Das Checklistengerüst liefert Ihnen aber zumindest Anhaltspunkte. Von Bedeutung ist in diesem Zusammenhang, daß Sie *nie Originale* von Dokumenten *herausgeben* sollten, lassen Sie beglaubigte Abschriften anfertigen, falls Kopien nicht ausreichen.

Soll eine Immobilie beliehen werden, muß zunächst sein *Wert* ermittelt werden. Dazu verlangen die Banken sogenannte Beleihungsunterlagen. Dazu gehören:

1 Kaufvertrag

2 Grundbuchauszug

Im Grundbuch sind alle Grundstücke verzeichnet; das Grundbuchamt selbst ist eine Abteilung innerhalb des Amtsgerichts. Lediglich in Baden-Württemberg wird das Grundbuch zum

Teil von Notaren geführt. Im Grundbuch sind die genauen Besitz- und Rechtsverhältnisse das Grundstück betreffend festgeschrieben. Einsicht in das Grundbuch hat der Eigentümer, Notare und Personen, die ein ›berechtigtes Interesse‹ darlegen können. Vielfach ist für Außenstehende eine Vollmacht vonnöten.

3 Wohnflächenberechnung

4 Kubusberechnung

Sie ist bei alten Gebäuden nicht immer vorhanden, ist jedoch relativ einfach durchzuführen. ›Kubus‹ bedeutet wörtlich ›Würfel‹, bezeichnet hier den umbauten Raum. Die Formel für die Berechnung lautet: Länge x Breite x Höhe.*)

Die Kubusberechnung ist besonders für die Wertschätzung von Bedeutung.

5 Auszug aus dem Liegenschaftsbuch

6 Abzeichnung der Flurkarte

7 Grenzbescheinigung

Mit *Kataster* bezeichnet man das amtliche, vermessungstechnische Verzeichnis, worin unter anderem Lage, Größe und Nutzung des Grundstücks angegeben sind. Das Kataster ist nach Gemeindebezirken bzw. *Gemarkungen* geordnet. Ein Gemeindebezirk kann mehrere Gemarkungen umfassen. Gemarkungen wiederum sind in *Flure* unterteilt, die Flure in Flurstücke.

Das *Liegenschaftsbuch* ist ein Grundstücksverzeichnis, die Flurkarte zeigt Ihnen genau an, wo Ihre Flurstücke liegen (statt des Begriffs ›Flurstück‹ wird auch das Wort ›Parzelle‹ verwendet). Aus *Grenzbescheinigungen* ist ersichtlich, ob auf dem betreffenden Grundstück Gebäude errichtet wurden und ob diese innerhalb der rechtmäßigen Grenzen stehen. Grenzüberschreitungen werden bei der Beleihung berücksichtigt, denn eventuelle Rechte der Nachbarn können den Wert des Grund-

---

*) Vgl. Ha. A. Mehler/Klaus Kempe: Wie mache ich mich als Immobilienmakler selbständig? Rentrop Verlag, Bonn-Bad Godesberg

stücks beeinträchtigen. Alle diese Unterlagen erhalten Sie vom Amtsgericht.

8 Brandversicherungspolice

9 Lichtbilder der Immobilie

Für Neubauten sind folgende Unterlagen zusätzlich notwendig:

1 Baubeschreibung
2 Bauzeichnung
3 Teilungserklärung (bei Wohnungseigentum)

Von Fall zu Fall können zusätzliche Unterlagen von der Bank gefordert werden.

Nehmen wir nun an, es geht nicht um die Beleihung einer bestehenden, Ihnen bereits gehörenden Immobilie, sondern um die Übertragung von Haus- oder Wohnungseigentum. Hierbei muß sich der Verkäufer zusätzlich verpflichten, das Objekt lastenfrei an den Käufer zu übergeben. Dieser wiederum verpflichtet sich, das Objekt zu einem bestimmten Kaufpreis zu erwerben. Für den Kaufpreis ist normalerweise eine Finanzierung notwendig. Oft sind 20 Prozent Eigenkapital vorhanden, 80 Prozent will man (zum Beispiel) an Fremdmitteln in Form von Grundschulden oder Hypotheken aufnehmen. Der Käufer unterbreitet also die Beleihungsunterlagen zusammen mit dem Finanzierungsantrag der Bank. Mit diesen Unterlagen will er die Finanzierung so weit wie möglich sicherstellen.

Aber auch der Verkäufer wirkt bei der Finanzierung mit. Er muß seine Zustimmung zur Beleihung des Objektes geben, *bevor* die Eigentumsübertragung an den neuen Eigentümer erfolgt ist. Der Verkäufer stimmt also zu, daß das Objekt in maximaler Höhe des Kaufpreises belastet werden darf, und zwar mit fremden Grundpfandrechten. Das wiederum versetzt den Käufer in die Lage, das Objekt, das noch nicht sein Eigentum ist, mit Hypotheken zu beleihen und bereits vor der Übertragung an die Gläubigerbank zu verpfänden.

Der *Notar* ist die Schlüsselfigur für alle mit der Objektübertragung verbundenen Vereinbarungen. Er überwacht die Zahlung des Kaufpreises, die Eigentumsumschreibung und auch die Sicherstellung der Eintragung in den Abteilungen des Grundbuches. Die Bank wiederum läßt die Finanzierung mit Fremdmitteln in Form einer Grundschuld in Abteilung III des Grundbuches eintragen. Danach stellt sie die Kreditsumme zur Verfügung.

Nun können Sie aufatmen. Sie besitzen Ihr Geld, obwohl die

Prozedur umständlich und nervtötend war. Aber unter dem Aspekt der Absicherung ist sie nur allzu verständlich.

Ein letztes Wort zur Vereinbarung des Gesprächstermins: Gehen Sie *nie unangemeldet* zur Bank! Ein Kreditgespräch sollte in Ruhe geführt werden können und nicht, wenn in der Bank die größte Hektik herrscht. Vereinbaren Sie ein solches Gespräch so früh wie möglich. Am besten sobald die Notwendigkeit einer Kreditaufnahme erstmals in Erwägung gezogen wird. Dies geschieht oft bereits bei den jährlichen Vorausplanungen.

Auf einen Blick

1. Gut vorbereitet ist halb gewonnen. Bevor Sie zur Bank gehen, müssen Sie Ihren Vermögensstatus und Ihre Ertragskraft tadellos auflisten. Man unterscheidet Aktiva und Passiva bzw. Einnahmen und Ausgaben.

2. Auch wenn man nicht in ›gesicherten Verhältnissen‹ lebt, kann ein Kredit gewährt werden. Man muß lediglich darlegen, daß ein regelmäßiges Einkommen gegeben ist. Der sichere Arbeitsplatz muß nicht bei allen Banken dokumentiert werden.

3. Banken verlangen oft eine Selbstauskunft. Füllen Sie dieses Formblatt immer privatim aus, und beachten Sie die Klauseln.

4. Als Unternehmer müssen Sie Ihr Augenmerk auf ein ausgewogenes Verhältnis zwischen Ertragskraft und Verschuldung richten. Die Kreditinstitute prüfen diese Ausgewogenheit anhand von drei Faktoren: Sie untersuchen *Cash-flow, Nettoverschuldung* und *Entschuldungsziffer*. Entschuldungsziffer 2 bzw. 2,5 gilt als ausgezeichnet, 3 bis 3,5 bedeutet, daß die Banken eventuell noch zusätzliche Sicherheiten verlangen werden. Außer der gesetzlich vorgeschriebenen Einsichtnahme in Bilanzen und Gewinn- und Verlustrechnungen dürfen die Banken keinen Einfluß auf den Unternehmer ausüben.

5. Bereiten Sie sich auf das Bankengespräch mit Hilfe einer Checkliste vor. Finden Sie rechtzeitig heraus, was Sie an Nachweisen/Unterlagen als Nichtselbständiger, Selbständiger oder Firmeninhaber benötigen.

6. Soll ein Grundstück beliehen werden, verlangen die Banken Einsicht in die Beleihungsunterlagen. Dazu gehören:

1 Kaufvertrag
2 Grundbuchauszug
3 Wohnflächenberechnung
4 Kubusberechnung
5 der Auszug aus dem Liegenschaftsbuch
6 die Abzeichnung der Flurkarte
7 die Grenzbescheinigung
8 die Brandversicherungspolice
9 Lichtbilder der Immobilie

7. Für Neubauten brauchen Sie zusätzlich:
1 die Baubeschreibung
2 die Bauzeichnungen
3 die Teilungserklärung (bei Wohnungseigentum)

2. Fallgruben und Fallstricke — und wie man sie umgeht

Stellen Sie sich vor, Sie sitzen Ihrem Banker Auge in Auge gegenüber. Die Unterlagen haben Sie fein säuberlich vorbereitet auf dem Schreibtisch liegen. Ihr Banker wird Ihnen nun zunächst mit gewichtiger Miene einige Fragen stellen. Welche Taktik sollten Sie nun einschlagen? Gibt es überhaupt so etwas wie eine erfolgversprechende Strategie?

Vielleicht haben Sie schon einmal aus ›gut informierten Kreisen‹ bestimmte Ratschläge erhalten, die besagen, daß man nur die ›richtige Schiene‹ zu fahren brauche, um an das Ziel seiner Wünsche zu gelangen. Tatsächlich existieren solche ›Tips und Tricks‹ zuhauf. Sie taugen jedoch, mit Verlaub gesagt, wenig. Einige selbsternannte Experten raten beispielsweise dazu, nie zu bitten, sondern nur zu fordern. Sie empfehlen, wenn nicht mit der Faust auf den Tisch zu hauen, so doch äußerst bestimmt zum Ausdruck zu bringen, was man beabsichtigt. Nun, wir können von einer solchen Vorgehensweise nur abraten.

Mit Gewißheit sollten Sie kein kriecherisches Verhalten an den Tag legen oder wie ein Bittsteller auftreten. Schließlich tätigen Sie Geschäfte. Aber ein allzu naßforsches Auftreten ist ebenfalls nicht am Platz.

Andere sogenannte ›Fachleute‹ empfehlen, zwischen amerikanischen, englischen und deutschen Bankern zu unterscheiden und die Mentalität des jeweiligen Landes zu berücksichtigen. Wirre, abenteuerliche Differenzierungen werden hier zum Teil als teures Insider-Know-how verkauft. Unser Rat: Lassen Sie sich nicht auf einen solchen Unfug ein. Letztlich wird Ihnen *keine* auch noch so raffiniert ausgeklügelte Strategie nützen, die darauf abzielt, den Banker mit rhetorischen Mätzchen zu beeinflussen.

Die beste Taktik besteht unseres Erachtens darin, die Stimmung auf ein freundliches, geschäftsmäßig-sachliches Niveau zu heben, wo jedoch durchaus auch einige zurückhaltende positiv-persönliche Kommentare erlaubt sind. Sympathische, konstruktive Bemerkungen sind geschätzt, sofern man nicht unangenehm privat wird. Wenn Sie wirklich gut vorbereitet in eine entsprechende Verhandlung gehen, so ist dies die beste Waffe, derer man sich bedienen kann.

Weiterhin ist einiges generelles Wissen über die Führung von Disputen wichtig. Behalten Sie immer im Hinterkopf, daß Sie tatsächlich etwas kaufen – und *verkaufen* – müssen, nämlich sich selbst! Entsprechend gelten die Regeln, die ein guter Verkäufer oder Geschäftsmann in einem ähnlich gelagerten Gespräch anwendet. Betrachten wir diese Kommunikations-Techniken einmal genauer:

(1) Sie sollten wirklich in der Lage sein, *zuhören* zu können. Viele Geschäfte scheitern daran, daß ein Partner nicht darauf achtet, daß abwechselnd jeder zu Wort kommt. Wenn Sie nur auf den Banker einreden, ohne ihm eine Chance zu lassen, auch sein Wissen unter Beweis zu stellen, verlieren Sie.

(2) Mitunter wird der Banker mit einer ganzen Reihe von Gegenargumenten aufwarten. Oft will er damit nur testen, inwieweit Sie standfest sind und sich die Sache reiflich überlegt haben. Wenn Sie eine Immobilie erstehen wollen, wird er vielleicht genüßlich darauf hinweisen, daß die Preise in jüngster Zeit im Tal gelandet sind und eigentlich Vorsicht angebracht wäre. Wenn Sie für ein Pelzgeschäft einen Kredit benötigen, wird er es sich unter Umständen angelegen sein, darauf aufmerksam zu machen, daß sich Pelzhändler momentan schwertun aufgrund der öffentlichen Meinung über Robbenjäger.

Mit anderen Worten: Er wird Sie zu ›kitzeln‹ versuchen und wird Ihren Widerspruch absichtlich herausfordern, um Ihre Standfestigkeit zu prüfen. In diesem Fall müssen Sie natürlich auf seine Gegenargumente vorbereitet sein. Im Falle der Immobilien können Sie sich zehn Argumente *für* Haus- und Wohnungseigentum überlegen. Es gibt sie, und es ist keine Frage, daß Immobilien sich zunehmender Beliebtheit erfreuen, denn die Talsohle ist mittlerweile längst überschritten.

Im Falle des Pelzgeschäfts dürften Sie seinen Argumentationen ohnehin überlegen sein, da Sie wahrscheinlich aus der Branche sind. Aber es gilt, sich dennoch *vorher* einleuchtende

Argumente und Antworten parat zu legen, damit man nicht überrascht wird, wenn der Banker sozusagen ›aus dem Hinterhalt schießt‹ und etwa an dem Standort herummäkelt, den Sie für Ihr Geschäft gewählt haben.

Natürlich können wir im Rahmen dieses Buches nicht alle denkbaren Geschäfte und Gegenargumente auflisten. Wir können lediglich auf das Prinzip aufmerksam machen. Antworten Sie also ruhig und gefaßt auf alle Einwände und Fragen, und beweisen Sie Kompetenz. Wir haben es selbst mehrfach erlebt, daß selbst schwierige Kredite gewährt wurden, weil der Kunde es verstand, sachkundig zu antworten, und sich nicht aus der Ruhe bringen ließ.

(3) Wenn der Banker auf weiteren Unterlagen besteht, so müssen Sie ihm diese beschaffen. Stünden die Aktien in diesem Fall schlecht für Sie, so empfiehlt es sich, völlig offen die Wahrheit zu bekennen. Nichts diskreditiert Sie mehr, als wenn der Banker Sie früher oder später bei einer Lüge ertappt.

(4) Es existiert offenbar so etwas wie ein Stimmungsbarometer, das ständig steigt, je länger man sich unterhält. Wenn es Ihnen also Ihrerseits gelingt, Fragen zu stellen, die den Banker sich emotionell besser und besser fühlen lassen, haben Sie gewonnenes Spiel, sofern Ihre Papiere auch nur einigermaßen stimmen.

(5) Vergessen Sie nie, es sind drei Dinge, an denen der Banker bei der Kreditvergabe interessiert ist: *Sicherheit — Rückzahlbarkeit — Gewinn*. Man muß wissen, daß der Filialleiter einer Bank immer am Gewinn seiner Geschäftsstelle beteiligt ist. Deshalb ist seine Maxime, Gewinne einzufahren. Wenn seine Bilanzen stimmen, ist er in der Vorstandsetage gut angesehen — nicht zu sprechen von der satten Tantieme, die er dabei einnimmt.

Hat der Banker es überdies mit einem Kunden zu tun, der Kredite nachweislich ›sauber‹ zurückgeführt hat, so ist er gewöhnlich auch zu Zugeständnissen hinsichtlich des Zinssatzes bereit. Um kein Risiko einzugehen, wird der Banker, nebenbei bemerkt, durchschnittliche Zinssätze gewähren, also selten zum Handeln bei Krediten bereit sein.

Nehmen wir also an, die Verhandlung läuft wie am Schnürchen. Der Banker nickt zunehmend und signalisiert schließlich seine Zustimmung. In dem Augenblick, da Sie wissen, daß die Kreditzusage kein Problem darstellt, müssen Sie daran denken, Ihre Vorteile zu wahren. Listen wir also einmal systematisch auf, worauf Sie zu achten haben, bevor Sie einen Vertrag unterzeichnen:

1. *Kreditangebote*
Voraussetzung für eine mögliche Gegenüberstellung verschiedener Kreditangebote ist die gleichlange Zinsbindungsfrist. Generell gilt: je länger die Kreditlaufzeit, desto höher der Effektivzins!

Prüfen Sie bei Kreditverhandlungen also, wie hoch die ausgezahlte Kreditsumme ist, welche monatlichen oder vierteljährlichen Raten zu entrichten sind und wie hoch die Restschuld am Ende der Laufzeit sein wird. Die Banken geben nur ungern die Höhe der Restschuld preis und sind auch nicht dazu verpflichtet. Wenn Sie vor Aufnahme des Kredites zusätzlich noch die Gebühren der Bank abchecken, die Ihnen ins Haus stehen, können Sie sich ein Bild von der auf Sie zukommenden Belastung machen.

2. *Zinssätze*
Zinssätze unterliegen einem gewissen Verhandlungsgeschick und werden nicht in jedem Fall einfach aus Tabellen abgelesen. Unterschiedliche Zinssätze können sich auch aus der Bewertung der Bonität des Kunden ergeben. Fällt die Bewertung schlecht aus, dann ist davon auszugehen, daß die Bank höhere Zinsen fordert: erstens weil sie es kann und zweitens weil sie es so will. Ist die Bonität über jeden Zweifel erhaben, dann muß sie den Kunden halten und ist auch zu Zugeständnissen hinsichtlich der Zinshöhe bereit. Innerhalb eines bestimmten Bankensystems bestehen keine allzu gravierenden Unterschiede hinsichtlich der Zinshöhe. Allenfalls gibt es Abweichungen bei den anfallenden Bearbeitungsgebühren.

Konditionen für eine Hypothek. *Laufzeit: 5 Jahre, Nominalzins: 4,5 Prozent, Auszahlung: 92,5 Prozent, Tilgung pro Jahr: 1 Prozent, Kreditsumme: 100 000 Mark.*

Fall 1.

Die Differenz von 7,5 Prozent zwischen Auszahlungsbetrag von 92,5 Prozent und gesamter Kreditsumme von 100 Prozent geht in die Rechnung voll als Disagio ein. Sie wird zinsehrlich über die Festschreibungszeit von fünf Jahren verteilt.

Restschuld	**94 529 Mark**
Effektivzins	**6,49%**

Fall 2.

Die Bank teilt die Differenz von 7,5 Prozent zwischen Auszahlungsbetrag und gesamter Kreditsumme auf in 5,5 Prozent Disagio und zwei Prozent Bearbeitungsgebühr. Diese Variante erfreut sich bei einigen Instituten großer Beliebtheit.

Restschuld	**94 529 Mark**
Effektivzins	**6,12%**

Fall 3.

Die gesamte Differenz zwischen Auszahlungsbetrag und gesamter Kreditsumme geht in die Effektivzinsberechnung als Bearbeitungsgebühr ein. Dieser äußerst seltene Fall verdeutlicht allerdings, wie groß die Möglichkeit zur Manipulation ist.

Restschuld	**94 529 Mark**
Effektivzins	**5,08%**

Quelle: Capital 10/86

3. Disagio-Splitting

Der Effektivzins läßt sich — trotz den Vorschriften der Preisangabenordnung — auf unterschiedliche Art und Weise berechnen. Sie sollten diese Unterschiede kennen, damit Sie vergleichen können. Einer dieser Unterschiede wird Disagio-Splitting genannt.

Hier wird das vereinbarte Disagio aufgeteilt in eine Bearbeitungsgebühr und ein Disagio. Der Trick liegt darin, daß die Bearbeitungsgebühr auf die gesamte Laufzeit der Finanzierung verteilt werden kann, was natürlich die Effektivverzinsung ermäßigt. So erhalten Sie als Kunde einen für das Auge günstigen Effektivzins, obwohl die gesamte Kondition identisch mit dem Angebot eines anderen Kreditinstitutes ist.

Um diesen Umstand zu verdeutlichen, nebenstehend ein Beispiel:

Damit sie sich in dieses Thema weiter einarbeiten können, sehen Sie auf der nachstehenden Tabelle eine Auflistung deutscher Banksysteme mit den dazugehörigen Hypothekenbanktöchtern. Hier sind Konditionen und Nebengebühren aufgelistet. Allerdings entbindet Sie eine solche Aufstellung nicht von der Arbeit, sich selbst die einzelnen Gebühren abzufragen.

Dazu finden Sie im folgenden weitere Hinweise.

Auf Effektiv-Zins und Gebühren achten

Institut	Hypoth. Nom.-Zins	Variante Aus-zahlung	10 J.fest Eff.-Zins	Hypoth. Nom.-Zins	Variante Aus-zahlung	15 J.fest Eff.-Zins	Bemerkungen
Deutsche Bank							
Central Hypo Boden	6,75	94,90	7,81	7,50	97,30	8,17	G=0%, Z=3% ab Zusage
DKB	7,375	96,67	8,15	z.Z.	nicht		G=0,5%, Z=3% ab Zusage
Frankfurter Hypo	6,75	94,90	7,81	7,50	97,30	8,17	G=0,5-1%, Z=3% ab Zusage
Rhein. Westf. Boden	6,50	93,90	7,76	7,00	93,45	8,20	G=0,1%, Z=3% ab Zusage
Württembergische	6,75	95,75	7,67	7,25	96,90	7,95	G=0%, Z=3% ab Zusage
Lübecker Hypo	6,75	94,90	7,81	7,25	95,10	8,19	G=0%, Z=3% ab Zusage
Dresdner Bank							
Deutsche Hypo	6,75	94,50	7,88	7,25	94,50	8,27	G=0%, Z=3% ab 3. Monat
Hypobank in Hamburg	6,75	94,50	7,88	7,25	94,50	8,27	G=0%, Z=3% ab 3. Monat
Nordd. Hypo/Wechsel	6,75	94,50	7,88	7,25	94,50	8,27	G=0%, Z=3% ab 3. Monat
Pfälzische Hypo	6,75	94,50	7,88	7,25	94,50	8,27	G=0%, Z=3% ab 3. Monat
Commerzbank							
Rhein. Hypo	6,75	95,75	7,67	7,25	96,50	8,00	G=0%, Z=3% ab 2. Monat
Sparkassen							
Badische Landesbank	7,55	100,00	7,80	8,00	100,00	8,25	G=0%, Z=2% ab 4. Woche
Bayer. Landesbank	6,50	93,50	7,76	6,75	91,50	8,10	G=0,3%, Z=2% ab 3. Monat
Hessische Landesbank	6,40	95,00	7,50	6,95	95,10	7,85	G=0,4%, Z=3% ab 6. Woche
LKB Bremen	6,75	95,85	7,70	7,25	96,50	8,00	G=0,3%, Z=3% ab 3. Monat
LKB Hamburg	6,75	95,00	7,79	7,30	93,00	8,25	G=0,4%, Z=3% ab 2. Monat
LB Schleswig-Holstein	6,75	95,00	7,70	7,25	96,00	8,00	G=0,1%, Z=3% ab Zusage
Nordd. Landesbank	6,75	95,60	7,80	7,25	95,85	8,20	G=0%, Z=3% ab Zusage
LB Saar	7,00	95,80	7,91	z.Z.	nicht		G=0%, Z=3% ab 2. Monat
WestLB	6,75	95,50	7,70	7,25	95,50	8,10	G=0,2%, Z=3% ab 3. Monat

Auf Effektiv-Zins und Gebühren achten

Institut	Hypoth. Nom.-Zins	Variante Aus-zahlung	10 J.fest Eff.-Zins	Hypoth. Nom.-Zins	Variante Aus-zahlung	15 J.fest Eff.-Zins	Bemerkungen
BfG							
Allg.Hypo Bank (AHB)	6,50	94,75	7,55	z.Z. nicht			G=0%, Z=3% ab 3. Monat
BSV-Bank	6,75	94,00	8,01	z.Z. nicht			G=0%, Z=3% ab 4. Monat
Raiffeisen/Volksbanken							
Deu. Genossensch. Hypo	6,75	94,95	7,79	7,25	95,45	8,13	G=0%, Z=3% ab 4. Monat
Münchener Hypo	6,75	94,98	7,79	7,25	95,88	8,07	G=0%, Z=3% ab 3. Monat
Öff. Rechtl. Institute							
D. Pfandbriefanstalt	6,75	94,75	7,80	7,25	95,50	8,10	G=0%, Z=3% ab 3. Monat
Deu. Bau und Boden	6,75	94,75	7,80	z.Z. nicht			G=0%, Z=3% ab 3. Monat
DSL-Bank	6,75	95,70	7,73	7,00	94,45	8,05	G=0,2%, Z=3% ab 7. Monat
Sonstige							
Bayer. Hypo u. Wechsel	6,875	95,75	7,77	6,75	91,00	8,09	G=0,5%, Z=3% ab nächsten 1.
Bayer. Vereinsbank	6,50	94,00	7,84	7,00	93,80	8,26	G=0,5%, Z=3% ab Zusage
Bayer. Handelsbank	6,50	94,25	7,61	7,00	94,50	7,95	G=0%, Z=3% ab 3. Monat
Südd. Bodenkreditbank	7,00	96,10	7,78	z.Z. nicht			G=0,25%, Z=3% ab Zusage
Vereinsb. in Nürnb. AG	6,50	94,50	7,60	7,00	94,25	7,96	G=0-1%, Z=3% ab Zusage
Braunschw./Hann.	6,50	94,25	7,64	z.Z. nicht			G=0%, Z=3% ab 2. Monat
DHB	6,50	93,50	7,94	7,00	94,50	8,15	G=0,6%, Z=3% ab 3. Monat
Westf. Hypo	6,50	94,00	7,73	7,00	94,70	8,02	G=0,4%, Z=3% ab 2. Monat

G = Bearbeitungs-Gebühr in Prozent pro Jahr
Z = Bereitstellungszinsen in Prozent pro Jahr ab ... Monat nach der Kredit-Zusage

Quelle: FMH-Finanzberatung Max Herbst, 6000 Frankfurt   Stand: 20. Oktober '86

Die Übersicht der Banken-Hypothekenkonditionen geht von Festschreibungen über zehn und fünfzehn Jahre aus. Noch sind die Zinsen weit unter dem Durchschnitt der letzten Jahre, so daß eine langfristige Bindung empfehlenswert ist.

Quelle: DM extra, 1986

4. Bearbeitungsgebühr

Diese einmalig anfallende Gebühr wird von den Kreditinstituten für die Prüfung der Beleihungsunterlagen verlangt. Manche Institute verzichten ganz auf die Erhebung solcher Kosten, andere verlangen bis zu 3 Prozent. Wieder andere Institute verzichten auf einen Teil dieser Gebühr, wenn Sie alle Unterlagen vollständig mit dem Kreditantrag einreichen.

5. Zinsen-Fälligkeit und Zahlung

Erstrebenswert für den Kreditkunden wäre es, wenn die Bank die Zinsen am Jahresende für das abgelaufene Jahr berechnen würde. Doch das sind Tagträume. Vorteilhaft ist die Zinsberechnung am Ende eines Quartals für das abgelaufene Vierteljahr. Ungünstig dagegen ist die vierteljährliche Vorausberechnung. Da die Zinsberechnungen und -belastungen sehr unterschiedlich gehandhabt werden, sollten Sie diese Frage bei Kreditabschluß klären.

6. Bereitstellungszinsen

Prüfen Sie vor der Kreditaufnahme, wann Sie genau den Kredit benötigen. Einige Banken berechnen Ihnen ab dem Tag der Zuteilung Bereitstellungszinsen.

Andere wiederum erst nach sechs Monaten. Hier lohnt sich hartes Verhandeln, da sich die Bereitstellungszinsen schnell zu etlichen tausend Märkern summieren. Sie zahlen diese Zinsen auch für Beträge, die Sie erst am Ende einer Bauphase zahlen, das heißt von der Zusage der Bank bis zur letzten Rate können diese Zinsen anfallen.

7. Gutachterkosten

Gutachterkosten werden von den Banken bei Schätzung bestehender Objekte, die als Sicherheit für Darlehen dienen sollen, in Rechnung gestellt. Die Höhe liegt meist bei 0,25 Prozent bis 0,3 Prozent der Kreditsumme. Selbst wenn die Kreditvereinbarung nicht zustande kommen sollte, wird eine solche Gebühr oft verlangt. Deshalb heißt es, hierüber *vorher* Vereinbarungen zu treffen.

8. Kreditvertrag

Ein Kreditvertrag ist ein vielseitiges Machwerk. Sie sollten es nie unterschreiben, ohne es genau studiert zu haben. Nehmen Sie den Kreditvertrag auf jeden Fall mit nach Hause. Im Grunde können Sie mit Ihrem klaren Menschenverstand prüfen, was Sie akzeptieren dürfen und was nicht. Verstehen Sie (und der Banker) eine Passage nicht, dann streichen Sie sie heraus. Konkret dürfen Sie also ›ausradieren‹:
a) Haftungsbedingungen,
b) Sondergebühren für Übertragungen und
c) überflüssige Vertragsformulierungen.

Diese überflüssigen Formulierungen können daher kommen, daß Ihre spezielle Angelegenheit anders gelagert ist und damit diese Passage gegenstandslos geworden ist. Nehmen Sie also den *Rotstift* zur Hand.

Ein Beispiel: Wenn Sie die Schuld innerhalb der Familie aus steuerlichen Gründen auf eine Person (Bruder, Kinder) übertragen wollen, ohne daß der Schuldner sich ändert (denn Sie zahlen Zinsen und Tilgung weiter), so wollen sich die Banken meist ein Kündigungsrecht vorbehalten. Auch eine solche Klausel können Sie streichen.

9. Manipulationen beim Kreditvertrag

…sind beileibe nicht an der Tagesordnung, aber immerhin hat es sie schon gegeben. Die Gerichte müssen in solchen Fällen in kostenintensiven und zeitraubenden Verfahren bemüht werden. Deshalb eine grundsätzliche Empfehlung: Wenn Sie bei einem Kreditinstitut eine Urkunde und/oder einen Vertrag unterschrieben haben, dann bestehen Sie auf der Überlassung einer Ausfertigung. Prüfen Sie sofort genau, ob der Inhalt mit den getroffenen Vereinbarungen übereinstimmt. Damit vermeiden Sie Ärger zu einem späteren Zeitpunkt. Haben Sie zum Beispiel nur für einen Teilbetrag gebürgt, die Bank will Sie aber für einen größeren Betrag in Haftung nehmen, dann besitzen Sie den Beweis für die ursprüngliche Vereinbarung.

Und noch ein wichtiger Tip in diesem Zusammenhang: Ganz gleich, ob Sie als Privatkunde oder Unternehmer mit Kreditinstituten Abmachungen treffen, fertigen Sie von wichtigen Verhandlungsgesprächen immer ein *Protokoll* an, und übersenden Sie dieses Protokoll zur Kenntnisnahme an das Institut. Es besitzt zwar nicht die gleiche rechtliche Wirkung wie ein Vertrag, aber Sie können sich darauf berufen.

10. *Teilratenzuschläge*
Wird Ihr Kredit ›nach Baufortschritt‹ ausgezahlt, dann kann es passieren, daß Ihr Kreditgeber Ihnen auch hier eine Kostenrechnung von 0,5 bis 1,5 Prozent der Darlehenssumme aufmacht. Das heißt, er verlangt für die Zeit bis zur letzten Auszahlung 0,5 – 1,5 Prozent mehr Zins, als im Kreditvertrag vereinbart. Um nicht unwissend in eine solche Lage zu geraten, empfehlen wir auch hier *vorher* klare Absprachen. Am besten wäre es, wenn Sie diese Zuschläge ›weghandeln‹.

11. *Unterschreitung des Darlehensbetrages*
Wenn Sie den Kredit nicht ganz ausnutzen, ist das für die Banken kein Grund zur Freude. Gewöhnlich belegen sie den Kreditnehmer prompt mit Kosten. Das reicht vom Mehrzins bis zu einem erhöhten Disagio für den gesamten Kredit. Klären Sie diesen Umstand ebenfalls vorher.

12. *Verlängerung des Kredits*
Falls Sie ein Darlehen über eine kurze Laufzeit abgeschlossen haben, dann sollten Sie sicherstellen, daß die Bank Ihnen eine Verlängerung gewährt, falls Ihre ursprüngliche Rechnung nicht aufgeht. Auch hier können zusätzliche Kosten entstehen. Sondieren Sie auch hier vorher das Terrain.

13. *Vorfälligkeitsentschädigung*
Einige Banken lassen sich die vorzeitige Tilgung eines Kredites bezahlen, wenn sie sich überhaupt dazu bereit erklären. Also heißt es auch hier, diese heikle Frage *vorher* anzusprechen. Hält sich die Bank ›bedeckt‹, dann genügt es manchmal, auf die Konkurrenz hinzuweisen.

14. Abwicklungskonto
Ein solches Konto ist unserer Meinung nach entbehrlich. Genauso gut kann das Darlehen über Ihr Gehalts- oder Geschäftskonto abgewickelt werden. Das spart Kosten und Zinsen.

15. Mehrfachabsicherung
Eine gern geübte Praxis ist die mehrfache Absicherung für Geschäftskredite, und zwar vor allem von Genossenschaftsbanken bei Geschäftsleuten mit einem niedrigen Geschäftsvolumen. Der kreditsuchende Unternehmer besitzt zum Beispiel ein privates Wohnhaus, Firmengelände und hält auch Anteile an einem Mietshaus. Die Hausbank gewährt den Kredit unter Eintragung einer Grundschuld, die jedoch gleich mehrfach eingetragen wird, nämlich auf alle Beleihungs- und Pfandobjekte gleichzeitig. »Nur zur Sicherheit«, heißt es dann. Alle Objekte sind jetzt belastet. Benötigt der Unternehmer noch einen Kredit-›Nachschlag‹, sind alle Pfandobjekte ausgereizt. Deshalb sollten Sie – ob Unternehmer, Freiberufler oder privater Kreditnehmer – während der Kreditverhandlung die Besicherung des Kredites genau klären und *keine* Mehrfachabsicherung zulassen.

16. Haftung
Banken sehen es gerne, wenn jeder für alles haftet (überspitzt ausgedrückt). Das heißt, daß jeder der beiden Ehepartner mit seinem Besitz vorzugsweise für den anderen haften sollte. Von Bedeutung ist, daß man hier fein säuberlich geschäftliche Anliegen von privaten Besitztümern trennt. Ihre Frau *muß nicht* für einen Geschäftskredit mithaften! Akzeptieren Sie nicht, daß das Sparguthaben der Frau, der Kinder und der Sparstrumpf der Großmutter ›mitverhaftet‹ wird – so heißt es tatsächlich im Bankenjargon. Im ersten Anlauf versuchen die Banken, alles einzubeziehen. Wenn Sie dem Banker klar umreißen, was Sie beabsichtigen, was geht und was nicht geht, so können Sie dem jedoch einen Riegel vorschieben. Es empfiehlt sich, alle Schwachstellen, die zur Diskussion stehen können, vor dem

Gespräch mit dem Banker aufzulisten und die einzelnen Punkte wie auf einer Checkliste abzuhaken. Der Banker wird wissen, daß er es mit einem Profi zu tun hat und zu entsprechenden Entgegenkommen bereit sein.

Führen wir uns nun noch einmal einige *Problemfälle* zu Gemüte. Nehmen wir an, Sie haben sich erhoben, haben das Büro des Bankers verlassen, aber eines Tages werden Sie mit ernsthaften Streitfragen konfrontiert. Betrachten wir also im folgenden einige prominente ›Sand-Bänke‹, auf denen Sie auflaufen können.

(1) Banken verdienen bei Immobilien gleich zweimal: zum einen fungieren sie häufig als Vermittler und kassieren die saftige Provision, die nicht niedriger ist als die professioneller Immobilienmakler. Zum anderen verdienen sie an der Finanzierung des Wertobjektes. Entpuppt sich die vermittelte Immobilie als ›Windei‹, fühlen sie sich nicht immer zuständig.

Beleuchten wir zuerst die ›brandheiße‹ Angelegenheit der Hypothekenzinsen: Wenn das folgende Urteil des Stuttgarter Landgerichts rechtskräftig wird, können Hypothekenkunden mit teilweise vierstelligen Rückzahlungen ihrer Hypothekenzinsen rechnen. Unter dem Aktenzeichen 26 0 251/86 haben Stuttgarter Richter entschieden, daß »für die Berechnung der Zinsen während der gesamten Vertragsdauer der jeweilige Tilgungsstand maßgeblich (ist)…, wie er sich bei sofortiger Verrechnung der in den erbrachten Quartalsraten jeweils enthaltenen Tilgungsleistungen ergibt«. Die Kritik an dem Berechnungsmodus der Zinsen hatte zu einem Rechtsstreit zwischen einem ›wackeren Schwaben‹ und der Württembergischen Hypothekenbank geführt.

Durch diesen Prozeß kam erst jetzt ans Tageslicht, daß fast alle Hypothekenbanken, Sparkassen und Bausparkassen die Höhe der Hypothekenzinsen wie ›in der guten alten Zeit‹ immer nur einmal am Jahresende errechnen. Grundlage für die Berechnung ist also nicht der monatliche, vierteljährliche oder halbjährliche Tilgungsmodus der Kunden, der von den Banken, was *Einzahlungen* anbelangt, peinlich genau überwacht wird.

Die in der deutschen Kreditwirtschaft üblichen Tilgungsbedingungen besagen, daß »die Zinsen für Darlehen aus dem Schuldsaldo vom Ende des Vorjahres berechnet werden«. Die im laufenden Jahr erfolgten Tilgungen werden dabei *nicht* berücksichtigt, obwohl im Zeitalter des Computers eine exakte Errechnung der Zins- und Tilgungsraten jederzeit möglich ist.

Das Stuttgarter Gericht begründete sein Urteil damit, daß die Vorgehensweise der Banken gegen das *Gesetz über die Allgemeinen Geschäftsbedingungen* verstoße, weil sie mit Paragraph 362 des *Bürgerlichen Gesetzbuches* nicht vereinbar seien: Hiernach erlischt eine Schuld, sobald die geschuldete Leistung erbracht ist. Das Landgericht Stuttgart entschied, daß die Württembergische Hypothekenbank die Zins- und Tilgungsleistungen rückwirkend neu berechnen muß und in Zukunft die während des Jahres gezahlten Zinsen und Tilgungen bei der jeweiligen Festsetzung zu berücksichtigen habe. Noch ist das Urteil nicht rechtskräftig. In Bankenkreisen hofft man, daß das Urteil entweder vom Oberlandesgericht oder schließlich vom Bundesgerichtshof in Karlsruhe verworfen wird.

Selbst wenn die Banken in diesem Rechtsstreit unterliegen, so ist dennoch keine Flut von Rückzahlungsansprüchen für geleistete Zinszahlungen über die *gesamte* Hypothekenlaufzeit zu erwarten. Im Juli 1986 entschied nämlich der Bundesgerichtshof, daß die Ansprüche eines Kreditnehmers auf Rückzahlung von Zinsen schon nach vier Jahren verjähren.

Wie können Sie diese Informationen in klingende Münze umwandeln? Die Verbraucherzentrale Nordrhein-Westfalen in Düsseldorf beispielsweise hat ein Rechtsgutachten erstellen lassen, um den Verbrauchern vorsorglich Tips für die Aufrechterhaltung ihrer Ansprüche geben zu können. Per Einschreiben/Rückschein sollten die Kreditnehmer demnach ihre Banken davon in Kenntnis setzen, daß sie Zinszahlungen nach dem bisherigen Ausrechnungsverfahren bis zur Entscheidung des Bundesgerichtshofes nur ›unter *Vorbehalt*‹ entrichten. Außerdem sollten sie die Banken zusätzlich auffordern, schriftlich »auf die Einrede der Verjährung« bis zur Klärung der Rechtslage zu verzichten. Bankenkreise haben inzwischen signalisiert, daß man zu einem solchen Zugeständnis bereit ist. Weigern sich die Kreditinstitute, bleibt nur noch der Klageweg offen, dessen Kosten aber durch keine Rechtsschutzversicherung abgedeckt sind. Unser Tip: Schließen Sie nur solche Verträge für die Zukunft, bei denen die Tilgung so verrechnet wird, wie sie auch von Ihnen bezahlt wird, also z. B. monatlich oder vierteljährlich.

(2) Ein zweiter Fall, wo die Kreditverhandlung vor dem Kadi fortgesetzt werden muß: Banken haben schon vor geraumer Zeit das (zusätzliche) Geschäft mit den Immobilien entdeckt. Was früher vertrauliche Empfehlungen des Bankers hinter vorgehaltener Hand für den guten Bankkunden waren, ist heute ein neuer kompletter Dienstleistungsbereich innerhalb der Kreditinstitute. Es sind die Immobilienvermittlergeschäfte und das Angebot zum Erwerb von Immobilien durch Ansparfonds, um nur einen Teil der Dienstleistungspalette zu nennen.

Die Banken verdienen dabei (a) an der Finanzierung des Objektes und (b) an der Vermittlung, der Maklergebühr. Steht am Ende die Pleite einer der zwischengeschalteten Immobilienfirmen, so neigen die Banken dazu, sich aus der Schadenshaftung zu stehlen.

Unser Rat: Bemühen Sie in diesem Fall die Gerichte. Es zeichnet sich immer mehr die Tendenz der Richter ab, Urteile zu Gunsten des ›kleinen Mannes‹ zu fällen und den Banken die Haftung für entstandenen Schaden aufzuerlegen. Dabei bleibt der Schadensersatz nicht auf die Höhe des für die Immobilie aufgewendeten Geldes beschränkt. Es werden auch vergleichbare Erträge aus ähnlichen Anlageobjekten mit einbezogen. Die Zeitschrift ›DM‹ hat in ihrem Dezemberheft 1986 Möglichkeiten aufgelistet, die es dem Geschädigten gestatten, Schadensersatz von den Banken zu erhalten. *Fünf Chancen* existieren konkret.

Sobald Immobilien nicht en bloc, sondern ratenweise gekauft werden, verbessern sich die Chancen des Anlegers auf Schadensersatz durch die finanzierende Bank, für den Fall einer Pleite. Denn hier ergibt sich eine besondere Schutzbedürftigkeit des Immobilienkäufers. Juristen sprechen vom Einwendungs-Durchgriff. Indizien dafür sind:

- Die Bank übernimmt Werbung, Vertrieb, rechtliche Ausgestaltung oder vergleichbare Aktivitäten.
- Die Bank erweckt den Anschein des Bürgen oder Garanten.
- Die Bank gerät in einen Interessenkonflikt zwischen Anleger und Konzeptionsfirma.
- Die Bank kennt deren finanzielle Schwierigkeiten.
- Die Bank handelt fahrlässig.*)

(3) Das Wertpapiergeschäft erscheint nur als einer der Dienstleistungsbereiche innerhalb einer Bank. Das Thema Bankenhaftung ist jedoch für jeden Bankkunden von grundlegender Wichtigkeit. Der Bundesgerichtshof hat in einem Urteil eine interessante Entscheidung gefällt (BGH 12. Februar 1986 – IV a ZR 76/84): Wenn ein Kunde von seiner Bank ein bestimmtes Angebot in Sachen Geldanlage erhält, kann er davon ausgehen, daß alle Angaben dieses Angebotes zutreffend sind, wenn das Bankinstitut die Geldanlage als ›bankgeprüft‹ anbietet. Die Bank macht sich nach dem Urteil schadensersatzpflichtig, wenn sie eine Kapitalanlage zu Bedingungen anbietet, die sie nur unzureichend geprüft hat, und damit dem Kunden Schaden zufügt.

Sie sehen, manches muß den Geldinstituten abgestritten werden, nicht nur zum Beispiel die gerechtere Bemessung der Hypothekenzinsen.

(4) Die Diskussion über die Kündigung von Krediten ist mittlerweile in ganz konkrete Bahnen gelenkt worden. Der Gesetzgeber hat sich eingeschaltet und die entsprechenden Paragraphen des Bürgerlichen Gesetzbuches (BGB) zum 1. Januar 1987 geändert oder gestrichen. Der Paragraph 247 des Bürgerlichen Gesetzbuches wird aufgehoben. Nach diesem Paragraphen war es bislang möglich, Kredite mit einem Zinssatz von mehr als 6 Prozent nach Ablauf von sechs Monaten unter Einhaltung einer sechsmonatigen Kündigungsfrist zu kündigen.

---

*) Quelle: DM 12/86

Der neue Paragraph 609 a BGB läßt bei festverzinslichen Darlehen für die Dauer der vereinbarten Zinsbindung *kein* Kündigungsrecht zu. Die Höchstbindungsfrist beträgt jedoch zehn Jahre. Nach dieser Zeit können Darlehen nach sechs Monaten gekündigt werden. Verbraucherdarlehen bilden hier eine Ausnahme. Nach einer unkündbaren ›Vorlaufzeit‹ von sechs Monaten sind sie mit einer dreimonatigen Frist kündbar. Darlehen, die ganz oder teilweise, in jedem Fall jedoch überwiegend für gewerbliche Zwecke oder für eine berufliche Tätigkeit bestimmt sind, sind allerdings von dieser Regelung ausgeschlossen.

Darlehen mit *veränderlichem* Zinssatz können hingegen *jederzeit(!)* gekündigt werden (unter Einhaltung einer dreimonatigen Kündigungsfrist).

Am Anfang einer solchen Neuregelung läßt sich noch nicht voraussagen, wie sich das geänderte Recht in der Praxis auswirken wird, ob der Gesetzgeber damit klare Rechtsvoraussetzungen geschaffen hat oder ob der Gesetzeswirrwarr nur vergrößert wurde und die Gerichte nun noch mehr in Sachen Kündigung von Krediten beschäftigt sein werden.

Welche Konsequenzen sind aus diesen Regelungen zu ziehen?

Nun, bei Kreditverhandlungen und -abschlüssen können Sie als Laie die Vereinbarungen nach dem Gesetzestext abklopfen und bei abweichenden schriftlichen Darlegungen des Kreditinstituts eine Klärung herbeiführen, bevor Sie Ihre Unterschrift unter einen Kreditvertrag setzen. Machen Sie von Ihrem Recht und Ihrem Wissen Gebrauch.

(5) Wie steht es nun um die Kündigung von Bausparverträgen? Nehmen wir an, Sie haben Steuervorteile und/oder Prämien kassiert. Die Bausparkassen zahlen den Betrag zurück, wenn ein Todesfall eingetreten ist, wenn Sie (oder der Ehegatte) den Arbeitsplatz verloren haben und wenn ein Fall von ›völliger‹ Erwerbsunfähigkeit vorliegt. Wenn Sie *nach Ablauf der Bindungsfrist* kündigen – für Sonderausgaben beträgt sie zehn Jahre, für die Wohnungsbauprämie sieben Jahre –, bleiben Steuer- und Prämienvorteile erhalten.

Kündigen Sie *innerhalb der Bindungsfrist* (Ihr Bausparvertrag ist bereits zugeteilt) und werden die gekündigten Gelder zu Bauzwecken verwendet, dann sind Kündigung und Darlehensverzicht steuer- und prämienunschädlich. Kündigen Sie *innerhalb der Bindungsfrist* (Ihr Bausparvertrag ist noch nicht zugeteilt), dann gehen Ihnen alle steuerlichen Vorteile und Prämienvergünstigungen verloren, selbst wenn die gekündigten Gelder Bauzwecken zugeführt werden sollen. Sie können natürlich den Bausparvertrag summenmäßig so reduzieren, daß Ihr Vertrag zuteilungsreif wird. Nach der Zuteilung überschreiben Sie diesen Vertrag beispielsweise auf einen Verwandten.

Soll das gekündigte Geld *nicht* für Bauzwecke verwendet werden, dann raten wir Ihnen, von einer Kündigung Abstand zu nehmen und statt dessen einen Kredit bei einer Bank aufzunehmen, denn der Nachteil — der Verlust von steuerlichen Vorteilen und Prämienvergünstigungen — wiegt bei weitem den Vorteil, sein Geld unmittelbar wieder zu besitzen, auf.

Haben Sie hingegen weder Steuervorteile noch Prämien erhalten, so können Sie jederzeit kündigen. Bei Tod, Erwerbsunfähigkeit oder Arbeitslosigkeit zahlen die Kassen das Geld anstandslos aus. Führen Sie andere Gründe ins Feld, müssen Sie mit Vorfälligkeitsgebühren rechnen. Damit steht Ihnen eine ganze Palette von Urteilen bzw. festgeschriebenen Gepflogenheiten zur Verfügung, die Sie kennen und bei der Argumentation mit dem Banker gegebenenfalls parat haben sollten. Es empfiehlt sich, zwar mit leiser Stimme, aber bestimmt auf seine Rechte zu verweisen. Den Gang zum Gericht sollte man nur antreten, wenn Sie wirklich glauben, daß Sie unlauter ausgetrickst werden sollen.

Auf einen Blick

1. Verlassen Sie sich bei Kreditverhandlungen nicht auf ›Insider-Tips‹. Sie müssen zuhören können, auf Gegenargumente schlagende Antworten parat haben und imstande sein, den Banker gegebenenfalls auf dem Stimmungsbarometer zu heben. Einen Banker interessieren drei Dinge: *Sicherheit, Rückzahlbarkeit* und *Gewinn*.

2. Operieren Sie mit einer *Checkliste* bei einem Kreditgespräch. Prüfen Sie die Aspekte:

- Kreditangebot/Zinsbindungsfrist
- Zinssatz
- Disagio-Splitting
- Effektivzins
- Bearbeitungsgebühr
- Fälligkeit der Zinsen
- Bereitstellungszinsen
- Gutachterkosten
- Kreditvertrag
- Teilratenzuschläge
- Unterschreiten des Darlehensbetrages
- Verlängerung des Krediets
- Vorfälligkeitsentschädigung
- Abwicklungskonto
- Mehrfachabsicherung
- Haftung

3. Zur Zeit ist nicht endgültig geklärt, ob Grundlage der Berechnung für Zinsen der monatliche, vierteljährliche oder halbjährliche Tilgungsmodus des Kunden ist – oder Zinsen nur einmal am Jahresende berechnet werden müssen. Tip: Per Einschreiben/Rückschein können Sie Ihre Bank davon in Kenntnis setzen, daß Sie Zinszahlungen nach dem bisherigen Anwendungsverfahren bis zur Entscheidung des Bundesgerichtshofes nur unter Vorbehalt entrichten.

4. Banken offerieren zunehmend einen neuen kompletten Dienstleistungsbereich: Immobilienvermittlergeschäfte. Lassen Sie es nicht zu, daß bei einer Pleite einer zwischengeschalteten Immobilienfirma die Bank sich aus der Schadenshaftung stiehlt. Die Gerichte urteilen zunehmend zu Gunsten des ›kleinen Mannes‹.

5. Banken machen sich schadensersatzpflichtig, wenn sie ›bankgeprüfte‹ Geldanlagen anbieten, die dem Kunden zum Nachteil gereichen.

6. Eine neue gesetzliche Regelung besagt, daß Darlehen mit veränderlichem Zinssatz jederzeit gekündigt werden können – unter Einhaltung einer dreimonatigen Kündigungspflicht.

Der neue Paragraph 609 a BGB läßt bei festverzinslichen Darlehen für die Dauer der vereinbarten Zinsbindung kein Kündigungsrecht zu.

7. Achten Sie bei der Kündigung von Bausparverträgen darauf, daß Sie nicht prämien- und steuerschädlich handeln.

Nachwort

Im letzten Kapitel haben Sie gesehen, daß manchmal auch mit harten Bandagen gekämpft wird, wenn man mit Bankern umgeht. Ihnen ist jedoch mehr damit gedient, wenn Sie systematisch ein gutes Verhältnis aufbauen. Auf lange Sicht ist dies die bessere Strategie. Zugegeben: Es existieren Augenblicke, da Sie Ihr gutes Recht wahren müssen. Es gibt Fälle, da man auch mit der Faust auf den Tisch schlagen muß. Manchmal ist es auch sinnvoll, die Bank zu wechseln oder dies zumindest anzukündigen.

Aber Ihre grundsätzliche Taktik sollte darin bestehen, zwar beinhart jeden Vorteil auszunutzen und im Zweifelsfalle auch mit Ihrem Banker zu ›pokern‹, aber gleichzeitig ein gutes Einvernehmen herzustellen. Die wenigen Ausnahmen von dieser Regel kann man getrost vergessen. Im Prinzip unterliegt der Banker den gleichen Gesetzen wie alle Menschen: Er reagiert auf den ›Nasenfaktor‹, wie der Sympathiegrad gerne bezeichnet wird, er spricht auf gute Kommunikation an, und er mag es oder ist zumindest davon angetan, wenn Sie ihn wirklich über Ihr Geschäft aufklären, wenn er sich ein Bild über Sie verschaffen kann. Umgekehrt haben Sie durch dieses Buch einen gewissen Einblick in das Leben eines Bankers gewonnen, der selbst eingeengt ist durch ein Gestrüpp von Paragraphen und Verordnungen.

Was die vielzitierten zwischenmenschlichen Beziehungen anbelangt, gibt es zahlreiche, wirklich eindrucksvolle *Successstories* – sowohl was den Schalterangestellten einer Bank anbelangt bis hin zu den höchsten Etagen. Der ›persönliche

Draht‹ ist wichtig – nicht nur beim Kleinkredit, sondern auch beim Verhandeln um Kredite für Immobilien oder Aktien.

Die Damen und Herren an den Schaltern wechseln normalerweise nicht so häufig, sie bleiben oft über Jahre hinweg auf dem gleichen Posten. Suchen Sie sich einen ›Banker‹ aus, besser sogar zwei, bei dem der ›Nasenfaktor‹ stimmt. Auch wenn die Bank in der Halle zwanzig Schalter für ihre Kunden bereithält, gehen Sie *immer* zu dem gleichen Bankmenschen. Gegebenenfalls fragen Sie danach. Bauen Sie also an *einem* bestimmten Schalter einen speziellen Kontakt mit *einem* speziellen Sachbearbeiter auf. Schon nach relativ kurzer Zeit werden Sie zu den Privilegierten unter den Bankkunden gehören.

Eilt nämlich ein ›normaler‹ Bankkunde an den Schalter und stellt einen Auszahlungsbeleg für eine Geldabhebung von seinem Konto aus, dann muß die Unterschrift überprüft werden, indem der Sachbearbeiter den Beleg in ein Lesegerät eingibt. Der Kunde wartet eine gewisse Zeit und erhält dann sein Geld. Sind Sie dem Sachbearbeiter bekannt, spart er sich dieses ›Ritual‹. Er kennt Sie und braucht den Computer nicht zu bemühen. Demzufolge erhalten Sie Ihr Geld etwas schneller als andere Kunden.

Oder: Sie rennen mit einem Verrechnungsscheck, der über eine unbedeutende Summe lautet, zu Ihrer Bank. Dieser Scheck darf eigentlich nicht direkt ausgezahlt werden. Sie nennen jedoch einen Grund für die sofortige Einlösung, legen dem Sachbearbeiter den Verrechnungsscheck vor, schauen ihm treuherzig in die Augen und deuten an, wie sehr Ihnen an einer Barauszahlung gelegen wäre. Ihr ›Vertrauter‹ wird Ihrem Charme gewöhnlich erliegen. Dieses Procedere wird in der Tat bei guten Kunden praktiziert.

Zugegeben, hierbei handelt es sich um Kleinigkeiten, um bescheidene Vorteile, die das Leben allenfalls am Rande erleichtern können. Es existiert aber auch das Beispiel des Händlers F. F. Hören wir uns seine (authentische) Success-Story an:

Der seinem Banker B. B. persönlich bestens bekannte F. F. aus D. teilte B. B. eines Tages mit, daß er ein Auto, einen Porsche, ein Jahr alt, zu kaufen gedenke – nicht für sich selbst, sondern um ein Geschäft zu tätigen. F. F. informierte B. B. zudem, daß der Porsche 54000 DM kosten würde – einen Betrag, den er finanzieren müsse, weil er das Geld nicht flüssig habe. Aufgrund der gegenwärtig positiven Marktsituation, so versprach F. F. jedoch, würde er für das Auto ohne Probleme 60000 DM erhalten. Er könnte also 6000 DM in vier Wochen verdienen. Der Banker sagte ohne Umschweife zu, allein und ausschließlich aufgrund des persönlichen Kontaktes. F. F. erhielt 54000 DM, der Porsche wurde gekauft, aber plötzlich verzögerte sich unversehens der *Verkauf.* Also rief F. F. seinen Banker an und teilte ihm mit, daß das Geschäft noch ein Weilchen dauern würde, die Situation sich aber nach wie vor gut darstelle. Kurz darauf konnte F. F. den Porsche verkaufen. Umgehend ging er zur Bank und berichtete, daß das Auto für rund 59000 DM den Besitzer gewechselt habe und der Gewinn ca. 5000 DM betrage. Der Banker gratulierte. In der Zukunft hielt F. F. seinen Banker weiter auf dem laufenden. Auf diese Weise konnte B. B. sich persönlich überzeugen, daß F. F. ein Geschäft einzuschätzen vermochte…

Ein weiterer Erfolgsbericht: Der Immobilienhändler K. L. finanzierte am Anfang seiner selbständigen Tätigkeit absichtlich Autos über Bankkredite, um für seine Bonität eine ›saubere Kreditrückführung‹ dokumentieren zu können. Nach fünf Jahren Tätigkeit holte er eine Selbstauskunft bei der Schufa ein. Hier wurde ihm das Zeugnis ausgestellt, daß dreißig Kredite einwandfrei zurückgezahlt worden waren. Mit diesem Leumundszeugnis in der Tasche brauchte K. L. seiner Bank nicht mehr viel über seine Zuverlässigkeit zu sagen. Dabei handelte es sich um eine bewußt inszenierte Maßnahme! K. L. hätte nicht alle Autos zu finanzieren brauchen. Er hatte tatsächlich *absichtlich* die Banken verdienen lassen. Später bezifferte sich die größte Kreditzusage, die er erhielt, auf 40 Millionen DM. Sein Tip: *Die Bonität systematisch aufbauen und das Informationsbedürfnis der Banken stillen.*

Wie sehr sich ein guter Kontakt zu einem Banker auszahlen kann, beweist eine weitere Success-Story. Nennen wir unseren ›Helden‹ Dr. A. Zunächst verhandelte er mit einem Verkäufer eines Mehrfamilienhauses, um den Preis der Immobilie von 850 000 DM auf 800 000 DM herunterzudrücken. Dieses Haus in einer guten Düsseldorfer Stadtlage warf jedoch Netto-Mieteinnahmen von 76 000 DM ab. Dr. A. konnte schließlich mit 6 Prozent Effektivverzinsung den gesamten Kaufpreis von 800 000 DM (ausschließlich der Erwerbsnebenkosten) finanzieren und zahlte für diese 800 000 DM Fremdmittel pro Jahr nur 48 000 DM Zinsen. Damit verblieben ihm stattliche 28 000 DM Überschuß. Dieser Geschichte ist wohl nichts hinzuzufügen.

Die Erfolgsberichte ließen sich beliebig vermehren. Ein letzter Tip jedoch in diesem Zusammenhang: Legen Sie Ihr Geld *nicht bei sechs oder acht* Banken an. Beschränken Sie sich auf ein oder zwei Kreditinstitute, damit Ihre Anlagewerte ein gewisses Wertvolumen repräsentieren. Bei geringen Summen kommt man Ihren Wünschen mit weniger Aufmerksamkeit entgegen. Stellen Sie jedoch 10 000 DM, 100 000 DM oder 1 000 000 DM zur Verfügung, so stehen Ihre Sterne ganz anders, wenn Sie einen Kredit aufnehmen wollen. Dieser Tip gilt auch für den Anlage- und Wertpapierbereich, wo ebenfalls der persönliche Kontakt von immenser Bedeutung ist. Gehen Sie außerdem Ihrem Banker nicht auf die Nerven, fragen Sie nicht jeden Tag, warum dies und jenes nicht geklappt habe oder warum die Aktie XY nicht besorgt werden konnte. Der Kunde sollte dem Wertpapier-Experten gegenüber ein gewisses Verständnis entgegenbringen und Entwicklungen akzeptieren.

Im Anlagenbereich wird der Banker selten gelobt, wenn er einen guten Schnitt für den Kunden gemacht hat, aber er wird häufig beschimpft, wenn er Geld für ihn verliert. Mit der Einsicht, daß im Anlagenbereich auch Geld verloren werden kann, kann man auch eine gute Partnerschaft aufbauen. Ein weiterer Tip: Es gibt auch *interne* (Banken-)Regelungen und Richtlinien.

So dürfen beispielsweise einige bestimmte (bei der Bank angestellte) Aktienexperten nur große Kunden bedienen. Wenn Sie also etwa nur 50 000 DM in Aktien/Wertpapieren anlegen wollen, so erhalten Sie einen anderen (in der Regel weniger erfahrenen Berater), als wenn Sie 1 000 000 DM auf den Tisch des Hauses blättern. Darüber hinaus gibt es bestimmte Abteilungen, die auf das Effektengeschäft, in Japan zum Beispiel, spezialisiert sind, deren Vertreter Sie nicht einmal zu Gesicht bekommen, wenn Sie nur in einer fünfstelligen Summe investieren wollen. Normalerweise!

Auch hier gibt es jedoch die Ausnahme von der Regel. Selbst ›kleine‹ Bankkunden können es schaffen, in das Allerheiligste vorgelassen zu werden und mit den ganz ausgefuchsten Profis zu sprechen, wenn Sie einen entsprechenden ›Draht‹ besitzen und Sie überhaupt *wissen,* daß ab bestimmten Größenordnungen Unterschiede gemacht werden. Bestehen Sie also gegebenenfalls darauf, mit dem Experten der Bank sprechen und Geschäfte tätigen zu dürfen.

Es *gibt* also eine *Hohe Schule.* Um dort zugelassen zu werden, muß man die Fähigkeit kultivieren, gut funktionierende Beziehungen aufzubauen, indem man Zuverlässigkeit demonstriert und ein Entree, einen Zugang, eine Zufahrtsstraße zu dem Banker findet, ohne dabei die eigenen Interessen außer acht zu lassen.

Stichwortverzeichnis

Abrufkredit 153, 165
Abs, Hermann 43
Abwicklungskonto 221, 228
Aktiengesellschaften auf Anteilschein-Basis 17
American Express-Kreditkarte 109, 116
Annuitätsdarlehen 170 ff., 186
Arbeitgeberdarlehen 145, 164
Autokredit 153, 165

Bancherii 15 f.
Bank von England 19 f.
Bank von Frankreich 19
Bankenhierarchie, Einblick in die 51 ff., 56 f.
Banken-Schadenshaftung 224 f., 229
Bankgirokonto 85
Bankkonditionenvergleich 77 ff.
Bankleistungen 45
Bankverbindung, Eingehen einer 58 ff., 70
Bankwesen, Ursprung des 16 f.
Bardi, Bankhaus 17, 22
Baudarlehen, öffentliche 161 f., 165
Baufinanzierungs-Kreditpartner 184
Bauherren-Beratungsservice 182 ff., 187
Bauspardarlehenssysteme 166 ff., 168
Bausparkassen 30, 41, 169 f.
Bausparvertrags-Kündigung 226 f., 229
Bearbeitungsgebühr 218, 228
Bereitstellungszinsen 218, 228
Bethmann, Privatbankhaus 19, 23
Betriebsmittelkredit 159, 165
Bildschirm-Service 93
Bonität 138, 144 f., 164, 200, 213
Btx 93, 95 f., 99, 101, 107
Buchgeld 21
Bürgschaften 134 f., 143

Cash-flow 197, 199, 208
Calvin, Johann 17, 22
Centurioni, Bankhaus 19, 22
Checkliste für Kreditunterlagen 200 ff., 208
Corporate Identity 42

Damnum 173, 175
Darlehensbetrags-Unterschreitung 220, 228
Darlehensgeschäfte 15
Datenschutzbestimmungen 123
Depotgeschäft 25, 40
Deutsche Bundesbank 21, 23, 119, 128
Deutsche Reichsbank 20, 23
Disagio 166 f., 173 ff., 179, 186, 215
Disagiodarlehen 176

Disagio-Splitting 215, 228
Diskontgeschäft 25, 40
Dispositionskredit 60 f., 70 f., 76, 151 f., 165

Effektengeschäft 25, 40
Effektivzins 174 f., 177, 186 f., 213, 215, 228
Ehestandsdarlehen 146, 164
Einlagengeschäft 24, 40
Einnahmen/Ausgaben-Überschußberechnung 132, 142
Electronic Banking 93, 96, 99
Entschuldungsziffer 197 f., 200, 208
ERP-Sondervermögen 146, 149, 164
Ertragskraft 188, 190 ff., 197, 208
Eurocard-Kreditkarte 109 f., 116
eurocheque 88 f., 97 f., 100, 105
eurocheque-Karte 60, 71, 86, 88 ff., 92, 97 ff., 100
Existenzgründungssparen (Volksbanken) 150 f.
Existenzgründungs-Sparprogramme 147 ff., 164

Fälligkeitsdarlehen 174 f., 186
Festdarlehen 174 f., 186
Finanzierung 25
Firmenkundschaft 48, 56
Franz I., König von Frankreich 17
Friedrich II., der Große, König von Preußen 20, 23
Fugger, Bankhaus 17, 19, 22

Garantiegeschäft 25, 40
Gehaltsbescheinigung 132, 142
Geldausgabeautomaten 90 f., 99, 101
Geldwechsler 15 f.

Geschäftsbanken, privatrechtliche 26, 40 f.
Girobanken 19 f.
Girogeschäft 25, 40
Gironetz, -system 114 f., 117
Grenzbescheinigung 204
Grimaldi, Bankhaus 19, 22
Großkredite (Einzelkredite) 119, 128
Grundbuch 30, 203
Gutachterkosten 218, 228

Haftung 221, 228
Halbdirektoren 53, 57
Hamburger Bank 19, 23
Hypotheken 29 f., 177, 179, 187
Hypothekenbanken 28, 30, 59
Hypothekengeschäfte 15
Hypothekenspiegel 177
Hypothekenzinsenberechnung 222 f., 229

Immobilien-Beleihungsunterlagen 203 ff., 208 f.
Immobilien-Finanzierung 166 ff.
Immobilien-Kredit 159 ff., 165
Info-Mappen, -Broschüren 43 f., 56
Investmentgeschäft 25, 40

Karl V., Kaiser 17
Kataster 204
Knigge, Adolph, Freiherr von 24
Kommunikationstechniken 211
Konsortien 17
Konsumentenkredit 152, 165
Kontoführungsgebühren 74 ff., 97
Kontokorrentkredit 158, 165
Kreditabsicherung 133 f.
Kreditangebote 213, 228
Kreditbanken 20, 23
Kredit-Daten-Speicherungs-Dauer 126, 129
Kreditfähigkeit 132 f., 142

Kreditgeschäft 24, 40
Kreditgenossenschaften 27 f., 40
Kreditgewährung 119
Kreditinstitut-Definierung 24 f.
Kreditinstitut, öffentlich-rechtliches 26, 40
Kreditkarten 108 ff., 116
Kredit-Kostenrechnung 155 ff.
Kreditkündigung 225 f., 229
Kreditprüfliste, vertrauliche 130 f., 142
Kreditrahmen 139 ff.
Kreditverlängerung 220, 228
Kreditvertrag 219, 228
Kreditvertrag-Manipulationen 219
Kreditwesengesetz (KWG) 24, 118 f., 121, 128
Kreditwürdigkeit 125, 132, 142
KW-Kredit für Landwirte 148 f.

Lastschriftverfahren 114
Lebensversicherer 30
Lebensversicherungsvertrag 174 f., 179 ff.
Liegenschaftsbuch 204
Liquidität 133
Lohnbescheinigung 132, 142

Medici, Bankhaus 17, 22
Mehrfachabsicherung 221, 228
MM-Merkmale (Modulare maschinenlesbare Merkmale) 90
Monatsauszug 86
Münzwesen, Entstehung des 15

Nationalbank Stockholm 19
Nettoverschuldung 197 ff., 208
Nominalzins 175, 177, 179, 186
Notar 206
Notenbanken 20, 23

Organisationsstrukturen 48 ff.

Peruzzi, Bankhaus 17, 22
PIN-Nummer (Persönliche Identifikations-Nummer) 90, 92, 99
Pool-Limit-Regelung 91
Postanweisung 104
PostGiro 30, 41, 58, 63, 72, 100 ff.
PostGiro-Konto-Eröffnung 103, 107
PostGiro-Konto-Formblatt-Erstausstattung 103 f., 107
PostGiro-Konto-Kosten 105 ff.
Postscheck 104 f.
Postscheckämter-Übersicht 102
Postscheckdienst, historische Entwicklung 100
Postscheckkonto-Überziehung 102 f.
Postsparkassenämter 102, 105
Postüberweisung 104
Preisangabenverordnung (PangV) 144, 175, 187, 215
Preußische Bank Berlin 19 f., 23
Privatbanken 19, 23, 27, 40, 59, 65 ff., 72
Privatkundenbetreuung 61 f., 71 f.
Privatkundschaft, breite 48, 56
Privatkundschaft, vermögende 48, 56

Rahmenkredit 152 f., 165
Raiffeisen, Friedrich-Wilhelm 27, 40
Raiffeisenbanken 27 f., 40, 63, 72
Realkreditinstitute 28, 41
Restschuld 213
Rothschild, Privatbankhaus 19, 23

Scheckklage 88, 98
Scheckmahnverfahren 88, 98
Schecksperre 87, 98

Schufa (Schutzgemeinschaft für Allgemeine Kreditsicherung) 121 ff., 128, 192, 197
Schufa-Klausel 123
Schulze-Delitzsch, Hermann 27, 41
Selbständige 63, 72
Selbstauskunft 123, 126, 132, 142, 192, 208
Sicherheiten 119, 121, 133 ff., 143, 212
Sorgfaltspflicht 86 f.
Staatliche Finanzierungshilfen 146 ff.
Stückleistungen 45 f.

Tagesauszug 85, 97
Taschengeld-Girokonto 61, 71
Teilratenzuschläge 220, 228
Teilzahlungsbanken 27, 40
Terminalkarte 86
Tilgung 175, 187
Tilgungsdarlehen 170 ff., 186
Tilgungsstreckung 175 f., 187
Tilgungsstreckungsdarlehen 176
Trapeziten 15, 22

Überweisungsdauer 111 ff., 117
Überziehungskredit 60 f., 70 f., 76, 136, 151 f., 165
Überziehungszinsen 76, 97, 152
Unternehmensgründungs-Förderungskredite 146 ff., 164

Variabler Zinssatz 176, 179, 187
Vermögensstatus 132, 142, 188 f., 192, 208
Verrechnungsscheck 86 ff., 97 f.
Vier-Augen-Prinzip 118, 128
Vivaldi, Bankhaus 19, 22
Volksbanken 27, 40 f., 63, 72
Volldirektoren 53, 57
Vorfälligkeitsentschädigung 220, 228
Vorlegungsfrist 87, 98
Vorschaltdarlehen 176, 187

Wechsel 16
Welser, Bankhaus 17, 19, 22
Wertleistungen 45 f.

Zahlungswege 85 ff.
Zinsen-Fälligkeit und -Zahlung 218, 228
Zinssätze 213, 228

Heyne Ratgeber

08/9066 - DM 7,80

08/9064 - DM 9,80

08/9079 - DM 7,80

08/9076 - DM 7,80

08/9077 - DM 7,80

08/9049 - DM 7,80

Wilhelm Heyne Verlag München

Taschenbücher, die sich bezahlt machen.

08/4899 - DM 7,80

08/4959 - DM 7,80

08/4997 - DM 7,80

Heyne
Jubiläumsband
570 Seiten
Originalausgabe
50/16 - nur DM 10,–